YANA MILEV

DAS TREUHAND TRAUMA

DIE SPÄTFOLGEN DER ÜBERNAHME

DAS NEUE BERLIN

Das Neue Berlin –
eine Marke der Eulenspiegel Verlagsgruppe Buchverlage

ISBN 978-3-360-01359-0

1. Auflage 2020

Umschlaggestaltung: Buchgut, Berlin
Druck und Bindung: buchdruckerei.de, Berlin

www.eulenspiegel.com

Inhalt

Teil 2 **UMBAU**

Teil 3 **EXIL**

Vorbemerkungen

Ich bin Opfer. Ich wurde 1983 mit Hochschulverbot belegt und musste mich drei Jahre in der Produktion »bewähren«. Ich wurde observiert und verfolgt. Physisch und psychisch. Ich erfuhr Unrecht. Ich teilte das Schicksal einer marginalen Minderheit von Ostdeutschen. Aber ich gehöre nicht zu dieser Spezies, weil ich meine Erfahrung nicht zur Perspektive aller erkläre.

Denn ich bin Wissenschaftlerin, Soziologin. Ich unterscheide zwischen Subjektivem und Objektivem, zwischen Reflexion und Realität. Zwischen Persönlichem und Gesellschaftlichem. Zwischen Erscheinung und Wesen. Zwischen Emotionen und Fakten. Oder um es volkstümlicher zu formulieren: Mein Nabel ist nicht der Nabel der Welt. »Alle Wissenschaft wäre überflüssig«, wusste schon Karl Marx, »wenn die Erscheinungsform und das Wesen der Dinge unmittelbar zusammenfielen.«[1]

Seit dem Ende der DDR wird um die Deutung der Vergangenheit gestritten. Der vorherrschende Ton ist anklagend und ideologisch durchdrungen, die verfolgte Absicht durchschaubar: Was zwischen 1945 und 1990 im Osten geschah, war ein einziges Verbrechen. Hingegen blühten im Westen Wohlstand und Demokratie. Hier der Garten Eden – da die Hölle. Die vorgenommene Verurteilung des gesellschaftlichen Gegenentwurfs im Osten dient der Legitimierung und der Erhebung des eigenen Systems. Gewiss ist die Frage zu stellen nötig und auch zu beantworten möglich, nämlich ob der reale Sozialismus auch einer war oder nicht. Wie eben die Frage zu stellen begründet ist, ob der Kapitalismus die Krone der Schöpfung und damit die Zukunft darstellt. Sie scheint inzwischen hinlänglich beantwortet.[2]

Jenes übergreifende Moment beschäftigt mich als Soziologin nur insofern, als ich diese Tatsache als gegeben voraussetze. Ich beschäftige mich vielmehr mit den konkreten Erscheinungsformen, den Ursachen und den Folgen, deren Zeugen wir seit 1990 sind. Die Summe meiner Untersuchungen dieser Kulturkatastrophe fasse ich in Thesen, die ich mit Fakten zu belegen versuche.

Zugegeben, meine Annahmen müssen vom hiesigen Mainstream – wer immer darin auch schwimmt – als Provokation empfunden werden. Denn meine Erkenntnisse weichen erheblich von dem Narrativ ab, das zweckdienlich von den meinungsbildenden Institutionen verbreitet wird. Dort herrscht nämlich die Haltung vor, die man der Propaganda der DDR vorwirft und gern mit der Liedzeile von Louis Fürnberg aus dem Jahr 1949 meint beweisen zu können: »Die Partei, die Partei, die hat immer recht.«

Nun räume ich gern ein, dass mir die Verbreitung meiner provokanten Thesen hierzulande nicht untersagt wird. Dem Grundgesetz sei Dank. Das vielleicht wird mancher Kritiker so deuten, dass ich mich mit diesem Verweis selbst widerlegte, weil doch darin die Annahme mitschwinge, in der DDR wäre derlei grundstürzender Widerspruch zu verbreiten gewiss nicht möglich gewesen. Dieser Bezug ist irrelevant. Der Gegenstand meiner Untersuchungen entstand ja erst durch das Ende der DDR und in der Zeit nach deren Hinscheiden.

Allerdings erlaube ich mir den Hinweis, dass keine wissenschaftliche Einrichtung in Deutschland systematische Forschungen in dieser Richtung anstellt. Es gibt keine spezifischen Fakultäten oder Fachbereiche, allenfalls Professuren und Projekte – etwa in Jena (Heinrich Best, Klaus Dörre, Stephan Lessenig und Hartmut Rosa), in Görlitz/Zittau unter Raj Kollmorgen oder bei Constantin Goschler in Bochum. Ostdeutsche WissenschaftlerInnen sind in diesen Forschungsprojekten allerdings auch nur marginal vertreten, die Kapazitäten sind limitiert. Untersuchungen gesellschaftlicher Prozesse im Osten pflegen allenfalls dann Zuwendung und Unterstützung zu erfahren, wenn sie denn bereits postulierte Urteile und Thesen bestätigen. Für den »Beweis«, dass die DDR ein »Unrechtsstaat« gewesen sei, wendet man seit drei Jahrzehnten Millionenbeträge auf, schuf Stiftungen und Bundesbehörden, alimentiert aufwändige Forschungsprojekte, Kolloquien und Konferenzen. Für den Nachweis einer miserablen, falschen Politik, die systemischen Charakters ist und im Wesentlichen in der westdeutschen Gesellschaft wurzelt, »fehlen« die Mittel. Darum nimmt es nicht wunder, dass meine wissenschaftlichen Untersuchungen nicht in Deutschland, sondern im Ausland gefördert wurden. Ich promovierte in Wien und habilitierte mich an der Universität St. Gallen in der Schweiz.

Die Neigung von Auftraggebern, sich von den Forschern das bestätigen zu lassen, was man ohnehin zu wissen glaubt, ist vielleicht ein Phänomen, das einem vornehmlich in politischen oder Wirtschaftskreisen begegnet, die das Sagen haben. In der DDR zum Beispiel schloss Honecker 1979 das Institut für Meinungsforschung, welches sein Vorgänger Ulbricht fünfzehn Jahre zuvor gegründet hatte. Es sollte mit repräsentativen Umfragen zuverlässigere Informationen über und aus der Gesellschaft liefern, als das staatliche und parteiinterne Berichtswesen es tat. Ein ungefiltertes Abbild der Wirklichkeit war jedoch immer weniger gewünscht, je weiter sich jene Wirklichkeit von den Wunschvorstellungen entfernte. Die Analysen, die das Institut lieferte, entsprachen nicht den eigenen Vorstellungen, also beseitigte man den Überbringer der Botschaft, statt die Politik zu ändern, wie das ursprünglich von den Institutsgründern gedacht worden war.

Jedoch greift hier die Vermutung zu kurz, dass es in Deutschland heute deshalb keine eigenständigen Sozialforschungen und -untersuchungen im und für den Osten gebe, weil deren Ergebnisse die offiziellen Darstellungen als das entlarvten, was sie sind: nämlich Propaganda. Das spüren die meisten Menschen ohnehin inzwischen. Es zeigt sich im schwindenden Vertrauen in Politik und Parteien und dem Verlust von Glaubwürdigkeit. Nicht erst das Hickhack um die Wahl des Ministerpräsidenten Thüringens im Februar 2020 offenbarte dies. Aber der Verlust an Glaubwürdigkeit etwa der Medien, die die Gesellschaft reflektieren, hat auch noch andere Gründe. »Journalismus ist im Kern Beobachtung, Berichterstattung, Kommentierung. Aber mittlerweile ist es vor allem Unterhaltung. Und zu viel Unterhaltung schadet eben der Wahrhaftigkeit – und also der eigenen Glaubwürdigkeit«, meinte der Schweizer Kommunikationsberater Andrés Luther in der *Neuen Zürcher Zeitung*.[3] Alles wird zum Boulevard.

Die Verweigerung einer intensiven und ergebnisoffenen Untersuchung sozialer Verwerfungen im Osten Deutschlands hat tiefer liegende Ursachen. Sie liefern Rückschlüsse auf die Entwicklungen in den neoliberalen Gesellschaften weltweit. Auch auf die in der deutschen Gesellschaft. Und offenkundig fürchtet man die Antworten. In der Schweiz, wo ich zu diesem Thema arbeite, natürlich auch. Aber man möchte gegensteuern. Um des inneren Friedens und des Machterhalts willen. Indem hier die Ursachen der in der Soziologie als »Entkopplung« bezeichneten Ausgrenzung, Unterdrückung und Bevormundung großer Teile der Bevölkerung erforscht werden, sucht man gleichzeitig nach gesellschaftlichen Modellen für die Zukunft, nach einer sogenannten Postwachstumsgesellschaft. Es geht um eine Zukunft, in der Ungleichheit vor dem Gesetz und soziale Konflikte minimiert werden. Eine Zukunft, die ohne neoliberale Schockstrategien und ihre gesellschaftlichen Demarkationslinien auskommt, die Marx und Engels als Erste »Klassenkampf« nannten, was inzwischen selbst Exponenten des Systems so sehen. Etwa der US-Amerikaner Warren Buffett, einer der reichsten Menschen der Welt. »Klassenkampf herrscht in den USA seit zwanzig Jahren, und meine Klasse hat gewonnen«[4], erklärte er 2014 – womit er sich einzig in der Zeit geirrt hatte.

Nach meiner Erfahrung ähneln sich die Gesellschaften in Japan – ich habe dort über zwei Jahre gelebt –, in der Schweiz und in Ostdeutschland. Für mich sind das drei Inseln in einer neoliberalen globalen Welt. Ich erlebte und erlebe in diesen Ländern und Regionen ein Gemeinschaftsgefühl, ein kollektives Selbstbewusstsein und einen solidarischen Zusammenhalt auf eine für mich vergleichbare Weise.

Das mag widersprüchlich erscheinen. Gerade die Schweiz ist berühmt für ihre Finanzeliten und Kartelle, hier haben sich die größten Ganoven der Welt niedergelassen und stärken mit ihrem geraubten Kapital das hiesige Bankenwesen. Aber in den sozialen Feldern dominiert kein bürgerlich-elitäres Schaulaufen wie etwa in Westdeutschland und auch kein erkennbarer Ehrgeiz der Machteliten, Reichtum demonstrativ auszustellen. (Ausgenommen die dort ansässigen reichen Russen und Deutschen.) Auf der Straße in Zürich kann man unter den Fußgängern nicht unterscheiden, wer Multimillionär und wer ein kleiner Behördenangestellter ist. In Japan ist es ähnlich.

Wie die westdeutschen Verhaltensmuster auf Ostdeutschland übertragen wurden und mit welcher Absicht, werde ich hier noch beschreiben. Exemplarisch machte das eine 1984 in Weimar geborene und nunmehr für eine große westdeutsche Zeitung tätige Journalistin Anfang 2020 in einem erhellenden Beitrag sichtbar.[5] Weimar sei heute »ein Abbild des großen Deutschlands: Die Machtelite kommt aus der alten BRD. Bauunternehmer, Vermieter und Jetset-Kunstfest-Chefs sind aus dem Westen, der Chef der Sparkasse, der Leiter der Bauhaus-Universität und der Franz-Liszt-Musikschule. »Fast alle Unternehmen mit mehr als zehn Mitarbeitern«, so die Autorin Hünniger, »werden von Westlern geleitet – und die wichtigsten Posten seit dreißig Jahren an andere Westdeutsche weitergegeben.« Wie in Gesamtdeutschland bliebe der Westen auch in Weimar am liebsten unter sich. Wie solle man einem Ostdeutschen auch erklären, dass man seine Kinder aufs Internat nach Salem schicke, was etwa 35 000 Euro im Jahr kostet. »Ferienhäuser am Meer, das große Erbe, die neue Immobilie in Berlin oder der großzügige Skiurlaub – das alles klingt unschön in ostdeutschen Ohren. Und deshalb erzählt man es natürlich am liebsten seinesgleichen.«

Aus solchen und vielen anderen Beobachtungen ist für mich zwingend, dass beispielsweise Soziologen sich nicht auf die Beschreibung von Zuständen beschränken, sondern sich mit ihren Einsichten auch gesellschaftlich stärker engagieren sollten. Ich arbeite an einer Politischen Soziologie und Politischen Psychologie der »Wiedervereinigung«. Basierend auf der Analyse sehr vieler Untersuchungen, Befragungen, Studien und Statistiken stelle ich die seit dreißig Jahren propagierten Narrative des Einigungsprozesses grundsätzlich in Frage.

Erstens: die »friedliche Revolution« – sie war keine. Die Abwesenheit physischer Gewalt bedeutete nicht, dass es nicht psychischen Druck und andere Formen der Übernahme oder Konterrevolution gab. Zweitens: die »Wiedervereinigung« – es war keine. Es haben sich nicht zwei Staaten *vereinigt,* sondern der eine übernahm den anderen. Das nennt man Staatensukzession, also Einrücken des Kernstaates ins Beitrittsgebiet. Drittens: die »Wohlstandsversprechen« von Kohl 1990: »Es wird niemandem schlechter gehen als zuvor, dafür vielen besser.« Man schaue nur in die Statistik.[6]

Viertens: »Wir sind *ein* Volk.« Ist es nicht! Die Ost- und die Westdeutschen haben aufgrund der komplementären gesellschaftlichen Entwicklungen unterschiedliche Erfahrungen. Eine Vereinigung, die nur im Narrativ der deutschen Nation und im Narrativ der deutschen Währung stattfindet, dabei die unterschiedlichen Entwicklungen, das unterschiedliche gesellschaftliche und kulturelle Erbe negiert, muss – zumindest aus soziologischer Sicht – vor den Baum gehen.

Ich widerspreche der Behauptung von der angeblich erfolgreichen »Transformation des Ostens«. Der Soziologe Wolfgang Zapf (1937–2018) belegte die in den sogenannten neuen Bundesländern hergestellte Anomie, wie sie in Westdeutschland nach 1945 geherrscht habe. Er sprach von kriegsgleichen Folgen nach der »Wiedervereinigung« in den ostdeutschen Ländern.

Die lassen sich nicht leugnen, und die Hoffnung, dass diese Verwerfungen und Räubereien wie vieles andere auch dem Vergessen anheim fallen würden, erfüllte sich nicht. So kreierte man die entschuldigende Formel, es habe alles so schnell gehen müssen, weil der Druck der Straße so groß gewesen sei. Und außerdem sei die Entscheidung »alternativlos« gewesen.

Beides ist Unsinn. Die Parole von der Alternativlosigkeit – übrigens 2010 von der Gesellschaft für deutsche Sprache zum Unwort des Jahres erklärt – stammt von der britischen Premierministerin Margaret Thatcher. Damit begründete sie den neoliberalen Umbau der Wirtschafts- und der Gesellschaftspolitik im Vereinigten Königreich, mit der sie in den achtziger Jahren das Land »wettbewerbsfähig« für den globalen Markt machen wollte. Der rigorose Abbau des Sozialstaates und die Protektion der Reichen wurden in der Folge zum Vorbild für die meisten kapitalistischen Staaten. Wieder und wieder erklärte die konservative Politikerin in London: *There is no alternative* (»Es gibt keine Alternative«). Aus den Anfangsbuchstaben wurde alsbald das Akronym TINA gebildet. Deshalb spricht man heute vom TINA-Prinzip, wenn selbstbewusste Politiker ihr Handeln als alternativlos bezeichnen.

Es gibt jedoch immer die reale Möglichkeit der Wahl von Entwicklungswegen – so auch 1989/90 in und mit den beiden deutschen Staaten. Die schlechtere Wahl mit dem Hinweis auf Alternativlosigkeit zu bemänteln, ist nichts anderes als ein indirektes Eingeständnis von Unfähigkeit und Schuld.

Und was heißt zeitlicher Druck? Eile ist kein politisches oder gesellschaftliches Argument. Die Ostdeutschen wurden vor ihrem Votum zum Beitritt nicht gefragt, ob sie ihre Arbeit und ihre soziale Sicherheit aufgeben und aus ihrer Heimat vertrieben werden wollten, ob sie eine fremde Kultur, ein völlig anderes Werte- und Rechtssystem übergestülpt bekommen haben möchten oder nicht. Und ob es sie dränge, noch in dreißig Jahren an einem kollektiven Trauma zu leiden?

Der Einigungsvertrag, den kein DDR-Bürger kannte, kam nach der Währungsunion vom 1. Juli 1990. Er war ein Staatsgesetz zur Abwicklung und Enteignung im Osten. Doch da konnte sich niemand mehr wehren, denn die Gesetze waren bereits auf der Seite der Akteure aus den Altbundesländern. Ein Volksentscheid über den Einigungsvertrag – wie in der Schweiz gängige demokratische Praxis – wäre dennoch angemessen gewesen.

Wobei die Würfel bereits mit dem 1. Staatsvertrag, nämlich mit der Vereinbarung über die Herstellung der Währungs-, Wirtschafts- und Sozialunion, gefallen waren. Die Finanzhoheit der DDR ging am 1. Juli 1990 auf die Bundesrepublik über. Damit war die DDR praktisch tot. Dass sie noch nicht offiziell zu Grabe getragen wurde, hing mit den außenpolitischen Rahmenbedingungen zusammen. Entgegen anderslautenden Darstellungen verfügten die beiden deutschen Staaten nämlich nur über eine eingeschränkte Souveränität. Die vier Siegermächte hatten noch immer das Sagen, weil ein Friedensvertrag mit Deutschland nie geschlossen worden war. Im Potsdam waren 1945 Regelungen für die Nachkriegszeit entschieden worden, auch was die Einflusssphären und die Rechte der Besatzungsmächte betraf. Deren Rechte galten unverändert. Wenn also die DDR und die BRD erstens die Grenze zwischen den beiden Republiken aufheben und zweitens der eine Staat sich aufgeben wollte, dann mussten die einstigen Siegermächte ihr Placet geben.

Das heißt, sie hatten zuvor die beiden Staaten für absolut souverän zu erklären und dafür zu sorgen, dass die in der Vergangenheit von dem einen oder von dem anderen Staat geschlossenen bi- und multilateralen Verträge in eine neue Form gegossen oder aufgehoben wurden. So hatte die DDR 1950 beispielsweise mit ihrem östlichen Nachbarn Polen dessen Westgrenze an Oder und Neiße völkerrechtlich fixiert – in der BRD war dieser Vertrag abgelehnt worden. Musste Polen nach dem Verschwinden der DDR also um seine Territorien fürchten?

Oder: Die DDR gehörte dem östlichen Verteidigungsbündnis an, dem Warschauer Vertrag – die BRD war Mitglied der NATO. Trat der neue Staat aus beiden Bündnissen aus, oder schloss er sich einem an? Und zogen die ausländischen Truppen ab, oder blieben sie da? All das musste erst in Verhandlungen zwischen der Sowjetunion, den USA, Frankreich und Großbritannien geklärt werden, was Zeit brauchte. Und natürlich waren die beiden deutschen Staaten mit im Boot, es betraf schließlich die sogenannte »deutsche Frage«, die seit 1945 offen war.

Darum musste die de facto am 1. Juli 1990 erledigte DDR noch so lange am Leben erhalten werden, bis deren Vertreter seine Unterschrift unter den Zwei-plus-Vier-Vertrag gesetzt hatte.

Die Erarbeitung eines solchen Papiers war am 13. Februar 1990 am Rande einer Konferenz in Ottawa beschlossen worden – die Paraphierung des Vertrages über eine »abschließende Regelung« sollte erst im September 1990 erfolgen. Bis dahin musste die letzte DDR-Regierung im Amte gehalten werden. Erst wenn die Tinte in Moskau unter dem Papier getrocknet war, konnte die zweite deutsche Republik wenige Tage vor Vollendung ihres 41. Lebensjahres auf dem Friedhof der Geschichte beerdigt werden.

Und noch etwas machte die ganze Sache anrüchig.

Da war die Erpressbarkeit der am 18. März 1990 siegenden »Allianz für Deutschland« – ich benutze dafür das Kürzel AfD. Das Bündnis von DDR-CDU, der DSU (Deutsche Soziale Union), einem CSU-Ableger, und dem bürgerbewegten Feigenblatt DA (Demokratischer Aufbruch) erhielt 40,8 + 6,3 + 0,9, zusammen also 48 Prozent der Stimmen.

Von den 380 Abgeordneten der Volkskammer stimmten schließlich 299 am 20. September 1989 dem Beitritt zum Grundgesetz der BRD zu. Das waren fast vier Fünftel des Parlaments. Mit diesem klaren demokratischen Votum sei der Untergang der DDR legitimiert gewesen, heißt es seitdem.

Das war das Votum eines Parlaments, welches mit massiver Unterstützung des Westens zustandegekommen war. Rund 40 Millionen DM wurden von BRD-Parteien für den Machtwechsel investiert, 100 000 Schallplatten und Kassetten mit drei Reden Kohls verteilt, Wahlkämpfer in Bussen in die DDR gekarrt, Plakate geklebt – zum Beispiel in Erfurt 80 000 allein in einer Nacht durch CDU-Mitglieder aus Hessen ...

Jens Reich, Mitbegründer des Neuen Forums, sagte zwanzig Jahre später dazu: »Das Bonner Nilpferd ist in einer Massivität gekommen, dass man einfach hilflos war. Im Wahlkampf ist einfach der gesamte Apparatismus des Westens in den Osten gebracht worden. Dem hatten wir nichts entgegenzusetzen. Das waren in die DDR exportierte Westwahlen.«[7] Die 80 Gegenstimmen (und eine Enthaltung) kamen von den 66 Abgeordneten der PDS, die aus der SED hervorgegangen war und als einzige Partei im Westen keinen Vormund hatte, und von einigen Bürgerbewegten.

Der ganze Wahlkampf bis hin zum Beitritt war aber völkerrechtswidrig. Ein anderer Staat, nämlich die BRD, hatte in der DDR, die bis zum Beitritt staatsrechtlich existierte, seinen Wahlkampf geführt. Und danach zogen die Berater aus dem Westen in die Volkskammer ein. Das war Teil der Operation »Regime Change«.

Noch eine Bemerkung zur Erpressbarkeit der Abgeordneten, der Regierungskoalition und der Minister.

Zum Vize-Premier und Innenminister wurde der Leipziger DSU-Generalsekretär und Rechtsanwalt Peter-Michael Diestel berufen. Diestel berichtet in seinen Erinnerungen[8], dass ihm in seiner Minister-Tätigkeit immer mehr bewusst geworden sei, dass in Bonn Dossiers über alle politischen Exponenten in Parlament und Regierung vorlagen. Das daraus resultierende Erpressungspotential sei auch weidlich eingesetzt worden, sofern Opportunismus und Korruption nicht genügten.

Mit anderen Worten: Nicht der vermeintliche Druck »der Straße« erzeugte die Eile für Entscheidungen, auf die man sich später berief, sondern vornehmlich der Druck aus Bonn auf die Parlamentarier und Politiker in Berlin.

Diestels These wird von verschiedenen Dokumenten bestätigt, so etwa auch von einer Antwort der Bundesregierung auf die Kleine Anfrage der Fraktion der Grünen zur »Tätigkeit ehemaliger Stasi-Mitarbeiter oder -Zuträger für westdeutsche Sicherheitsbehörden sowie deren Aktivitäten in der DDR« vom 12. Juni 1990. Das heißt: Die Anfrage wurde im Bonner Bundestag und noch vor Inkrafttreten des 1. Staatsvertrages gestellt, und die Antwort namens der Bundesregierung erteilte der Staatsminister Dr. Lutz Stavenhagen (1940–1992). Auf die Frage 27 dieser Kleinen Anfrage, seit wann das Bundeskanzleramt »von den Stasi-Kontakten welcher Volkskammerabgeordneter« gewusst habe, erklärte der Geheimdienstkoordinator im Bundeskanzleramt gleichermaßen ausweichend wie erhellend: »Auf Kontakte von DDR-Politikern zu der früheren Staatssicherheit sind Hinweise erstmals im Februar 1990 aufgetaucht. Diese Hinweise bestanden allerdings nicht in Akten oder schriftlichen Unterlagen, so dass ihre Verlässlichkeit schwer einzuschätzen ist. Im Übrigen ist es weder Aufgabe der Bundesregierung noch der Nachrichtendienste, derartige Hinweise zu verifizieren.«[9]

Eine weitere Frage nahm auf eine Aussage von Hans Modrow Bezug, die dieser unter anderem gegenüber der Illustrierten *Stern* am 28. März 1990 gemacht hatte. Der zehn Tage zuvor abgewählte DDR-Premier erklärte dort, dass vor dem 15. Januar 1990 – also vor dem sogenannten Sturm auf die »Stasi-Zentrale« in Berlin – Mitarbeiter der Spionageabwehr des MfS übergelaufen seien. Die Grünen wollten nun wissen, wann und mit welchen bundesdeutschen und anderen westlichen Nachrichtendiensten diese Personen Kontakt gehabt hätten. Stavenhagen dazu: »Aus Gründen der persönlichen Sicherheit von Überläufern der DDR-Nachrichtendienste kann diese Frage nicht beantwortet werden.«[10] Neun Jahre später wurden deren Namen publik, und ihre Nennung in einer *dpa*-Meldung wurde mit dem Satz eingeleitet: »Westdeutsche Geheimdienste haben nach der Wende erheblich mehr von Stasi-Mitarbeitern profitiert als bisher bekannt.«[11]

Mit anderen Worten: Die politische Führung in Bonn wusste über die Berliner Volksvertreter mehr, als sie zugab.

Und ein anderes Moment sollte bei der politischen Ursachenforschung nicht unerwähnt bleiben. Eine Schlüsselfigur bei den deutsch-deutschen Verhandlungen war der seinerzeitige Parlamentarische Staatssekretär Günther Krause, der erst unlängst wieder, wenngleich auch nur für 24 Stunden, auf dem Boulevard zu reüssieren hoffte, als er im australischen Dschungel Quartier bezog. *Der Spiegel* nannte ihn bei dieser Gelegenheit »Architekt der Gemeinheit«[12]. Krause war bereits vor Unterzeichnung des Einigungsvertrages am 31. August 1990 im Kabinett Kohl ein Ministeramt in Aussicht gestellt worden, heißt es, womit – völkerrechtlich gesehen – die Rechtsgültigkeit des Vertrages zwischen der DDR und der BRD eigentlich anzufechten ist. Es handelte sich de facto um Korruption

Der ehemalige Dr.-Ing. von der Ingenieurhochschule Wismar war Mitglied der CDU seit 1975 und als Vorsitzender des Landesverbandes Mecklenburg-Vorpommern am 10. April von der Volkskammerfraktion seiner Partei zum

Fraktionschef gewählt geworden. Und nun geschah etwas, was Johannes Ludewig erst Jahrzehnte später in einem Rundfunkinterview[13] ausplauderte. Der nachmalige Beauftragte für den Aufbau Ost war damals der wirtschaftspolitische Berater Helmut Kohls. Gemeinsam mit dem Ex-Bundesbanker und designierten Verhandlungsführer für die deutsch-deutschen Gespräche, Hans Tietmeyer (1931–2016), sei er, Ludewig, »kurz vor Ostern 1990« Anfang April nach Ostberlin gefahren. »Lothar de Maizière war gerade zum Ministerpräsidenten gewählt, die Bildung der ostdeutschen Regierung war noch im Gange.« Am Ende des Gespräches stellte de Maizière den beiden westdeutschen Emissären zwei Herren vor: Günther Krause und Klaus Reichenbach, beide CDU. »Tietmeyer fragte dann irgendwann mal, wer wird denn bei Ihnen die Verhandlungen führen, wobei er wohl davon ausging, wie es auch bei den vorangegangenen Expertengesprächen war, dass ein Minister dieser neuen Regierung diese Gespräche führen würde, und er hatte den Satz noch nicht ganz ausgesprochen, da sagte Günther Krause: ›Das mache ich!‹, wobei nach unserer Information auf jeden Fall klar war, dass es dazu noch gar keine offizielle Entscheidung gab innerhalb der ostdeutschen, sich ja noch bildenden ostdeutschen Regierung.«

Ludewig fügte dieser erstaunlichen Mitteilung noch an: »Aber die Entschlossenheit, dass er … Er hatte erkannt, dass das der entscheidende Punkt war für die ganzen Verhandlungen, der jetzt komme würde, und er war fest entschlossen, das selber in die Hand zu nehmen offensichtlich. Und da waren wir schon beeindruckt, denn normalerweise wartet man, bis eine Regierung eine Entscheidung getroffen hat zu solchen Dingen, und dann spricht man darüber. Aber das war bei Günther Krause dann doch etwas anders.«

Und nicht nur Krauses vordrängende Entschlossenheit war »etwas anders«.

Es war auch das Tempo, mit dem dann eben jener Vertrag über die Wirtschafts-, Währungs- und Sozialunion zustande kam. Keine drei Wochen dauerte das. Die *Bild* hatte bereits am Dienstag, dem 24. April 1990, getitelt: »Kohl macht es wahr«, und am 18. Mai unterzeichneten die Finanzminister Waigel (CSU) und Romberg (SPD) den Vertrag, der am 1. Juli in Kraft trat. »Die DDR übernimmt das wirtschafts- und sozialpolitische System der Bundesrepublik und führt die D-Mark als alleiniges Zahlungsmittel ein. Damit ist die wirtschaftliche Eingliederung der DDR in die Bundesrepublik vollzogen.«[14]

Was aber war dem vorausgegangen?

Am 26. Januar 1990 – die Regierung Modrow amtierte noch in Berlin, dort wie auch in Moskau ging man unverändert vom Fortbestand der DDR aus – erhielt in Bonn ein Referatsleiter im Finanzministerium namens Thilo Sarrazin von seinem Abteilungsleiter Horst Köhler den Auftrag, mal höchst vertraulich aufzuschreiben, wie man die Sache mit der DDR deichseln könne. (»Wechselkurs eins zu eins, sofortige Freigabe aller Preise, Umwandlung der volkseigenen Betriebe in privatrechtliche Unternehmen und die Übernahme des westdeutschen Wirtschaftsrechts«[15]) Sarrazin erfüllte diese Aufgabe nach eigenem Bekunden mit dem ihm »angeborenen Maß an Zynismus und Kälte plus Sachkunde plus intensiver Sachbeschäftigung – und ohne Wunschdenken«.[16]

Drei Tage später stand alles auf vierzehn Seiten, die Staatssekretär Köhler dem Bundesfinanzminister vorlegte, und dieser trug das Konzept zu Kohl. Sarrazin wurde zum Leiter der ministerialen Arbeitsgruppe »Innerdeutsche Beziehungen« ernannt. Und nach dieser Vorlage wurde schließlich mit dem selbsternannten Verhandler Krause »verhandelt«.

Es sei, bekundete der spätere Berliner Finanzsenator Sarrazin, letztlich darum gegangen, auf dem Weg zur deutschen Einheit rechtzeitig »vollendete Tatsachen« zu schaffen. »Mit der Währungsunion ab Juli 1990 sei die DDR-Führung vollständig entmachtet worden.«[17]

Es scheint also zu stimmen, dass ein damals unbekannter Mitarbeiter im Bundesfinanzministerium die Blaupause für die Übernahme der DDR geliefert hat. Sarrazin selbst nährt diese Mär. In einem Interview sagte er nämlich: »Bei mir im Kopf entwickelte sich die Idee einer Währungsunion ab Anfang Dezember 1989. Ich sammelte damals alle verfügbaren ökonomischen Daten zur DDR-Wirtschaft und sprach auch darüber mit meinem Chef, dem Staatssekretär Horst Köhler.«[18]

Nun trifft es natürlich zu, dass Personen der Geschichte diese oder jene Wendung verpassen können. Aber da seit Anbeginn der Existenz der DDR im Westen nach deren Ende getrachtet wurde – wir kennen das Verdikt von Bundeskanzler Adenauer, »die Politik Bonns sei nicht auf die Wiedervereinigung Deutschlands, sondern auf die ›Befreiung der unerlösten Reichsteile‹ im Osten gerichtet«[19] –, muss es als unwahrscheinlich gelten, dass die überraschende Grenzöffnung am 9. November 1989 einen einzigen Subalternen in Bonn veranlasst hätte, plötzlich Daten über die DDR-Wirtschaft zu sammeln. Der Appetit auf Übernahme der 108 000 Quadratkilometer-Immobilie bestand vermutlich die ganze Zeit. Auch wenn er gelegentlich unterdrückt worden war.

Das aber ist nicht Gegenstand meiner Untersuchungen. Ich beschäftige mich nicht mit der Politik im Kalten Krieg, nicht mit den deutsch-deutschen Konflikten. Nicht mit den Ursachen des offensichtlichen Niedergangs des alternativen Gesellschaftsmodells in der DDR, den inneren wie den äußeren. Selbst die Haltung der Westmächte zu der Entwicklung nach 1990, was ebenfalls ein interessantes Thema ist, blende ich aus. Ich erinnere in diesem Kontext hier lediglich an die Tatsache, dass Frankreichs Präsident Mitterrand im Dezember 1989 zum Staatsbesuch in der DDR weilte und mehrere Regierungsprogramme über ökonomische und ökologische Zusammenarbeit für die Jahre 1990 bis 1994 abschloss. Das offenbarte mehr als nur die divergierenden Interessen zwischen den westlichen Großmächten, sondern auch die fortdauernden zwischen Paris und Bonn.

Am 24. April 1963, also gerade mal zwei Monate nach der Unterzeichnung des deutsch-französischen Freundschaftsvertrages, wollte Frankreichs damaliger Präsident Charles de Gaulle diesen aufkündigen. Der Grund: Kanzler Adenauer wünschte diesem Vertrag bei der Ratifizierung im Bundestag eine Präambel voranzustellen, in welcher die »enge Partnerschaft« Europas mit den USA sowie die Einigung Europas »unter Einbeziehung Großbritanniens« betont werden sollte. Als de Gaulle davon Wind bekam, war er außer sich. »Die deutschen Politiker haben Angst, dass sie nicht tief genug vor den Angelsachsen kriechen! Sie benehmen sich wie die Schweine!«, habe er empört gerufen, so überlieferte es sein Berater Alain Peyrefitte. »Sie hätten es verdient, dass wir den Vertrag zurücknehmen und uns stattdessen mit den Russen verständigen.«[20]

Benahmen sich, um den Ton des französischen Präsidenten aufzugreifen, deutsche Politiker auch 1990 und später »wie die Schweine«?

Die Antwort muss jeder für sich selbst finden. Ich gebe nur die Folgen wieder, die ihre Politik verursachten.

PD Dr. Yana Milev
St. Gallen im Januar 2020

Teil 1

ANSCHLUSS

Recht und Moral: Hybris und Stigma

In der Nacht vom 22. auf den 23. August 1990 beschloss die Volkskammer den Beitritt. Es war die 30. Tagung des DDR-Parlaments in dieser letzten Legislatur, eine Sondersitzung, die Ministerpräsident Lothar de Maizière beantragt hatte. Sie begann 21 Uhr und endete mit einem frenetisch bejubelten Beschluss, der eine Stunde nach Mitternacht gefasst worden war: »Die Volkskammer erklärt den Beitritt der DDR zum Geltungsbereich des Grundgesetzes der Bundesrepublik Deutschland gemäß Artikel 23 des Grundgesetzes mit der Wirkung vom 3. Oktober 1990.«

Zuvor hatte es, wie inzwischen gewohnt, einen verbalen Schlagabtausch unter den Abgeordneten gegeben. Ein Stürmchen im Wasserglase, in welchem es nicht um Grundsätzliches, sondern allenfalls um den Termin ging. Die einen wollten sofort, die anderen etwas später beitreten. Die Idee, einen Zusammenschluss über den Artikel 146 GG herbeizuführen, hatte sich schon lange erledigt. In jenem Artikel hieß es: »Dieses Grundgesetz, das nach Vollendung der Einheit und Freiheit Deutschlands für das gesamte deutsche Volk gilt, verliert seine Gültigkeit an dem Tage, an dem eine Verfassung in Kraft tritt, die von dem deutschen Volke in freier Entscheidung beschlossen worden ist.« Die ostdeutschen Parlamentarier (und nicht nur sie allein) griffen jedoch nach Alt-Bewährten und ließen den Verfassungsentwurf, den der Zentrale Runde Tisch ausgearbeitet hatte, links liegen. Keine Experimente, hatte schon der konservative Kanzler Adenauer in den fünfziger Jahren als Drohung auf Wahlplakate schreiben lassen. Jetzt hieß es abwehrend: »Keine sozialistischen Experimente!« Als würde eine neue Verfassung, über die – wie weiland 1968 in der DDR – in einem Volksentscheid von West- und von Ostdeutschen hätte abgestimmt werden können oder müssen, das christliche Abendland zum Einsturz bringen und den Sozialismus reanimieren. Die herrschenden Kreise der westdeutschen Bundesrepublik und ihre Kollaborateure im Osten wollten nicht dem Souverän die Entscheidung überlassen.

Deshalb sollten, so die Erklärung, allein die gewählten ostdeutschen Volksvertreter eines pro-westlichen Parlaments in freier Entscheidung und Selbstbestimmung die Entscheidung über die Art des Untergangs fällen. Das sah schön demokratisch aus. Mehr aber auch nicht.

Was interessierte da die Intervention von mehr als hundert westdeutschen Rechts- und Sozialwissenschaftlern, die die »Selbstachtung und Würde« der DDR-Bürger meinten verteidigen zu müssen, welche sie beim Weg über Art. 23 GG verletzt sahen? Auch Professor Ernst Benda, Christdemokrat und in den achtziger Jahren höchster Richter der BRD, plädierte für einen Volksentscheid und eine neue Verfassung.

»Er wäre nützlich für die Identitätsfindung eines Volkes, das seit über vierzig Jahren von Wiedervereinigung redet und jetzt plötzlich von der Geschichte beim Wort genommen wird«[21], erklärte der ehemalige Präsident des Bundesverfassungsgerichts in einem Interview im April 1990. Er stimme denen zu, »die fordern, Selbstachtung und Würde der Bürger in der DDR – wie übrigens auch der Bürger in der Bundesrepublik – müssten gewahrt bleiben. Bei der Herstellung der staatlichen Einheit müssen die Bürger beider Teile Deutschlands die Gewissheit haben, dass in ihrem Namen und für sie gehandelt wird und nicht über ihre Köpfe hinweg. Es kann nicht einfach darum gehen, das Grundgesetz von A bis Z und ohne Modifikationen und Übergangsregelungen auch für die DDR gelten zu lassen.«

Auch der SPD-Ehrenvorsitzende Willy Brandt nahm Anstoß. Allerdings erst, nachdem alle Messen gesungen waren. »Die kurzatmige und rechthaberische Berufung auf allein Artikel 23 des Grundgesetzes hat sich nicht als ein Königsweg, sondern als ein Holzweg erwiesen. Bei den Landsleuten in der DDR konnte der Eindruck aufkommen, ihr Wort sei im Prozess des Zusammenschlusses nicht mehr gefragt.«[22]

Der Eindruck kam zweifellos auf.

Das lag vermutlich aber nicht an der »schwarzen Illusion«, vor deren Verbreitung der Sozialdemokrat Wolfgang Thierse in der Abstimmungs-Debatte in der Volkskammer gewarnt hatte. »Wir sollten auch nicht die schwarze Illusion erwecken, dass wir unter die Räuber fallen.«[23]

Das war nicht Illusion, sondern Realität.

Die demokratische Tünche, die alles verdecken sollte, hielt nicht lange. Zwei Jahre später offenbarte nämlich der einstige Leiter der Abteilung Außen- und Sicherheitspolitik und Kohl-Intimus Horst Teltschik, dass am 5. März 1990 bei einem internen Gespräch im Kanzleramt sich die Regierungskoalition »endgültig« darauf geeinigt habe, »den Weg zur Einheit nach Artikel 23 GG zu gehen«.[24]

Damit war – zwei Wochen vor der Volkskammerwahl in der DDR! – in Bonn die Marschroute festgelegt und beschlossen, ohne dass auch nur ein Ostdeutscher dazu gefragt worden war.

Ministerialdirektor Horst Teltschik bestätigte damit, was bis heute vehement von der politischen Klasse der Bundesrepublik bestritten wird und darum keinen Eingang in die Geschichtsbücher findet: Die Übernahme der DDR war eine politische Inszenierung, Regisseure und Dramaturgen dieses Staatsschauspiels saßen im Westen, wo auch die ostdeutschen Schauspieler gecastet worden waren. »So hatte Kohl die demokratisch gewählte Führung des noch vorhandenen anderen deutschen Staates im Grunde zu Marionetten gemacht.«[25]

Für mich ist auch aus diesem Grunde der von der Volkskammer gefasste Beitrittsbeschluss eine Art Ermächtigungsgesetz. So nennt man das, wenn ein Parlament der Regierung außergewöhnliche Vollmachten erteilt. Das geschah in Deutschland seit 1914 mehrere Male, es war 1990 also keine Premiere.

Mit dem 3. Oktober 1990 verschwanden sowohl Artikel 23 als auch 146 aus dem Grundgesetz. Zur Begründung hieß es, dass im Zwei-plus-Vier-Vertrag, der vier Tage zuvor in Kraft getreten war, den Nachbarn die Angst genommen werden sollte. Deutschland habe darum seine Grenzen als endgültig anerkannt und erklärt, keine Gebietsansprüche mehr gegenüber anderen Staaten erheben zu wollen. Deshalb wurden nunmehr die Präambel des Grundgesetzes sowie die Artikel 23 und 146 modifiziert. Die »Modifikation« sah so aus, dass diese Passagen aus dem Grundgesetz getilgt wurden. Erst 1992 schuf man mit dem »Europa-Artikel« Ersatz für Artikel 23.

Die genannten und weitere Umstände ließen mich zu der These kommen, dass wir es 1989/90 weder mit einer Wiedervereinigung noch mit einer friedlichen Revolution und in der Folgezeit auch mit keiner Gesellschafts- und Wirtschaftstransformation zu tun hatten.

Was also war es dann?

Dann wäre zu fragen, von welcher Art der Einigung ausgegangen werden kann, wenn de facto eine Staatslöschung auf der Grundlage einer Debellation, also der Kapitulation des Führungskommandos der DDR, als Vorbedingung vorlag?

Die Löschung etwa einer Gesellschaft mit beschränkter Haftung wird in drei Schritten vollzogen: Auflösung, Abwicklung und Liquidation. Im Falle der DDR wurde mit dem Beitritt des DDR-Staates zum Geltungsbereich des Grundgesetzes der BRD die staatliche Volkswirtschaft also zur insolventen GmbH erklärt. Da Staat und Wirtschaft im Volkseigentum verschränkt waren, fand mit der Staatslöschung gleichzeitig eine *Wirtschaftsenteignung* statt, in deren Folge die bisherige Gesellschaft in einem Totalumbau verschwand.

Eine (Wieder-)Vereinigung oder eine Gesellschaftstransformation setzte eine gleichwertige Partnerkonstellation und ihrer Bedingungen voraus, unter denen zu gleichen Anteilen in allen ökonomischen, kulturellen, gesellschaftlichen und Gewaltenfragen verhandelt wird. In der »Verhandlung« am 23. August 1990 beschloss die Volkskammer jedoch den »Beitritt« zur BRD, womit die Debellation besiegelt wurde. Es war die ultimative Vorbedingung für den Anschluss der DDR an die Bundesrepublik. Der sogenannte Beitrittsbeschluss stand aber bereits fest, noch *bevor* der Einigungsvertrag abgeschlossen worden war. Das ist bewiesen.

Vier Tage vor dem 41. Jahrestag der DDR wurde also »die Einheit« vollzogen.

Es folgte ein eruptiver Ausbruch der Liberalisierung des ehemaligen volkseigenen Gebietes der DDR mit einer beispiellosen Landnahme, bekannt auch als Abwicklung durch die Treuhandanstalt (THA). Unterhalb der Medienoberfläche einer glänzenden »Wiedervereinigung« wurden in Windeseile die Weichen für eine vollständige Übernahme der gesellschaftlichen und Regierungsinstitutionen gestellt und eine Totalenteignung des Volkseigentums sowie eine Totalunterwerfung der Bevölkerung unter Gesetz und Tabu vollzogen.

Die führenden Verlagshäuser der sogenannten Qualitätsmedien verdeckten gekonnt mit einem *Hybris-Komplex der Delegitimierung der DDR* den Billionen-Deal der Investoren, der sich als Aufschwung Ost – natürlich unter Ausschluss der Ostdeutschen – Bahn brach.

Da nach wie vor von »Wiedervereinigung« gesprochen und geschrieben wird (trotz der inzwischen vorhandenen Erkenntnisse), scheint gesichert, dass es sich um eine revisionistische Wiedervereinigung im geopolitischen Territorium des deutschen Reichs gehandelt hatte.

2007 veröffentlichte der Wissenschaftliche Dienst des Deutschen Bundestages eine Dokumentation »Zum rechtlichen Fortbestand des ›Deutschen Reichs‹«[26]. Darin wird auf ein Urteil des Bundesverfassungsgerichts vom 21. Dezember 1972 verwiesen. Seinerzeit war in Karlsruhe eine Klage über die Rechtmäßigkeit des Grundlagenvertrages zwischen der BRD und der DDR anhängig.

Die Richter erklärten, das Grundgesetz gehe davon aus, »dass das Deutsche Reich den Zusammenbruch 1945 überdauert hat und weder mit der Kapitulation noch durch Ausübung fremder Staatsgewalt in Deutschland durch die alliierten Okkupationsmächte noch später untergegangen ist. Mit der Errichtung der Bundesrepublik Deutschland wurde nicht ein neuer westdeutscher Staat gegründet, sondern ein Teil Deutschlands neu organisiert [...]. Die Bundesrepublik Deutschland ist also nicht ›Rechtsnachfolger‹ des Deutschen Reiches, sondern als Staat identisch mit dem Staat ›Deutsches Reich‹, in Bezug auf seine räumliche Ausdehnung allerdings teilidentisch, so dass insoweit die Identität keine Ausschließlichkeit beansprucht.«[27]

In verdolmetschtem Deutsch: Kriege und Zweistaatlichkeit haben dem Deutschen Reich seit seiner Taufe im Spiegelsaal zu Versailles nichts anhaben können – die Proklamation des Kaiserreichs am 18. Januar 1871 war somit die Geburtsstunde der Bundesrepublik Deutschland. Wir können also im kommenden Jahr 150 Jahre BRD feiern.

Vor allem hätten wir ein konkretes Datum – was wir 1949 nicht haben. War's der 8. Mai, als der Parlamentarische Rat das Grundgesetz vorlegte? Der 12. Mai, als die westlichen Besatzungsmächte es genehmigten, oder der 23. Mai, als das GG in Kraft trat? War es die Wahl des ersten Bundestages am 14. August oder dessen Konstituierung am 7. September 1949? Die Wahl von Theodor Heuss zum Bundespräsidenten am 12. September oder die von Konrad Adenauer zum

Kanzler drei Tage später? Oder gar dessen Amtsantritt am 20. September?

Die 1871er Sache hat aber noch einen weiteren Haken.

Der Beitritt am 23. August 1990 ist weder auf der Grundlage einer ordentlichen Beitrittserklärung noch auf der Gesetzesgrundlage des GG evaluierbar: Die Gesetzesgrundlage für den Beitritt, der Artikel 23 GG, wurde – wie schon erwähnt – aus dem Grundgesetz gestrichen und ist nicht mehr aktenkundig. Im Einigungsvertrag wird er nur noch im Zusammenhang mit dem Wirksamwerden eines Beitritts zum 3. Oktober 1990 erwähnt.[28] Unter welchen Vorausaussetzungen kam es dann zur »Einheit«, wenn die Vertragsschritte zwischen dem 23. und dem 29. August 1990 sowohl im Grundgesetz als auch im Einigungsvertrag gelöscht wurden?

Für mich ist darum die Ausweitung der alten BRD I (Kernstaat) auf das Territorium der DDR (Beitrittsgebiet), womit die neue BRD II entstand, nicht nur unrechtmäßig, sondern eine *Staatensukzession* zu Vollständigwerdung im Völkerrechtssubjekt Deutsches Reich.

Der Begriff beschreibt – und so definierte ihn der Staatsrechtler Walter Schoenborn 1913 – die »Nachfolge eines Staats in Rechte und Pflichten eines anderen Staates als Folge der Erstreckung seiner (vollen oder oberherrlichen) Staatsgewalt auf Gebiete, welche bisher der Staatsgewalt eines anderen Staates unterstellt waren«[29].

Das Staatsgebiet der BRD war – laut Urteil des Bundesverfassungsgerichts von 1972 – identisch mit dem Völkerrechtssubjekt Deutsches Reich, die DDR hingegen nicht. Die Deutsche Demokratische Republik aber trat am 23. August 1990 von ihren völkerrechtlichen, staatsrechtlichen, verfassungsrechtlichen und gesellschaftsrechtlichen Ansprüchen zurück – und die Bundesrepublik Deutschland die Gewalten- und Rechtsnachfolge der DDR an. Also war der Beitritt eine Staatensukzession?

Fragen über Fragen, auf die die Forschung bis heute keine klare Antwort weiß.

Der 18. Januar 1871 wäre da schon eine eindeutige Botschaft. In Berlin wurde jetzt, am Ort des abgerissenen Volkskammer-Sitzes, das kaiserliche Hohenzollernschloss neu errichtet. Es wäre darum nur konsequent, die Wende in die Vergangenheit zu vollenden, indem im nationalen Selbstverständnis die Gründung der BRD auf eben jenen Tag festgelegt werden würde.

Und war das, was sich 1989/90 zutrug im Osten Deutschlands, damals DDR geheißen, eine »friedliche Revolution«, weil die Mächtigen abtraten, ohne dass ein Schuss fiel?

Es war eine Revolution bei Abwesenheit von militärischer Gewalt, also eine blutlose Revolution im Vollzug einer Staatsübernahme. Dabei ist die besondere Rolle, die der DDR-Kirche zugeschrieben wird, zu relativieren. Denn wie bekannt ist, spielte die DDR-Kirche – in einem konspirativen Brückenschlag zwischen dem MfS, dem Außenministerium der DDR und dem Auswärtigen Amt der BRD sowie der Kirche in der BRD wie auch den kirchennahen Parteien und der Rechtsprechung der BRD – eine besondere Vermittlerrolle. Nicht zu vergessen die Kerzen der bürgerbewegten Mahnwachen.

Aber: Entscheidend für die Abwesenheit einer militärischen Intervention während der Demonstrationen im Herbst 1989 waren die Befehle des Vorsitzenden des Nationalen Verteidigungsrates der DDR. Der hieß bis zum 18. Oktober 1989 Erich Honecker, danach Egon Krenz.

Jedoch verengt die Fokussierung auf die inneren Verhältnisse in der DDR, auf die hausgemachte Staatskrise – selbst wenn man sie im Kontext mit der BRD-Politik betrachtet – den Blick unzulässig. Das ist politisch zwar gewollt, aber falsch. Wir haben es mit einem globalen Vorgang zu tun, bei dem die Herstellung der deutschen Einheit allenfalls ein Nebenprodukt war.

Der französische Philosoph, Historiker, Soziologe und Psychologe Michel Foucault (1926–1984), einer der bedeutendsten Denker des 20. Jahrhunderts, verknüpfte den Kern des Neoliberalismus mit dem Kern der Politischen Psychologie. »Der Krieg ist der Motor der Institutionen und der Ordnung. Auch in den geringsten seiner Räderwerke wird der Frieden vom Krieg getrieben. Anders gesagt: man muss unter dem Frieden den Krieg herauslesen. Der Krieg ist die Chiffre eben des Friedens.« Und der Mann erklärte weiter: »Wir befinden uns im Krieg – die einen gegen die anderen. Eine Schlachtlinie durchquert die gesamte Gesellschaft durchgängig und andauernd, und diese Schlachtlinie stellt jeden von uns in ein Lager oder in ein anderes.

Es gibt kein neutrales Subjekt, man ist unvermeidlicherweise der Gegner von jemandem. Eine binäre Struktur durchzieht die Gesellschaft.«[30]

Die von Foucault bezeichnete »binäre Struktur« ist nichts anderes als die beiden großen Klassen, und die Auseinandersetzungen nannte man früher Klassenkampf. In der neueren Soziologie fand man dafür die Bezeichnung »Neue Landnahme«[31]. Dem von Klaus Dörre entwickelten Konzept der Neuen Landnahme liegt die These zugrunde, »dass sich seit den 1970er Jahren Konturen einer neuen kapitalistischen Formation herausgebildet haben, die [...] als Finanzmarktkapitalismus bezeichnet wird«.[32] Dessen Grundmerkmal ist, dass er »marktbegrenzende Institutionen zum Objekt einer neuen Landnahme« macht. Inspiriert von der Marx'schen Kritik der politischen Ökonomie entwickelt Dörre einen Ansatz, der die kapitalistische Dynamik als Abfolge von Landnahmen eines nichtkapitalistischen Anderen (Territorien, Produktions- und Lebensweisen, Klassen und Schichten) beschreibt. In dem Konzept von Dörre verwirklicht sich der von Foucault sogenannte *Krieg als Chiffre des Friedens* in Form der Liberalisierung. Der Anschluss der DDR an die BRD und der Gesellschaftsumbau in Ostdeutschland ab 1990 entsprechen diesem Kriegstyp der Liberalisierung.

Der Casus Belli, lateinisch für *Kriegsgrund* oder *Kriegsursache,* erfährt in den Zeiten der politischen Postmoderne, die etwa mit Beginn des neuen Millenniums einsetzt, eine Renaissance auf dem Gebiet der Informationskriege und der asymmetrischen Kriege. Die »Wende« – der Zusammenbruch der DDR und des Ostblocks – sind bereits neuere Kriegstypen der Informations- und asymmetrischen Kriege, deren Frontenverlauf sich demokratisch und unmilitärisch durch die Zivilgesellschaft zieht. Die neueren Begriffe für asymmetrische postpolitische Kriegstypen sind unter anderem *Systemwechsel, Regime Change, Schocktherapie* und eben *neue Landnahme.*

Die zentralen Begriffe der politischen Theorie und der politischen Psychologie, die ab 1989/90 sukzessive die öffentliche Meinung in Ostdeutschland beherrschen, wurzeln im national-republikanischen Handlungsrahmen der Weimarer Republik. Mythen, historische Reichweite, Revanchismus und Geschichtsrevisionismus begleiten den deutschen Liberalismus und den deutschen Industriekapitalismus. Er führte zur faschistischen Diktatur, zu Weltkrieg und Kaltem Krieg.

Vertreter der deutschen politischen Theorie und der deutschen republikanischen Zeitgeschichte wie der Staatsrechtler Carl Schmitt, Ernst Nolte, Carl J. Friedrich, der Politiker Alfred Dregger und die Historiker Heinrich August Winkler oder Hans-Ulrich Wehler sind zugleich Kronzeugen der deutschen Rechts- und Geschichtswissenschaften, die nach der »Wende« nunmehr in Gesamtdeutschland, also auch auf dem Gebiet der einstigen DDR, wieder gelten.

Um die Ausweitung der deutschen republikanischen Rechts- und Geschichtswissenschaften in Ostdeutschland durchzusetzen, wurden nach 1990 entsprechende Behörden gegründet, die mit einer radikalen Delegitimierung der DDR beauftragt wurden. Großbegriffe wie »Totalitarismus«,

»zweite deutsche Diktatur«, »SED-Regime«, »Unrechtsstaat«, »Kommandowirtschaft«, »Gewaltherrschaft« entspringen dem Dezisionismus[33] der Rechts- und Geschichtswissenschaften des Deutschen Reichs in der Prägung der Weimarer Republik. Mit der Weimarer Republik wurde ab 1918 die parlamentarische Demokratie in Deutschland eingeführt, die mit der Ernennung Adolf Hitlers zum Reichskanzler am 30. Januar 1933 endete.

Nach Kriegsende wurden infolge der durch internationale Beschlüsse verbrieften politischen Nachkriegsordnung zumindest im Osten Deutschlands die deutsche Reichswissenschaft in Recht und Geschichte sowie auch das deutsche Elitemonopol unterbrochen. Die darauf folgenden vierzig Jahre der Reinigung und Klärung vom »deutschen Geist« im Osten Deutschlands fällt der Epoche des Kalten Krieges zu.

Mit dem Anschluss der DDR an die BRD im Jahr 1990 wurde nach westlicher Lesart nicht nur der Kalte Krieg beendet, sondern der »deutsche Geist« in Gesamtdeutschland reinstalliert. Eine Neulegitimierung der deutschen Rechts- und Geschichtswissenschaften sowie einer geschichtsrevisionistischen Ideologie in den traditionellen Denkmodellen des Antikommunismus, der Russophobie, der Präventivkriegsthese usw. bedeuten eine Delegitimierung und Liquidation der DDR in Gesellschaft, Geschichte und Recht. Nebenbei erfolgte eine Aufhebung der politischen Nachkriegsordnung in Deutschland und in Europa, eine rückwirkende Delegitimierung der politischen Nachkriegsordnung in Deutschland und in Europa. Und das heißt auch die Aufhebung deutscher Schuld in den europäischen Angriffs- und Vernichtungskriegen – an vorderster Stelle im Rassen- und Vernichtungskrieg in der Sowjetunion.

Deutsche Schuld wird geschichtsrevisionistisch dementiert, indem die historischen Denkmodelle und ideologischen Leitlinien der deutschen republikanischen Reichsgesinnung in Gestalt der *Political Correctness* wieder salonfähig sind. So gilt auch für den Bildungsstandort Ostdeutschland die Präventivkriegsthese, die behauptet, dass 1941 der Überfall auf Stalins Sowjetunion notwendig gewesen sei, um einem Angriff der Sowjetunion zuvorzukommen.

Die sibirischen Gulags seien nichts anderes als die Vorläufer der späteren deutschen Konzentrationslager gewesen. Und dieses Gulag-Modell, so wird es jedenfalls seit 1990 verbreitet, habe sich dann in der Sowjetischen Besatzungszone (SBZ) im Vollzug der SMAD-Befehle durchgesetzt, womit die Präventivkriegsthese bewiesen wäre. Heute gibt es in Ostdeutschland darum keinen Ort des Gedenkens an den Naziterror, der nicht gleichzeitig als Ort des Erinnerns an den »stalinistischen und poststalinistischen Terror« in der SBZ und die »Gewaltverbrechen der DDR-Diktatur« herausgestellt wird.

Die Etablierung dieser geschichtsrevisionistischen Ideologie nach 1990 in Gesamtdeutschland verfestigt die alten deutschen Kriegsgrundthesen und Kriegsirrtümer, wonach Russland der Feind im Osten ist, der aufgrund seiner totalitären Geschichte, dem Terror und Furor, der von ihm ausgeht, ein permanenter Feind für die deutsche und europäische Demokratie sei.

Diese Theorie wurden deutlich sichtbar in den Vorhaltungen und Unterstellungen, die gegen Russland in den neuen Info- und Wirtschaftskriegen insbesondere seit 2014 erhoben werden.

Für die Ostdeutschen – jene ab 1940 geborenen, den Krieg überlebenden und in der SBZ an der Überwindung des Nazi-Regimes beteiligten Menschen, die »Aufbaugeneration« – bedeutete das Ende des Kalten Krieges und der Beginn der *liberaldemokratischen Liberalisierung* auch das Ende einer kollektiven Moral, die, ganz im Gegensatz zu einer kollektiven Moral in Westdeutschland, im Bewusstsein der deutschen Schuld an den Völkern der Sowjetunion begründet ist. In dieser liberaldemokratischen »Wende« ist ein Kriegsgrund implementiert, ein Casus Belli.

Das Ende des Kalten Krieges war durchaus ein Neubeginn, bedeutete für viele zwischen 1945 und 1975 geborene

Ostdeutsche im Nachhinein das Ende einer sozialhistorischen Zugehörigkeit, da sich der Aufbruch von 1989 *nicht* zu einer Systemreform hin entwickelte, sondern zu einem Anschluss an ein System, welches aus DDR-Sicht als historisch überwunden galt.

Dieser Anschluss erfolgte im Staatsauftrag der »geistig-moralischen Wende«, was konkret die kollektive Herabsetzung all jener Ostdeutschen bedeutete, die ihre Biografien bis 1990 nicht umgeschrieben hatten oder gar revidieren wollten. Das betraf die Mehrheit der einstigen DDR-Bürger.

Die auf Behördenebene nach 1990 installierten Regelungen wie Ausschluss Ostdeutscher aus den bundesdeutschen Eliten, ihr Ausschluss aus Aufstiegschancen, ihr Ausschluss aus Vermögensbildung und gesellschaftlicher Gleichstellung, verfestigten den ideologischen Konsens deutschen Rechts- und Geschichtsdenkens. Dieser Konsens manifestiert sich im Dezisionismus des Westens über den Osten wie auch in der Kolonisierung des Ostens in Form neuer Landnahmen. Die (Kriegs-) Gründe für den neueren Dezisionismus und Kolonialismus sind in der alten Agenda des Liberalismus und des Militarismus zu finden, in der Deutschen Frage, wie es geschichtspolitisch heißt.

So wird beispielsweise ostdeutsche Mentalitäts- und Identitätsbildung mit der Unterlegenheit des »Ostlers« begründet. Damit wird nicht nur der Kolonialismus über rassische Minderwertigkeit neu aufgelegt, sondern auch das Vorrecht des Westens zementiert, gegen die Zweitklassigkeit mit den geschichtspolitischen Vorrechten der Altbundesbürger gegenüber den Neubundesbürgern auf dem Rechtswege und von Amts wegen vorgehen zu können und zu müssen.

Man betrachte nur die innere Haltung der Ostdeutschen zum Kriegsende und die Bewertung der Rolle der »Russen« als Befreier. Sie ist mentalitätsbildend für Generationen gewesen. Im Westen hingegen wird mehrheitlich die Meinung vertreten, dass es keine deutsche Kollektivschuld an den Russen gibt und sie auch keine Befreier waren, sondern Besatzer. Ein repräsentatives Beispiel für diese allgemeine Haltung in der BRD zu dieser Frage findet sich in der Aussage des CDU-Politikers Alfred Dregger, der den 8. Mai 1945 als »Tag der erzwungenen Unterwerfung«[34] bezeichnete. In Umkehrung der Haltung zur Sowjetunion, wie sie vielfach im Osten angetroffen werden konnte, behaupten Westdeutsche, die Russen hätten das deutsche Volk unterworfen und gespalten, indem sie im Osten eine »stalinistische Diktatur« installierten, in der mit SMAD-Befehlen entnazifiziert und enteignet, entchristianisiert und entbürgerlicht wurde. Dieser Umwälzung seien viele Deutsche zum Opfer gefallen, was nachweislich nicht für eine *Befreiung* Deutschlands vom Hitlerfaschismus spreche. Ganz in diesem Sinne werden die sowjetische Besatzung und ihre Maßnahmen ab 1990 von den im Osten neu etablierten westdeutschen Rechts- und Behördenregelungen korrigiert, soweit dies im Rahmen des Zwei-plus-Vier-Vertrages und der daraus resultierenden Verpflichtungen zulässig ist. Rückwirkend wird die DDR als »Unrechtsstaat« innerhalb des deutschen Staatswesens und als »zweite deutsche Diktatur« der deutschen Gesellschaft delegitimiert: Dies ist der Casus Belli, der eine Löschung der DDR in Gesellschaft, Geschichte und Recht legalisiert – und eine neue Landnahme in Form der globalkapitalistischen Expansion.

Ausgangspunkt für das Konzept der Landnahme ist die Feststellung, dass die kapitalistische Dynamik strukturell *expansiv* und *krisenhaft* ist. »Kapitalistische Gesellschaften können sich über Krisen hinweg nur selbst stabilisieren, da sie fortwährend neue geografische Territorien oder Produktions- und Lebensweisen in Besitz nehmen und die in den Landnahmeprozessen involvierten sozialen Akteure zu systemkonformem Handeln motivieren«[35], schreibt Dörre. Neben der Kolonisierung neuer geografischer Räume, der Landnahme im wörtlichen Sinne, bezeichnet er damit auch die Privatisierung öffentlicher Güter wie beispielsweise Post, Eisenbahn, Gesundheits- und Bildungswesen, oder auch die

Adaption subkultureller Lebensformen und Werte wie beispielsweise Kreativität, Authentizität oder Autonomie für moderne Arbeitsformen.

Das Grundmotiv der Landnahme ist demzufolge die Inbesitznahme, Okkupation und Expansion, in der »Land« nicht identisch mit Grund und Boden sein muss. So ist denn auch auf geistig-moralischer Ebene eine Inbesitznahme nichtkapitalistischer »Terrains« (Sozialorgane, Mentalität, Habitus) notwendig, was vergleichsweise mit der »geistig-moralischen Wende« durch Helmut Kohl auch in Gang gebracht wurde. (Bereits im Bundestagswahlkampf 1980 hatte der Oppositionsführer Kohl von einer *geistig-moralischen Erneuerung* bzw. *Wende* gesprochen. Die seit 1969 herrschende sozialliberale Koalition habe, so Kohl, vor dem Zeitgeist kapituliert. In seiner ersten Regierungserklärung 1982 nahm er den Begriff wieder auf.)

Die geistig-moralische Inbesitznahme der Bevölkerung und ihrer Sozialorgane ist Teil der neoliberalen Landnahme, der Okkupation, Expansion und Kolonialisierung des nichtkapitalistischen Anderen (Territorien, Produktions- und Lebensweise, Klassen und Schichten, Bezugsrahmen, Historien, Erinnerungskultur etc. pp.) und seine radikale Ökonomisierung.

Der Casus Belli ist eine *sozialpsychologische Indoktrination,* um sowohl bei allen sozialen Akteuren, den Okkupanten, als auch gleichzeitig bei den Okkupierten Klarheit über das Ausmaß einer neuen Landnahme qua Ökonomisierung zu schaffen und zu systemkonformem Handeln zu motivieren. Die Landnahme, gleichbedeutend mit Inbesitznahme und Kolonisierung, erfolgte mit dem Vollzug des Beitritts- oder auch Unterwerfungsvertrages der DDR unter die BRD. Das geschah in allen Bereichen des gesellschaftlichen Lebens. Und die Bürger des unterworfenen Staates wurden als Mitläufer in einem »Tätersystem« diffamiert.

Seit 1990 erfolgt auf höchster Behördenebene die rückwirkende Kriminalisierung. So schrieb die Bundesregierung zum Stand der Aufarbeitung der »SED-Diktatur« im Jahr 2012: »Die Geschichte Deutschlands im 20. Jahrhundert wurde nachhaltig durch die Terrorherrschaft des Nationalsozialismus geprägt, dessen Menschheitsverbrechen und Vernichtungskriege Millionen Opfer forderten. Dem Sieg der Alliierten im Zweiten Weltkrieg folgte keine stabile Friedensordnung, sondern der Ost-West-Konflikt [›Kalter Krieg‹], der für mehr als vier Jahrzehnte Deutschland und Europa teilte. Während im Westen Deutschlands nach 1945 der Aufbau einer rechtsstaatlichen Demokratie gelang, wurde in der SBZ und später in der DDR eine kommunistische Diktatur etabliert, die erst 1989/90 überwunden werden konnte. Es ist unverzichtbar, den Unterschieden zwischen NS-Herrschaft und ›SED-Diktatur‹ Rechnung zu tragen. Jede Erinnerung an die Diktaturvergangenheit in Deutschland hat davon auszugehen, dass weder die nationalsozialistischen Verbrechen relativiert werden dürfen noch das von der ›SED-Diktatur‹ verübte Unrecht bagatellisiert werden darf.«[36]

Dies ist lediglich ein Beispiel für die Öffentlichkeitsarbeit der Bundesregierung, bei dem Geschichtszusammenhänge erstens unter Ausschluss der betroffenen DDR-sozialisierten Ostdeutschen und zweitens in einer geschichtsrevisionistischen Verfremdung dargestellt werden. Diese Darstellung beinhaltet unübersehbar einen Casus Belli, auf dessen Grundlage die politische Psychologie und die Prozesse der neuen Landnahme legitimiert werden.

Der Begriff »rechtsstaatliche Demokratie« unterstreicht den »Unrechtsstaat« und die »Diktatur« auf der Seite der Besiegten, der Begriff »freie Marktwirtschaft« grenzt sich hingegen von »Kommandowirtschaft« und Repression ab.

Der Casus Belli, der die Löschung der DDR in Gesellschaft, Geschichte, Gesetz und Recht zum Ziel hat, beinhaltet eine paradoxe Unzeitlichkeit als rückwirkende Kriegserklärung. Was nämlich im geschichtsrevisionistischen Sinne in der Terminologie der politischen Psychologie wie zum Beispiel mit den Begriffen Präventivkrieg, kausaler Nexus oder Konventionalisierung nicht geltend gemacht werden kann, da die Erklärungsgrundlagen unzureichend sind, wird auf eine neue Erklärungsgrundlage übertragen und dort paradox-unzeitlich ausgelagert: die DDR als stalinistische Willkürherrschaft, als Angriff auf das deutsche Staats- und Gemeinwesen, die »nicht aus Eigenrecht, sondern als eine sowjetische Satrapie«[37] existierte. Die BRD hingegen stellt das Modell dar, in dem »nach 1945 der Aufbau einer rechtsstaatlichen Demokratie gelang«.[38]

Die SBZ/DDR wird ideologisch auf eine Ebene mit dem Nazi-Regime gestellt, womit der neue republikanische Wandel ab 1989/90 und die Wiedereinführung des deutschen Reichsdenkens eine fundamentale Begründung erhält. Denn der »Totalitarismus« der Jahre von 1933 bis 1945 und dessen nicht aufgearbeitete Reste in Ostdeutschland sind nicht etwa dem Rechtsstaat anzulasten, sondern der »bolschewistischen DDR-Diktatur«.

Für viele Ostdeutsche sind diese Verschiebung von historischen Tatsachen sowie die Ausweitung der republikanischen Grundwerte seit der Gründung der parlamentarischen Demokratie in Deutschland mit der Weimarer Republik 1918 nicht hinnehmbar.

Im Licht der Unhaltbarkeit dieser geschichtshistorischen Umkehr-, Übertragungs- und Spaltungsabwehr wird die Renaissance des postpolitischen Krieges, der neuen Landnahme, sichtbar. Insofern existiert in Deutschland nach 1989/90 eine neue »Zivilordnung als Schlachtordnung«[39], die Fortsetzung des Kalten Krieges auf postpolitischer Ebene, bei der die Schlachtenlinie zwischen den Lagern des deutschen Revisionismus im Modell der parlamentarischen Demokratie und der neoliberalen Finanzwirtschaft als *neue Landnahme* verläuft.

Die »Wende« – keine im Sinne Kohls – war von vielen Ostdeutschen als eine Revolution gewünscht, die wohl den Sozialismus sowjetischen Typs beenden sollte, nicht aber eine Systemübertragung vornehmen sollte. Die DDR-Bürger wollten mehrheitlich keine Rückkehr zur republikanischen Reichstradition und keine neoliberale Annexion, die das Wesen der neuen Landnahme ausmacht. Tatsächlich aber erfolgte eine Landnahme in der »zone beyond the line«, die den Osten in eine »Zone der verfestigten Armut«[40] verwandelte.

»Wiedervereinigung« als Rückkehr des Osten zum richtigen Gesellschaftsmodell

Der nun seit drei Dekaden währende Status in Ostdeutschland kann wie eine kollektive Strafe des Westens an den Ostdeutschen aufgefasst werden. Die alten Eigner und Eigentümer sind zurückgekehrt und haben den gesamten Prozess der Staats- und Gesellschaftsbildung seit 1945 im Sinne der großdeutschen republikanischen Agenda rückgängig gemacht.

»Der doppelte deutsche Staatenbildungsprozess von 1949 gibt ein gutes Exempel für diese Paradoxie. Es war die Bundesrepublik, die formell und förmlich die Rechtsnachfolge des Dritten Reiches antrat, wodurch das Staatsvolk der Westdeutschen zur Wiedergutmachung verpflichtet wurde. Da diese sich in geregelten Bahnen vollzog und kalkulierbar blieb, konnten sowohl das Gewissen als auch die Wirtschaft allmählich aufatmen. Wirtschaft und Wohlstand wuchsen schnell, und damit wuchs auch die Gewissheit, über die Vergangenheit hinaus – und in einer völlig anders gearteten Gegenwart angekommen zu sein«[41], urteilte der Soziologe und Philosoph Wolfgang Engler. »Anders die DDR. Sie verweigerte die Rechtsnachfolge, ohne dass die Bevölkerung der schon zuvor geübten Tributpflicht entkam. Durch diese ›wilde‹, schwer kalkulierbare Form der Wiedergutmachung konnten das kollektive Gewissen und auch die Wirtschaft lange nicht entspannen. Wirtschaft und Wohlstand wuchsen nur zögernd, so dass die Gegenwart eher den Anschein einer verlängerten Vergangenheit bekam – Fortsetzung von Mühsal und Entbehrungen in anderer sozialer Gestalt.«

Und weiter schrieb der Publizist ostdeutscher Herkunft im Jahr 2000: »Die Hauptverantwortlichen an der Misere verließen das Land, das Bewusstsein von Schuld und Schande nahm dauerhaft Heimstatt. Kurz und gut: Gerade der Staat des ausdrücklichen Bruchs mit der Vergangenheit rekapitulierte sie unaufhörlich.«[42]

Westdeutsche sind bis heute mehrheitlich der Meinung, dass ihr Nachkriegsmodell das historisch einzig Richtige war und ist, hingegen das in der Ostzone nicht nur der falsche Weg war, sondern darüber hinaus ein bis heute nachwirkendes »Unrechtsmodell«.

Die »Wiedervereinigung« war darum der Versuch einer Korrektur und eine Rückkehr des Ostens zum historisch richtigen Modell. Man hat das »missratene Kind«, das sich verirrt hatte, wieder ins richtige »Reich« zurückgeholt.

Stigma

Für die Ostdeutschen ist es seit der »Wende« ein Stigma, in der neu-alten deutschen Gesellschaft einen Sozialisierungshintergrund aus der DDR zu besitzen. Die Folge davon ist ein gesellschaftlicher Ausschluss insbesondere der ersten und zweiten DDR-Generation.

Der kanadische Soziologe Erving Goffman (1922–1982) unterschied allgemein zwischen drei Typen von Stigma: der physischen Deformation, dem individuellen Charakterfehler und dem radikalen politischen Verhalten.[43] »Es sind dies solche Stigmata, die gewöhnlich von Geschlecht zu Geschlecht weitergegeben werden und alle Mitglieder einer Familie in gleicher Weise kontaminieren.«[44]

Nach meinen Untersuchungen sind in Bezug auf die in der DDR zwischen 1945 und 1975 geborenen und sozialisierten Ostdeutschen drei verschiedene Formen der gesellschaftlichen Stigmatisierung seit 1989/90 zu beobachten: *erstens* eine ethnisch-rassistische Stigmatisierung und gesellschaftliche Herabsetzung, *zweitens* eine politische Stigmatisierung und gesellschaftliche Kriminalisierung wie die Zuschreibung von ausgeprägter Mitläuferschaft, Fremdenfeindlichkeit und Rechtsextremismus, *drittens* mental-charakterliche Stigmatisierung und gesellschaftliche Pathologisierung wie die Zuschreibung von biografischen Fehlentwicklungen und psychosozialen Defekten.

Jede Form der Stigmatisierung fixiert eine Abweichung von (westdeutschen) gesellschaftlichen Normen und Werten, was wiederum zu gesellschaftlicher Diskreditierung und Diskriminierung führt, zu einer partiellen oder totalen gesellschaftlichen Beschädigung von Personen oder eben der ostdeutschen Bevölkerungsgruppe insgesamt.

Die Stigmatisierung findet verdeckt in den Institutionen statt. Ihre Austragung wird tabuisiert und geleugnet. Stigmatisierte Ostdeutsche neigen zur Selbst- und Herkunftsverleugnung, um nicht Teil der stigmatisierten Bevölkerungsgruppe zu sein und somit der Konfrontation mit dem gesellschaftlichen Ausschluss zu entgehen.

Goffman bezeichnete dieses Verhalten zum Schutz der persönlichen oder der Gruppenintegrität als »Täuschen«.

Empirische Untersuchungen bestätigen sowohl eine Unsicherheit in der beobachteten Betroffenengruppe als auch eine ausgeprägte Täuschung. Zu den Täuschungen gehören etwa das Verlernen der Herkunftsdialekte, eine Überanpassung an habituelle Standards oder auch der Loyalitätsbruch mit Vertretern der Herkunftsgruppe. Goffman: »An dieser Stelle sieht man, dass eine Person, die täuscht, ein Doppelleben führt, und dass der Informationszusammenhang der Biografie verschiedene Modi von Doppelleben erlauben kann.«[45]

Jüngere Ostdeutsche – vornehmlich die »Wendekinder«, geboren zwischen 1975 und 1990 oder die »Nachwendekinder«, auch *Dritte Generation Ostdeutschland,* geboren ab

1990 – sind von diesem Doppelleben ebenfalls betroffen. Einerseits konnten sie sich nach der »Wende« sehr gut an westdeutsche Gesellschaftsstandards anpassen, indem sie erfolgreich über ihre Herkunft (oder die ihrer Eltern) hinwegtäuschten und/oder mit einer erfolgreichen beruflichen Entwicklung eine besonders gute Anpassung nachwiesen. Andererseits ist gerade bei der *Dritten Generation Ostdeutschland* auffällig, dass ihr gesellschaftlicher Erfolg (vermittels der Strategien der Täuschung und Anpassung) einen biografischen blinden Fleck erzeugt, ein verborgenes Stigma, das mit einem Doppelleben, wie es Goffman nennt, kompensiert wird.

Die Wirkung des Stigma – das ein Volk, ein Land, eine Nation betrifft – liegt in dessen Doppelfunktion als *Hybris* und *Casus Belli* einerseits und den psychosozialen Konsequenzen andererseits begründet.

Zentrale Hybris der jüngeren deutschen Geschichte ist das Feindbild (Bolschewismus, Kommunismus, Stalinismus), welches für den deutschen Rassen- und Vernichtungskrieg gegen die Sowjetunion zwischen 1941 und 1945 als Erklärung und Motiv instrumentalisiert wurde. Diese Verbindung, dass der Feind »der Russe« ist, welcher vernichtet werden muss, bevor er uns vernichtet bzw. dass die Shoah ein Ausgreifen des »Archipel Gulag« bis nach Deutschland verhindert habe, wurde von dem Staatsrechtler Ernst Nolte (1923–2016) mit dem kausalen Zusammenhang (kausaler Nexus) erklärt, der auf die Präventivkriegstheorie der Nazi-Propaganda rekurrierte[46]. Noltes These vom Ursprünglichen war der Hauptprovokationspunkt im Historikerstreit 1986.[47] Noltes »Kausalnexus« wurde ungeachtet der Angriffe im Historikerstreit von 1986 zum zentralen Theorem der Zeitgeschichte und hat sich als Revisionismustheorie unter Historikern so gut wie an allen Demokratie-, Totalitarismus- und Menschenrechtsforschungsinstituten etabliert. Das schließt alle neueren Institute in den ostdeutschen Bundesländern ein, die sich federführend in westdeutscher Leitungsgewalt befinden.

Knapp vierzig Jahre nach dem Ende des Zweiten Weltkrieges prägte US-Präsident Ronald Reagan im Jahr 1983 den Begriff »Reich des Bösen« für die Sowjetunion. Mit dieser Propaganda der Stigmatisierung des neuen alten Feindes Sowjetunion wurde eine Verstärkung der Hochrüstung begründet. Reagan rief zu einem weltweiten »Kreuzzug« gegen den Kommunismus auf und kündigte am 23. März 1983 das SDI-Programm (»Krieg der Sterne«) an, welches einen im Weltraum installierten Schutzschild schaffen würde, um den USA einen nuklearen Erstschlag ohne Gegenreaktion zu ermöglichen (was er natürlich nicht sagte). Damit sollte ein Ende des »Gleichgewichts des Schreckens« eingeleitet und der ABM-Vertrag von 1972[48] in Frage gestellt werden.

Die USA schürten mit dieser Stigmatisierungspropaganda nicht nur die Kriegsrhetorik, sondern reaktivierten den militanten und wahnwitzigen Antikommunismus aus den Zeiten des Zweiten Weltkrieges und den Hochzeiten des Kalten Krieges in den vierziger und fünfziger Jahren. 1982 erklärte Reagan vor dem britischen Parlament, dass der »Kreuzzug für die Freiheit« erst enden werde, wenn der »Marxismus-Leninismus auf dem Müllhaufen der Geschichte« gelandet sei.[49]

Dieser globale »Kreuzzug für die Freiheit« war (und ist unverändert) zentrales Element der im Kalten Krieg gestarteten Rollback-Politik des Westens. Mit der Stabilisierung Russlands seit Amtsantritt des russischen Präsidenten Wladimir Putin im Mai 2000, der das Jahrzehnt des Ausverkaufs des Landes unter seinem Vorgänger Boris Jelzin beendete, begann ein neues Zeitalter der Stigmatisierung Russlands. »Bei einer Pressekonferenz in Den Haag bezeichnete US-Präsident Barack Obama Russland trocken als ›Regionalmacht, die einige ihrer Nachbarn bedroht‹.«[50]

Im Vorfeld des Beitritts der DDR zur BRD im Jahre 1990 fanden, wie schon erwähnt, außenpolitische Verhandlungen zur »Einheit« statt, in deren Folge unter anderen der Zwei-plus-Vier-Vertrag im Jahr 1991 ratifiziert worden war.

Bis zum 9. September 1994 sollte demzufolge das russische Militär mit Truppen und Gerät aus Ostdeutschland abziehen, im Gegenzug das Gleiche in Bezug auf das US-Militär in Westdeutschland geschehen. Weder wurde die Einhaltung des Zwei-plus-Vier-Vertrags von Seiten der einstigen Siegermächte des Westens auf dem Gebiet der BRD noch andere außenpolitische Absprachen realisiert. Dazu gehörte die gegenüber dem sowjetischen Präsidenten Gorbatschow lediglich mündlich gemachte Zusage, dass sich die NATO nicht weiter nach Osten ausdehnen werde und keine NATO-Truppen auf dem Territorium der DDR stationiert werden würden. Die NATO-Truppen stehen heute an der russischen Grenze und passieren bei ihrer Verlegung ostdeutsches Gebiet. Beim größten US-geführten Manöver in Europa seit einem Vierteljahrhundert ziehen knapp 40 000 NATO-Soldaten durch Deutschland Richtung Polen und Baltikum, meldeten Ende Januar 2020 die deutschen Medien. Allein 20 000 kamen aus den USA. »Defender Europe 2020« nannten die USA die Operation – Verteidiger Europas. »Mit der Übung soll die schnelle Verlegung von Truppen über den Atlantik und durch Europa geübt werden. Die Kolonnen werden samt Material insgesamt durch zehn Länder in Richtung Osteuropa fahren. Die Länge der Konvoi-Routen soll etwa 4000 Kilometer betragen. In Deutschland sollen sich die Truppen zwischen April und Anfang Mai 2020 bewegen.«[51]

Als einzige der im Bundestag vertretenen Parteien protestierte die Linke, welche aus der ostdeutschen PDS hervorgegangen war. »Die geplanten Manöver sind das Gegenteil von Friedenspolitik. Sie stellen eine gefährliche Drohgebärde der US-Regierung dar, was Hunderte Millionen Euro kostet, die Sicherheit in Europa gefährdet und grobe Störungen im Bahnverkehr verursacht – sowie nicht zuletzt große Klima- und Umweltschäden hinterlassen wird. Allein der von den Schiffen, Panzern und LKW für diese Manöver verbrauchte Kraftstoff wird für einen deutlichen Zuwachs des Ausstoßes an CO_2 und Feinstaub sorgen. Die Bundesregierung unterstützt diese Politik, anstatt sich für zivile Konfliktlösungen einzusetzen, und steigert immer weiter die Militärausgaben und die Rüstungsexporte.«[52]

Mit der NATO-Osterweiterung seit dem Jahr 1999 – damals traten Polen, Tschechien und Ungarn bei, 2004 folgten die drei baltischen Staaten Estland, Lettland und Litauen sowie Bulgarien, Rumänien, die Slowakei und Slowenien – wurde gleichzeitig das alte Feindbild aus dem Kalten Krieg neu aufgelegt. Nur fünf Jahre nach dem vollständigen Abzug seiner Truppen aus Ostdeutschland wurde Russland zum Feind im Osten erklärt. Mit der NATO-Osterweiterung gaben auch diese Länder zumindest eine Teilsouveränität frei und wurden von dem supranationalen Zentralismus der EU sukzessioniert. Dies erlaubt den supranationalen Regierungsgewalten in Brüssel und Washington freie Verfügung über osteuropäische Gebiete, so für Truppenstationierungen oder für *Black Sites* der CIA, wie die geheimen Gefängnisse außerhalb der USA heißen.

Hybris

Dieses komplexe Taktieren ist *angewandte politische Psychologie,* die sich im Dienste transnationaler Interessenverbände auf den Ebenen der Gewalten – der Medien, der Politik, des Rechts, der Banken und der Behörden – gesamtgesellschaftlich vollzieht. Dabei ist Hybris ein Propagandamittel – die Zuschreibung von Unrecht auf andere Entitäten, deren Stigmatisierung und Delegitimierung, um eigene Interessen durchzusetzen und zu begründen. Diese Form von psychologischer Kriegsführung, auch Info- oder Medienkrieg, basiert auf der politischen Psychologie der Übertragungs- und Spaltungsabwehr, auf den Strategien der Unrechtserklärung, auch Kriegserklärung, auf den Strategien der Verwerfung und Entwertung, was gleichbedeutend ist mit jeder Form von Angriff, von Annexion und von Auslöschung.

So gesehen ist die (neo)liberale Politik die Fortsetzung des Krieges mit anderen Mitteln – mit den Mitteln der Postdemokratie und Mediokratie.

Als Hybris wird hier die politische Handlung der Grenzüberschreitung, der anmaßenden Zuschreibung, der unzulässigen Behauptung, der Fehlzuschreibung, der Falschbehauptung vorgestellt. Als Taten der Hybris gelten Verleumdung, Diskreditierung, Entwertung, Stigmatisierung, Kriminalisierung, Pathologisierung, Dämonisierung, die Befürwortung von Doppelstandards (Doppelmoral): etwa »gute Tote, schlechte Tote«, »gutes Unrecht, schlechtes Unrecht«, »gute Opfer, schlechte Opfer«, »gutes Eigentum, schlechtes Eigentum« usw. usf., die dem Zweck der Untermauerung und Legitimierung von Machtinteressen dienen – wie eben auch ihrer Tarnung und Verschleierung.

Eine Hybris wird meist zweifach eingesetzt: als Belastung eines Anderen bei gleichzeitiger Tarnung, Entlastung oder Billigung eigenen Vorgehens. Die Hybris hat sozusagen eine politische, psychologische und ideologische Doppelfunktion der Täuschung und Tarnung. Es wird der »falschen Seite« das selbst begangene Unrecht zugeschrieben, um es von sich zu weisen, zu tarnen und zu leugnen.

Im typischen Verlauf moderner Staatsgeschichte (ab der Französischen Revolution 1789) wird Hybris zur Durchsetzung und Aufrechterhaltung von Herrschaftsansprüchen eingesetzt, in deren Rahmen alles erlaubt ist.

Dies wird auch als Staatsräson oder Machiavellismus bezeichnet.

Gerade der Machiavellismus unterstreicht Hybris als Interessenkalkül der Kriegsmittel im Clausewitz'schen Sinne als Fortsetzung des Krieges mit anderen Mitteln. Eine Hybris kann als Kriegsgrund eingesetzt werden, als Casus Belli und als Mittel zur Gesetzesänderung, was wiederum einen Kriegsgrund legalisiert.

Eine Hybris ist ein illegitimes Propagandamittel, mit dem sich moderne Staaten und Staatenverbände im Verbund mit

Industrie-, Medien- und Finanzeliten Geltung für ihren Herrschaftsanspruch verschaffen. Diese Herrschaftsansprüche sind mit Rechtstiteln verbunden, in radikaler Weise mit dem Recht auf Krieg, nämlich Aneignung und Verteidigung von Eigentum durch Landnahme.

Postdemokratische Regierungen setzen sehr dynamisch Propaganda zur Vorteilspolitik ein, indem sie eine Hybris erfinden, einen Kriegsgrund. Führungen, welche von Alliierten- oder transnationalen Verbänden gebildet werde, haben ihr Gewaltenpotential ausgeweitet auf die Gewalten der Mediokratie und des Lobbyismus. So können Interessenverbände zwischen Staatsrecht, Gesetzesmacht, Finanzkapital und Industriekompetenz mit einer Hybris einen Kriegsgrund inszenieren und Spielräume erbeuten.

Wir erleben seit der Millenniumswende permanent, dass Konten von Autokraten, Despoten, Oligarchen oder Tyrannen eingefroren wurden, »Vergeltungsschläge« erfolgen, »Terroristen« ausgeschaltet und missliebige Politiker mit Raketen »getötet« (nicht ermordet!) wurden, dass Sanktionen gegen Staaten und deren Vertreter verhängt oder Sanktionen jenen Staaten und Unternehmen angedroht werden, die Geschäfte mit ihnen machen. Ganze Länder und ihre Bevölkerung werden dämonisiert. Medien inszenieren in Interessenkonflikten Hybris und werden so zu finanzierten Kriegsakteuren. Es sind nicht zuletzt die Medien, die einen Kriegsgrund, einen Casus Belli, verbreiten.

Die Vorgänge seit Ende der 1980er Jahre sind postpolitischer Machiavellismus.

Mittlerweile liegt ein reicher Bestand an Literatur und Zeitzeugnissen vor, in denen Hybris-Konstrukte in vielfältiger Weise am DDR-System in Gesellschaft, Geschichte und Bevölkerung vorgenommen wurden, um damit zu seiner Löschung beizutragen – und vor allem, um Delegitimation und Löschung zu *legitimieren*.

Warum löste der Neoliberalismus, dessen Geburtsstunde mit der Weltwirtschaftskrise 1929/32 zusammenfällt, den Sozialismus im Namen der Demokratie ab? »Der Westen sollte sich keine Illusionen machen: Obsiegt hat nicht sein Wertesystem, sondern seine materielle Überlegenheit«, schrieb der Sozialwissenschaftler Miegel 2013. »Wären vor zwanzig Jahren die Menschen im Westen frei, aber arm, im Osten hingegen gegängelt, aber wohlhabend gewesen – dann hätte vermutlich der Sozialismus gesiegt. Dass er nicht gesiegt hat, lag weniger an seiner Unfreiheit als vielmehr an seiner wirtschaftlichen Ineffizienz. Oder genauer: Wäre er wirtschaftlich effizienter gewesen, hätte er auch freier sein können.«[53]

Mit einem *Regime Change* und entsprechenden Schockstrategien wurde die DDR-Bevölkerung, die in ihrer Mehrheit eine Reform des Staatssozialismus anstrebte, über mehrere Etappen entmündigt. Die Hybris-Konstrukte waren als Herrschaftselemente des Kalten Krieges bereits bekannt und wurden nach dem Anschluss nahtlos auf die Gesellschaft im Osten übertragen. Das Produkt, das hier entsteht, ist »Ostdeutschland« mit westdeutschen Institutionen und Akteuren.

Hybris 1: Die Gleichsetzung der DDR mit der Nazi-Diktatur

Die *erste Hybris* besteht darin, die DDR zu kriminalisieren und mit der Nazi-Diktatur gleichzusetzen.

Das faschistische Deutschland forderte etwa 65 bis 75 Millionen Opfer[54], davon etwa die Hälfte Sowjetbürger[55] mit einer (in Deutschland inzwischen statthaften) Opferzahl von 27 Millionen[56]. Andere Medien sprechen hingegen von 42,7 Millionen Todesopfern[57], verursacht durch den Angriffskrieg der deutschen Faschisten in der Sowjetunion. Der britische Historiker Richard Overy geht von einer Zahl zwischen 25 und 40 Millionen aus, was etwa der Hälfte der Bevölkerung Westdeutschlands im Jahr 1988 (59,647 Millionen) entspricht.

Bei den Opfern wird mitunter unterschieden zwischen Ostjuden[58], die bei Massakern des faschistischen Regimes hingerichtet wurden und zu jenem Zeitpunkt Sowjetbürger waren, und anderen sowjetischen Zivilisten[59].

Die DDR als »zweite deutsche Diktatur« zu stigmatisieren und in der Addition zwölf Jahre (»Drittes Reich«) plus vier (Sowjetische Besatzungszone) plus vierzig (DDR) von insgesamt 56 Jahren deutscher Diktatur zu sprechen, wie es seit 1990 üblich wurde[60], ist eine unhaltbare Gleichsetzung, durch die der DDR obendrein auch noch die Last des Nazi-Regimes übertragen wird.

Eine Gleichsetzung des DDR-Staates mit dem Dritten Reich heißt auch, den »ungeheuerlichsten Eroberungs-, Versklavungs- und Vernichtungskrieg, den die moderne Geschichte kennt«[61], auf die DDR zu übertragen und die BRD aus all dem zu entbinden.

Die »Aufarbeitung von Geschichte und Folgen der ›SED-Diktatur‹ in Deutschland« wurde aufgrund einer politischen Entscheidung im Rahmen einer Enquete-Kommission des Deutschen Bundestags während der 12. Wahlperiode 1990 bis 1994 vorangetrieben. Umfangreich ist hier die Liste der Forschung und Literatur[62], sodass es in der vorliegenden Ausarbeitung nicht darum geht zu wiederholen, was im Auftragsfeld des politischen Mainstreams liegt, sondern eine kritische Argumentation zum etablierten Stand des deutschen Diktaturenvergleichs zu entwickeln.

Die Vergleichsproblematik wurde primär an der Frage ausgerichtet, ob man die DDR nun als »totalitären Staat« bezeichnen müsse oder etwas defensiver von »moderner Diktatur« sprechen solle. Während der Münchner Historiker Horst Möller den Totalitarismusbegriff für genügend flexibel und plural hielt, um mit ihm Strukturen und Herrschaftsmechanismen des »SED-Regimes« als solchem sowie Unterschiede zum »Dritten Reich« herausarbeiten zu können[63], erschien er dem Berliner Sozialhistoriker Jürgen Kocka angesichts der bereits erläuterten theoretischen Defizite als zu undifferenziert. Kocka hielt den Leitbegriff »moderne Diktatur« für politisch weniger belastet, schlanker und neutraler – schlicht: analytischer – im Vergleich zum Totalitarismusbegriff.[64]

Der nationalkonservative Politikwissenschaftler Klaus Hornung (1927–2017) suchte zwischen beiden Positionen zu vermitteln, indem er vorschlug, sich auf den Begriff »moderne Diktatur« zu einigen und den Grad der Totalität als Maßstab anzulegen.[65]

Hybris 2: Die DDR-Deutschen sind Opfer, Täter und Mitläufer des »SED-Regimes«

Dieses Hybris-Konstrukt erfüllt zwei Funktionen: einmal die Kriminalisierung der DDR-Bevölkerung als »Mitläufer« in einem »Opfer-Täter-Gegner-Mitläufer«-Schema und die »Mitläufer«-Übertragung analog dem Schema der Holocaust-Aufarbeitung in »Opfer-Täter-Zuschauer« nach Raul Hilberg[66] auf die DDR-Bevölkerung und zweitens ihre Pathologisierung, also dass die Ostdeutschen als psychisch krank betrachtet werden.

Mit der ersten Funktion wird die DDR-Bevölkerung in direkte Nähe zur Reichsbevölkerung des Hitlerreiches gerückt. Diese rückwirkende Kriminalisierung der DDR-Bevölkerung legitimierte den weiteren Umgang mit dieser »kriminogenen und pathogenen Bevölkerung« in Behörden und Institutionen.

Die Mehrheit der im Jahr 1990 in Ostdeutschland verbliebenen Ostdeutschen, die weder Opfer noch Dissidenten waren und keiner Oppositionsbewegung angehörten, und die es verpasst hatten, ihre Biografien umzuschreiben, galt als Mitläufer in einem »Stasi-verbüttelten SED-Regime« und wurde in einer Art »Anschlussstrafe« aus dem »Aufschwung Ost« ausgeschlossen.

Eine solche Pauschal-Kriminalisierung von mehr als zwei Dritteln der einstigen DDR-Bevölkerung legalisierte sowohl den radikalen Rückbau von mehreren Millionen Arbeitsplätzen durch Deindustrialisierung, die massenweise ab 1990 einsetzende Arbeitsmigration in den Westen aufgrund der wegrationalisierten Erwerbsstruktur, die Gentrifizierung und Segregation, den Ausschluss von DDR-Ostdeutschen aus beruflichen Aufstiegschancen wie auch den beispiellosen Elite- und Institutionentransfer vom Westen in den Osten.

Die zweite Funktion bestand in der Pathologisierung einer solchen Bevölkerung, die durch Zwangskollektivismus demokratieuntauglich, integrationsunwillig[67] und modernisierungsfeindlich ist.

Es finden sich zu beiden Gesellschaftsdiagnosen-Ost mittlerweile nicht nur unzählige Doktorarbeiten sowie Forschungsprojekte von renommierten Instituten getragen und von Wissenschaftsverlagen gedruckt, sondern eben vor allem eine in der öffentlichen Debatte etablierte publizierte Meinung, die kaum Abweichung zulässt. Nach einer Analyse des CDU-Politikers und ehemaligen Bundeswehrgenerals Jörg Schönbohm (1937–2019) ist die von der SED angeblich erzwungene Proletarisierung der Gesellschaft[68] zum Beispiel für die Kindermorde in Brandenburg[69] verantwortlich zu machen. Darauf reagierte der *taz*-Autor Christian Semler (1938–2013): »Wenn Schönbohm meint, dass ›die von der SED erzwungene Proletarisierung in ländlich strukturierten Räumen eine der wesentlichen Ursachen für Verwahrlosung und Gewaltbereitschaft gewesen ist‹, so haben wir einen Generalangriff auf eine ganze Bevölkerungsgruppe, die der ehemaligen Kollektivbauern der DDR, vor uns. Solche Attacken sind Pionieruntaten. Sie öffnen das Tor, um Menschen, die oftmals durch die Kapitalisierung der DDR-Landwirtschaft nach 1990 hart getroffen sind, in toto ›als kriminogenes Umfeld‹ zu verleumden.«[70]

Aber nicht nur Schönbohm, der im Zuge der »Wiedervereinigung« die Abwicklung der NVA besorgte, etablierte den Hybris-Komplex einer aus der »SED-Diktatur« zwangsläufig hervorgegangenen kriminogenen und pathogenen DDR-Bevölkerung. Auch der Politikwissenschaftler und Zeithistoriker Klaus Schroeder – 1992 Mitbegründer des »Forschungsverbundes SED-Staat« und seither dessen Leiter – oder der Kriminologe Christian Pfeiffer, SPD-Justizminister in Niedersachsen von 2000 bis 2003, gehören zu den führenden Apologeten, die den DDR-Ostdeutschen ein kollektives Abweichen von der Norm attestieren. Dieser Meinung nach wurde die Mentalität des hörigen Mitläufertums im »SED-Regime« antrainiert. Das Mitmarschieren gehörte seit der Kinderkrippe in der DDR zum Alltag.

Schroeder, der auch dem wissenschaftlichen Beirat der Stasi-Unterlagenbehörde angehört, sieht seine Aufgabe in einer Verteidigung der »notwendigen Delegitimierung der sozialistischen Diktatur«, die »nicht zugunsten der Anerkennung individueller Lebensleistungen aufgegeben werden darf«.[71]

Pfeiffer vertritt die Meinung, »die ›Gruppenerziehung Ost‹ habe Individualität und Kreativität unterdrückt, der Staat habe die Kinder und heutigen Jugendlichen zu Untertanen erzogen, die vor allem in der Gruppe funktionierten«.[72]

Eine Erklärung, die ausländerfeindliche Gewalt im Osten sei vor allem eine Folge von Arbeits- und Perspektivlosigkeit, lässt er nicht gelten: Viele der Täter seien weder arbeits- noch perspektivlos.

Hybris 3: Die SED hat NSDAP-Mitglieder protegiert und Altnazis gedeckt

Die dritte Hybris besteht darin, die DDR-Ostdeutschen als rechts, rechtsradikal und fremdenfeindlich in der veröffentlichten Meinung zu inszenieren, was einerseits als Direktfolge der »SED-Diktatur« interpretiert wird, andererseits als Nazi-Erblast in der DDR[73] aufgrund von verdeckt etablierten NSDAP- und Altnazi-Größen im MfS, in der NVA, in der Regierung, der SED und in anderen führenden Kaderpositionen.

In mehreren Studien[74] wurde belegt, dass DDR-Ostdeutsche rechts seien, das heißt, mit der DDR-Sozialisation eine ausgeprägte Rechtshaltung konditioniert wurde, die sich im Zuge der »Wende« offenbarte, geradezu eruptiv hervorbrach. Klaus Schroeder: »Weiterhin ist das rechtsextreme Personenpotenzial im Osten deutlich größer, und es gibt in den neuen

Ländern etwa doppelt so viele rechtsextreme Gewalttaten wie in den alten. Auch die Ausländerfeindlichkeit ist – trotz niedrigerem Ausländeranteil – erheblich stärker verbreitet. Als in Hoyerswerda und Rostock Anfang der 1990er Jahre Jugendliche Ausländer gewalttätig angriffen, während sich die Polizei zurückhielt, wurde einer erstaunten und entsetzten westdeutschen Öffentlichkeit vor Augen geführt, was in der DDR im Verborgenen geschlummert hatte, dort nicht thematisiert werden durfte und erst nach der Wiedervereinigung unter den Bedingungen einer freiheitlichen Gesellschaft zum Ausbruch kam.«[75]

Die freie Gesellschaft im Westen sieht nun erschrocken auf die verfemte Gesellschaft im Osten. Die BRD ermächtigt sich einmal mehr ihrer Rechtsstaatlichkeit, indem sie die »Unrechtsstaatlichkeit« der DDR zuweist. Auch hier bleibt die Information einseitig, wenn verschwiegen wird, dass mit dem Systemzusammenbruch ganze Generationen in eine anhaltende psychosoziale Desorientierung gerieten. Nicht anerkannte Berufsabschlüsse und Zeugnisse, die am ersten Arbeitsmarkt der BRD für ungültig erklärt wurden, Kinder, deren Eltern plötzlich in den Status der Alimentierung verschoben wurden, Jugendliche, die aufgrund eingebrochener Infra- und Sozialstruktur kaum Zukunftsperspektiven hatten, wurden von einer Schwemme an Rechts- und Linksprodukten, Produkten aus Milieus und Szenen wie Drogen, Prostitution, Kleinwaffen, Produkten aus Esoterik und Sekten, Medien- und Gameprodukten jeder Art eingefangen. Die Grenze zu Abstieg, Suizid und Kriminalität war fließend.

Der »Rückbau« beispielsweise des Wohngebietes Rostock-Toitenwinkel ist ein prägnantes Beispiel für den Abbau von stabilen Jugendmilieus und die Vernichtung von habituellen Rahmenbedingungen in Lebens- und Arbeitswelten. Die Sozialwissenschaftlerin Tanja Bürgel prägte daraufhin den Begriff von der »Wendejugend im toten Winkel« – ein treffender Begriff für die durch die »Wende« produzierte »Lost Generation« in Ostdeutschland.

Der »rechte Osten« wird mit verschiedenen Argumenten/Thesen belegt. DDR-Ostdeutsche sind rechts aufgrund der Nicht-Entnazifizierung und der Übernahme von Altnazis/NSDAP-Mitgliedern in die entscheidenden Kaderpositionen[76]. Sie sind rechts, fremdenfeindlich und antidemokratisch infolge der Sozialisation im »SED-Regime«[77], wegen der berufstätigen Mütter, der repressiven Erziehung, beginnend in Krippe und Kindergarten und der emotionalen Verwahrlosung[78], aufgrund von Atheismus und moralischer Verwahrlosung[79]. DDR-Ostdeutsche sind rechts aufgrund von Entbürgerlichung und Elitebruch, was zur intellektuellen Verwahrlosung führte[80], aufgrund von ausgeprägtem Rechtsextremismus bereits in der DDR und öffentlicher Verwahrlosung[81] sowie aufgrund eines in der DDR verbreiteten Antisemitismus und einer kulturell-normativen Verwahrlosung[82].

Der Leipziger Psychologe und Jugendforscher Walter Friedrich (1929–2015) erklärte in seinem Artikel »Ist der Rechtsextremismus im Osten ein Produkt der autoritären DDR? Kann man die im Osten verbreiteten rechtsextremistischen Orientierungen, besonders die Ausländerfeindlichkeit, vorwiegend als Spätfolgen der Sozialisation in der DDR betrachten?«[83]: »Aufgrund dieser Verschleierungspraxis und Desinformationen war die Ratlosigkeit groß, als sich in der Wendezeit solche Vorfälle häuften und wenig später die fremdenfeindlichen Gewaltaktionen in Hoyerswerda und Rostock die Öffentlichkeit schockierten. Eine überzeugende Erklärung dafür konnte kaum jemand geben. Stattdessen wurden vielfach von Politikern, Journalisten, auch von einigen Wissenschaftlern vorschnelle theoretische Erklärungen abgegeben, die die Ursachen nur in den Strukturen des autoritären-diktatorischen DDR-Systems sehen wollten.«

Friedrich wiedersprach der These, »Ausländerfeindlichkeit und Rechtsextremismus sind die direkten Folgen der 40-jährigen ›SED-Diktatur‹. [...] Andere brachten sie vor allem mit den massiven Veränderungen der Lebenswelt durch den radikalen Systemwechsel in Zusammenhang.«

Und Friedrich weiter: »Die Analyse weist mit Nachdruck auf die Notwendigkeit einer differenzierten Betrachtung der oft widersprüchlichen Mentalitäten der verschiedenen Bevölkerungsgruppen hin, besonders der zwischen Ost- und Westdeutschen.

Mit politischen Stereotypen kann man der Interpretation dieser Verschiedenartigkeiten nicht gerecht werden. Die Hauptursache für die gegenwärtigen Erscheinungen immer noch in die seit über einem Jahrzehnt nicht mehr existierende DDR hineinzuprojizieren – und an diesen Behauptungen trotz gegenteiliger wissenschaftlicher Forschungsaussagen festzuhalten! –, kann meines Erachtens letztlich nur durch politisch-ideologische Motive begründet sein. Rechtsextremismus, Ausländerfeindlichkeit, Antisemitismus und Aggressivität werden anscheinend häufig noch deshalb dem Konto der längst verblichenen DDR zugeschrieben, weil mit solchen Stereotypen die mental-charakterliche Inferiorität der Ostdeutschen als angeblich wissenschaftlich authentisch hingestellt werden kann. Damit können vermutlich außerwissenschaftliche Interessen bedient werden.« So der Mitbegründer des Zentralinstituts für Jugendforschung in Leipzig, das Walter Friedrich von 1966 bis 1990 leitete.

Hybris 4: Die DDR ist ein »Unrechtsstaaat«

Die vierte Hybris besteht darin, die DDR als »Unrechtsstaat« zu installieren. In diesem Hybris-Konstrukt geht es nicht nur um den »Unrechtsstaat DDR« als Negativbild zum Positivbild des Rechtsstaats BRD, es geht vor allem um die Moralisierung des Rechts.

Mit der »Wiedervereinigung« wurde die nach dem Ende des Krieges mit dem Potsdamer Abkommen entstandene politische Neuordnung Europas revidiert.

Die Funktion dieser Hybris besteht darin, in rückwirkender Siegerjustiz die durch SMAD-Befehle in der SBZ/DDR erfolgte Entnazifizierung, Enteignung und Reparationen zu bestrafen. Gleichfalls gilt die Hybris der rückwirkenden Verurteilung einer Gesellschaftsgründung im Zeichen einer antifaschistisch-demokratischen Umwälzung, von Entbürgerlichung und Entchristianisierung. Damit findet ein moralischer Dezisionismus statt, der die Landnahme durch Banken, Investoren, Eigentümer und die Treuhandanstalt legalisiert sowie auch die Suspendierung und Löschung sämtlicher bis dahin wirksamer Ordnungen in Gesellschaft, Geschichte und Recht auf dem Gebiet der ehemaligen DDR garantiert. Der moralische Dezisionismus entscheidet über die Fragen von Recht und Moral sowie über Kontinuitäten und Diskontinuitäten nach 1945, nunmehr in einer rückwirkenden Umkehrung ab 1990.

Mit Hilfe der »Unrechtsstaatsthese« wird es moralisch legitim, die Mehrheit der ehemaligen DDR-Bevölkerung nach der »Wende« katastrophensoziologischen wie auch kulturkolonialen Prozessen auszuliefern. Demnach haben Ostdeutsche und Exil-Ostdeutsche keinerlei Anrecht auf Heimat oder Besitz, auf Errungenschaften oder Wissen aus vierzig Jahren moralischer Verfehlung.

Der DDR-Bürgerrechtler und Theologe Friedrich Schorlemmer positionierte sich 2015 zum Thema »DDR-Unrechtsstaat«: »Mir ist wichtig, dass man die DDR nicht beschönigt, sondern klar sagt, dass grobes und unverzeihliches Unrecht geschehen ist. Vor allem im politischen Strafrecht. Zivilrechtlich sieht das aber anders aus. Die DDR zu einem ›Unrechtsstaat‹ zu erklären und das gesamte Leben zu delegitimieren, das geht nicht. Den ›Unrechtsstaat‹ sollten wir uns für die Zeit vom 30. Januar 1933 bis zum 9. beziehungsweise 8. Mai 1945 aufheben.«[84]

Hybris 5: DDR-Volkswirtschaft als korrupte Mangelwirtschaft

Der wiederholt hier zitierte Klaus Schroeder erklärte dazu: »Angesichts der schnellen Wiedervereinigung und der schon 1990 einsetzenden Finanztransfers ist die nicht nur auf dem Feld der Ökonomie katastrophale Schlussbilanz der DDR den meisten Betrachtern aus dem Sinn geraten. Der nüchterne Blick auf die Hinterlassenschaften der SED offenbart jedoch, was viele vor dem ›Fall der Mauer‹ ahnten, aber aufgrund fehlender Öffentlichkeit und rigider Geheimhaltungspolitik der Machthaber nicht konkretisieren konnten: Der SED-Staat hat aus politisch-ideologischen Motiven weit über seine ökonomischen Verhältnisse gelebt, die Umwelt flächendeckend zerstört, Innenstädte verfallen lassen und die Menschen in ein zentralistisch gelenktes Korsett von Vorgaben und Kollektiven eingespannt (eingesperrt). Dieses Erbe ging in das wiedervereinigte Deutschland ein und wirkt bis zum heutigen Tag nach.«[85]

Mit solchen Argumenten wird die über Nacht geregelte Totalprivatisierung der DDR gerechtfertigt und legitimiert. Die Gesetze der (DDR-)Wirtschaft wurden durch einen politischen Voluntarismus der BRD ersetzt.

Unter dem Motto »Keine Experimente!«, was eine der Losungen der CDU bei den Märzwahlen 1990 war, wurde das größte Experiment eingeläutet, das je stattfand!

Der wissenschaftliche Beiräter der Stasi-Unterlagenbehörde Schroeder stellte die historische Wahrheit auf den Kopf, als er postulierte: »Die Vertreibung der wirtschaftlichen Eliten durch die SED und die Verstaatlichung auch mittlerer und kleiner Betriebe – letztmals Anfang der 1970er Jahre – gehörten nach 1990 zu den größten Problemen Ostdeutschlands. Wie der unmittelbar nach der Grenzöffnung einsetzende Gründungsboom eindrucksvoll belegt, war bei vielen Ostdeutschen die Bereitschaft vorhanden, unternehmerisch tätig zu werden, aber es fehlte in der Breite und Tiefe an Qualifikationen. Viele Unternehmen konnten sich nicht am Markt etablieren. Doch nach einigen Jahren war dieses Problem überwunden. Seitdem hat sich eine neue Unternehmerschicht herausgebildet, die in kleinen und mittleren Betrieben die Mehrzahl der Arbeitnehmer im verarbeitenden Gewerbe beschäftigt. In der DDR war der private

Sektor zum Schluss marginalisiert, auch gab es kaum Personen, die als Freiberufler tätig waren. Inzwischen erreicht auch der Anteil der Selbstständigen an der erwerbstätigen Bevölkerung westdeutsches Niveau.«[86]

Bei dieser Darstellung handelt es sich um die gesellschaftliche Konstruktion einer von der DDR verschuldeten »ökonomischen Erblast«, die von der BRD seit 1990 abgetragen wird.[87]

Die Bundesrepublik, der die »Wiedervereinigung«, der »Aufbau Ost« und der »neue Wohlstand« zu verdanken sind, stellt sich selbstverständlich den kriminogenen, pathogenen, ideologischen und wirtschaftlichen Erblasten aus der DDR: einem Volk aus Mitläufern und Verwahrlosten, einem »Unrechtsstaat«, einer Diktatur, einer einzigen Wirtschaftsruine.

Diese fünf Hybris-Konstrukte, die sich seit 1989/90 sowohl in der veröffentlichten Meinung etabliert haben, als auch in den Auftragsprofilen der entsprechenden Behörden auf Bundesebene, in Forschungsinstituten und Stiftungen, schaffen vor allem bei der Bevölkerung West ein ideologisches wie auch rassistisch-ethnisches Abgrenzungsprofil durch Selbstaufwertung.

Die Hybriskonstrukte bilden darum den Gründungsmythos des Rechtsstaates BRD II und dienen seiner Absicherung.

Der Anschluss: Reform oder Revolution?

Ostdeutsche Sozialwissenschaftler wie Stefan Bollinger, Wolfgang Engler, Jörg Roesler, Rolf Reißig oder Gunnar Winkler sind der Auffassung, dass es sich bei den Vorgängen in den Jahren 1989 und 1990 weder um eine »friedliche Revolution« noch um eine Reform gehandelt habe, sondern um einen Anschluss. Der Regime Change vereitelte selbst eine

Reform. Es vollzog sich stattdessen eine gelenkte Revolution bei Abwesenheit militärischer Gewalt, eine Debellation der Streitkräfte und eine Angliederung an den bürgerlichen Parlamentarismus und an das ökonomistische System der freien Marktwirtschaft, was als Demokratisierung institutionalisiert wurde. Der Begriff »friedliche Revolution« ist ein Euphemismus, da es sich, durch die Ereignisse zwischen 1989 und 1990 vorangetrieben, um eine verlorene Revolution und darüber hinaus um eine annektierte Revolution durch die neoliberale Hegemonie handelte.

Ende der achtziger Jahre war die DDR reformbedürftig, was in wachsendem Unmut und Protesten in der Bevölkerung geäußert wurde. Die alleinige Erfüllung der Versprechen von 1949, wie »eine krisenfeste Wirtschaft mit Vollbeschäftigungen und somit sozialer Sicherheit für alle«[88] und dabei eine verfassungsrechtlich verbürgte Planwirtschaft zu schaffen, in der durch »Wirtschaftslenkung jedem Bürger Arbeit und Lebensunterhalt«[89] zugesichert wurde, reichte den Menschen nicht mehr.

Das betraf auch die Grundforderungen des KPD-Aufrufs vom 11. Juni 1945[90], der als Orientierung auf den antifaschistisch-demokratischen Umbau der Gesellschaft die weitere Geschichte (Ost-)Deutschlands bestimmt hatte und hier deutlich als »eine Trias: ›Kampf gegen Hunger, Arbeitslosigkeit und Obdachlosigkeit‹ formuliert wurde, die aus den Erlebnissen der Zwischenkriegszeit und vor allem aus der Weltwirtschaftskrise Ende der zwanziger, Anfang der dreißiger Jahre resultierte, das Denken und Handeln der in dieser Zeit bereits wirkenden SED-Funktionäre bis zum Schluss prägte«.[91]

Das Potsdamer Abkommen war – zusammen mit der Charta der Vereinten Nationen vom 26. Juni 1945 und dem Statut des Internationalen Militärgerichtshofs von Nürnberg vom 8. August 1945 – einer der Grundbausteine des demokratischen, friedensorientierten Völkerrechts[92].

Die ersten Massenfluchten aus der DDR im Jahr 1989 waren jedoch der Beginn eines Dammbruchs in Richtung radikalen Systemwechsels, der eine Gesellschaftsreform, also eine Reformierung der DDR, ausschloss, wie sich später zeigte. Die Veränderungen 1989/90 wurde zunächst von der politischen Reformbewegung in der DDR initiiert. Der Druck auf der Straße, aber auch innerhalb der SED, führte zu personellen Veränderungen an der Spitze des Partei- und Staatsapparates und in der Folge zu gravierenden politischen Veränderungen, die aber mit der ungeordneten Öffnung der Grenze am 9. November 1989 eine eigene Dynamik entwickelten. Hinzu kam, dass die Schutz- und Solidarmacht Sowjetunion, selbst unter großem wirtschaftlichen und innenpolitischen Druck stehend, sich ihrer Verantwortung gegenüber der DDR entledigte.

»Es ging um eine Revolution, die den Sozialismus der DDR erst verwirklichen, in der nicht mehr eine allmächtige Partei den Sinn des Sozialismus diktieren sollte, in der die Menschen selbst zu Gestaltern der Gesellschaft werden wollten«[93], beschrieb der Historiker Stefan Bollinger den Aufbruch, der angesichts der inneren und äußeren Bedingungen sich zunehmend als illusorisch erwies. Das Volkseigentum sollte als zentrales Merkmal des Staatssozialismus bei der Wirtschaftsreform erhalten und ergänzt werden. Einigkeit bestand weitgehend darüber, die Planwirtschaft sowjetischen Typs abzuschaffen.

Auch innerhalb der DDR-Kirche wurden antagonistische Positionen zwischen einer Staatsreform und einer Revolution für eine »nationale Einheit« vertreten. Die Einen nahmen eine unterstützende Haltung gegenüber den Vertretern der DDR-Oppositionsbewegung ein, die gegen einen Anschluss der DDR an die BRD waren und davor warnten, die Reformchance der DDR zu verschenken.

Die Anderen forcierten die antisozialistische Stimmung, die auf eine Staatsauflösung hinauslief. »Bischöfe und Generalsuperintendenten aus den DDR-Kirchen (riefen) die Ausreisewilligen zum Bleiben in der DDR auf«, erinnerte sich der westdeutsche Kirchenpolitiker Gerhard Besier. »Ihre Appelle verbanden sie freilich mit kritischen Urteilen über die fehlende Reformbereitschaft auf Seiten der Staatsführung.

Doch trotz ihrer Kritik priesen sie Errungenschaften des DDR-Sozialismus, an denen es festzuhalten gelte und um derentwillen sich das Bleiben lohne.«[94]

Dazu gehörten, wie Bischof Christoph Demke seinerzeit in einem Brief festhielt, »die soziale Sicherung der Grundbedürfnisses des Lebens«, »der Vorrang der Friedensverantwortung in der Außenpolitik«, »die antifaschistische Verpflichtung unseres Landes« und »das sozialistische Grundanliegen, Lasten und Früchte der Arbeit miteinander zu teilen«.[95]

Der Historiker Gerhard Besier hebt in seiner Analyse der Aktivitäten der Evangelische Kirche Deutschland (EKD) im Jahr 1989 hervor, dass es aufgrund der weiteren politischen Entwicklung zu immer offenkundigeren Spannungen zwischen kirchenleitenden Persönlichkeiten innerhalb der Konferenz der Kirchenleitungen in der DDR kam. Während vor allem der provinzsächsische Bischof Christoph Demke[96], aber auch der Berliner Generalsuperintendent Günter Krusche von einer deutschen Wiedervereinigung nichts wissen wollten, begrüßten andere wie der Thüringer Bischof Werner Leich[97] diese Entwicklung.

Es gab unter den östlichen Kirchenleuten im Herbst 1989 eine deutliche »Abwehrhaltung gegenüber dem Gerede von der Wiedervereinigung«.[98] Nicht nur solche Vertreter, die ein positives Grundverhältnis zum »SED-Staat« einnahmen wie Christoph Demke, sondern auch massive Kritiker des Staates wie der Berlin-Brandenburgische Bischof Gottfried Forck[99] wollten an der »Option für den Sozialismus« festhalten.[100]

Ende November 1989 unterzeichneten Bischof Christoph Demke, Pfarrer Günter Krusche und Pfarrer Friedrich Schorlemmer den staatstragenden Aufruf »Für unser Land«, in dem sie »eine sozialistische Alternative zur Bundesrepublik« einforderten.[101] Sie warnten davor, dass »ein Ausverkauf unserer materiellen und moralischen Werte beginnt und über kurz oder lang die Deutsche Demokratische Republik vereinnahmt wird«. Schließlich appellierten sie an die Bevölkerung: »Noch können wir uns besinnen auf die antifaschistischen und humanistischen Ideale, von denen wir einst ausgegangen sind.«[102]

Im Anschluss an die »Wiedervereinigung« wurde vom »maßgeblichen Einfluss der Kirchen« auf die »nationale Einheit« gesprochen. Der Begriff »friedliche Revolution« könne unmöglich unabhängig von den Kirchen (EKD) diskutiert werden.

Dabei wurde ausgeblendet, dass viele hochrangige Kirchenvertreter – wie gesehen – dem »Einheitsprojekt« kritisch gegenüberstanden und explizit für eine Staats- und Gesellschaftsreform in der DDR eintraten. Zu dieser von Bürgerbewegungen, oppositionsnahen Kirchenvertretern, Reformgruppen und dem Rundem Tisch geforderten Reformpolitik ist es nie gekommen.

Die Kulmination der revolutionären Reformstimmung in der DDR erfolgte nach der Grenzöffnung am 9. November 1989 in einer deutschnationalen Massenstimmung. Aus der Losung »Wir sind das Volk!« wurde die in die Demonstrationszüge hineingetragene Parole, die vermutlich ihren Ausgang in der BRD hatte: »Wir sind *ein* Volk!« Dieses Kulminationsmoment wird an anderer Stelle als »verlorene Revolution« oder nach Bollinger als »abgebrochene Revolution«[103] bezeichnet.

Der Zeithistoriker Michael Richter nennt ihn »Wende in der Wende«: »Während eine Richtung die (Herbst)Revolution durch den Prozess zur deutschen Einheit mehr oder weniger gescheitert sieht, behauptet die andere, die Revolution habe über die Demokratisierung zur Einheit geführt und wurde durch diese befördert und stabilisiert. Während im Herbst 1989 zunächst ein spontaner Konsens darüber bestand, die Ereignisse als Revolution zu bezeichnen, folgte – vor allem seit der ›Wende in der Wende‹ im Winter 1989/90 und angesichts der staatlichen Vereinigung beider deutschen Staaten – eine Ausdifferenzierung der Meinungen. Seit Anfang des Jahres 1990 mehrten sich die Stimmen, die das Ende der Revolution gekommen sahen.«[104]

Ein Argument der entkoppelten Revolution 1989/90 lässt sich in den seit den fünfziger Jahren geführten Verfassungsdebatten um den Artikel 1[105] lokalisieren – und deren Verhinderung von staatlicher Seite aus, was zu einem Reformstau führte. »Wiederholte Forderungen, die führende Rolle der SED aus Artikel 1 zu streichen und die Artikel 27 und 28 aufzuheben, gehörten deshalb nicht zufällig zum Symbol der demokratischen Revolution in der DDR 1989.«[106]

Der Halbsatz von der führenden Rolle der SED wurde auf Antrag aller Fraktionen der Volkskammer am 1. Dezember 1989 gestrichen. Dieser Akt war die souveräne Handlung aus den Volksprotesten von 1989, aus dem Verfassungsstau seit 1953 und der amtierenden Reformregierung und stellte eine Überwindung selbstverschuldeter Reformerstarrung dar. Der demokratische Reformwillen in der DDR im Herbst 1989 manifestierte sich erneut in der Forderung der Verfassungsänderung, in der Forderung, den Sozialismus sowjetischen Typs abzuschaffen, in der Forderung nach einem demokratischen Sozialismus bzw. sozialistischen Parlamentarismus mit basisdemokratischen Elementen als Gegenentwurf zu einer repräsentativen parlamentarischen Demokratie der BRD. Mit den Erfahrungen des 17. Juni 1953 sollte eine Staatsreform aus eigener Kraft gelingen.

Reform oder Revolution? Um auf die Frage bei Rosa Luxemburg zurückzukommen, kann diese, übertragen auf die Situation in der DDR von 1989/90, weder mit dem einen Begriff noch mit dem anderen beantwortet werden. Denn es handelte sich um eine »Wende in der Wende«. Es wurde ein »Systemwechsel durch Unterwerfung«, genauer ein »Systemwechsel durch Konterrevolution« entgegengesetzt.

Damit war die Frage aus einem unzertrennlichen Kausalzusammenhang zwischen Reform und Revolution entkoppelt und aufgehoben.

Was dann folgte, waren die Staatsauflösung und der Zusammenbruch des gesellschaftlichen Systems.

Reform oder Revolution? In Übertragung auf die Ereignisse in der DDR in den Jahren 1989 und 1990 sei hier diese Fragestellung mit den Worten des Politikwissenschaftlers und Historikers Stefan Bollinger zusammengefasst: »Die Anerkennung des Revolutionsbegriffs für den Umbruch 1989/90 bedeutet also: einerseits das Eingeständnis, dass sich tatsächlich ein radikaler Bruch der Macht-, ja der gesamten sozialen Verhältnisse vollzog und zwar unabhängig davon, ob die Herrschenden selbst die Macht aufgaben und Reformen versuchten, was Eric Hobsbawm zur Ablehnung des Revolutionsetiketts, Timothy Garton Ash wiederum zur Vergabe des Kunstwortes der ›Refolution‹ als einer Mischung aus Reform und Revolution anregte.«[107]

Der Souverän jedenfalls konnte seine Revolution als solche nach der Grenzöffnung von 1989 nicht mehr geltend machen. Nicht nur Bolliger fragte: »Warum nun endete diese Revolution so seltsam im Wechsel von der Vormundschaft einer allmächtigen Partei zu der einer anderen politisch und wirtschaftlich herrschenden Klasse und ihres (bundesdeutschen) Staates? Die Ziele der Akteure (Bürgerbewegungen, SED-Reformer, selbst Krenz und die Modrow-Regierung sowieso) waren eigentlich doch alle weitgehend identisch, eben DDR-geprägt und von demokratischen und sozialistischen Idealen durchzogen.«[108]

Der Revolution war der Souverän, das Volk, davongelaufen und dem Westgeld hinterher. Die Revolution wurde mit der Deutschen Mark gekauft und entradikalisiert. Sie war damit zu Ende.

Reform oder Revolution? Der Begriff der »friedlichen Revolution« kann bestenfalls für die Fusionsbewegung der evangelischen Kirchen Ost und West, der 1946 gegründeten Evangelischen Kirche in Deutschland (EKD) sowie die der CDU Ost und West geltend gemacht werden, die den Boden für ein gesamtdeutsches Regierungsamt der CDU bereitete. Hierbei ist die besondere Rolle der führenden Kirchenvertreter in der DDR zu betrachten, wie auch die besondere Brückenrolle des MfS zwischen der Kirche Ost und der Kirche West wie auch die Rolle von Vertretern der DDR-CDU als potentielle Amtsträger in einem vereinten Deutschland.

Zur Doppelrolle von Kirchenvertretern als MfS-Mitarbeiter schrieb der westdeutsche Theologe Gerhard Besier bereits 1991: »Nicht wenige Oberkirchenräte, Konsistorialpräsidenten und Bischöfe wurden als MfS-Offiziere im besonderen Einsatz (OibE) oder als Inoffizielle Mitarbeiter (IM) verschiedener Kategorien geführt.«[109]

Besier machte in seinem Artikel exemplarisch deutlich, worin das Problem der »Wiedervereinigung« und worin das Unbehagen vieler Linksintellektueller in Ost und West lag. »Sowohl die staatliche wie auch die kirchliche Wiedervereinigung vollzog sich nicht als neuer Zusammenschluss, der die unterschiedliche Entwicklung beider deutschen Teilstaaten berücksichtigte, sondern als bloßer Anschluss des Ostens an die heftig kritisierten Strukturen des Westens.«[110]

Auch diese Analysen des Theologen Gerhard Besier lassen auf einen Regime Change schließen, eine Vereinnahmung der Revolution durch das Bonner Regierungskabinett in Allianz mit DDR-Dissidenten.

Kohls Zehn-Punkte-Programm als Startschuss für eine neoliberale Revolution in der DDR

Reform oder Revolution? Der Historiker und Politikwissenschaftler Rainer Eckert diskutierte in seinem Aufsatz »Revolution, Zusammenbruch oder Wende«[111] einige Revolutionstheorien unter dem Aspekt der Gewaltanwendung.

Entsprechend findet Eckert bei Rosa Luxemburg, Karl Marx oder auch Lenin widersprüchliche Aussagen dazu. Als Beispiel wird genannt, dass sich Lenin »an anderer Stelle« selbst korrigierte und die Auffassung ablehnte, dass eine Revolution immer und unvermeidbar mit dem bewaffneten Aufstand als Kampfform verbunden sein müsse, also eine gewaltfreie oder unblutige, gar »friedliche Revolution« als soziale Bewegung und als Begriff vertretbar ist. »So meinte er, eine Revolution könne durchaus mit einer friedlichen Entwicklung verbunden sein, allerdings wäre dies eine außerordentlich schwierige und seltene Sache. Jedoch wären Bedingungen denkbar, unter denen die eigentlich zu bejahende Gewalt keine Ergebnisse zu zeitigen vermöge, und weiter meinte Lenin, dass viel wichtiger als revolutionäre Gewalt die Organisation der Werktätigen ist.«[112]

Wenn das (soziale) Kapital einer Revolution die Organisation der Werktätigen sei, wie Lenin meinte, so bestand die Crux der »Herbstrevolution '89« nach der Grenzöffnung vom 9. November 1989 darin, dass sich die Werktätigen der DDR für die »Freiheit des Geldes« organisierten, die ihnen von der Bonner Regierung im Fall der nationalen Einheit versprochen wurde. Das Kapital der DDR-Revolution war fortan die Vision von der freien Marktwirtschaft.

Im Gegenzug wurden die bis dahin wertebildenden Kapitalsorten des Sozialkapitals, des inkorporierten kulturellen Kapitals und des symbolischen Kapitals entradikalisiert, entkräftet und aufgelöst. Helmut Kohl formulierte hierfür ein Angebot in seinem »Zehn-Punkte-Programm zur Überwindung der Teilung Deutschlands und Europas«[113], welches er am 28. November 1989 im Bundestag vorstellte. In Punkt 3 hieß es: »Im Übrigen kann kein Zweifel daran bestehen, dass dies auch die Menschen in der DDR wollen. Sie wollen wirtschaftliche Freiheit, und sie wollen damit die Früchte ihrer Arbeit endlich ernten und mehr Wohlstand gewinnen.«

Und weiter in Punkt 3: »Wir wollen nicht unhaltbar gewordene Zustände stabilisieren. Wir wissen: Wirtschaftlichen Aufschwung kann es nur geben, wenn sich die DDR für westliche Investitionen öffnet, wenn sie marktwirtschaftliche Bedingungen schafft und privatwirtschaftliche Betätigungen ermöglicht. Wer in diesem Zusammenhang den Vorwurf der Bevormundung erhebt, den verstehe ich nicht.«

Unter Punkt 7 erklärte Kohl: »Die Bundesregierung befürwortet deshalb den baldigen Abschluss eines Handels- und Kooperationsabkommens mit der DDR, das den Zugang der DDR zum Gemeinsamen Markt erweitert, auch was die Perspektive 1992 betrifft.«[114]

Das Zehn-Punkte-Programm aus Bonn war der Startschuss für eine neoliberale Revolution in der DDR und für eine neoliberale Annexion der DDR. Die Revolution in der DDR wurde mit dem »Bonner Programm« enthauptet, denn Konzept und Kapital für ihren Fortgang kamen ab Ende 1989 von den Politik- und Geschäftseliten des Westens – nicht vom Zentralen Runden Tisch und nicht aus einem basisdemokratischen Entscheid.

Die entsprechenden Partner fand die Bonner Regierung in der DDR-CDU unter dem Vorsitz von Lothar de Maizière. Dieser vollzog Ende 1989 einen radikalen Gesinnungswandel und willigte in eine Allianz (ab 1990 *Allianz für Deutschland*) mit dem Bonner CDU-Programm ein. Auf einem kurzfristig anberaumten Sonderparteitag der Ost-CDU am 15. und 16. Dezember 1989 sprach sich de Maizière in direkter Anknüpfung an das Zehn-Punkte-Programm von Helmut Kohl erstmals und überraschend *gegen* den Sozialismus und für die sofortige deutsche Einheit, also für den neoliberalen Anschluss, aus.

»Die Herbstrevolution ’89« wurde von der neoliberalen Revolution Ende 1989 eingeholt.

Diese versprach den Werktätigen Freiheit, Wohlstand, Demokratie – wenn sie für die unverzügliche Einheit[115] stimmten. Für die Unverzüglichkeit der Einheit, somit für die Unverzüglichkeit des D-Mark-Transfers in die DDR war die CDU der Garant. Oder anders herum: Die deutsch-nationale Einheit war gemäß dem Zehn-Punkte-Programm von Helmut Kohl gleichzusetzen mit Freiheit, Wohlstand und Demokratie für alle, wenn denn Helmut Kohl als Einheitskanzler unverzüglich gewählt werden würde.

Der Aufruf »Für unser Land!« kam mindestens einen Tag zu spät – am Vortag hatte Kohl sein Zehn-Punkte-Programm vorgestellt. Die Werktätigen in der DDR entschieden sich für die D-Mark und den neoliberalen Exodus. De facto beruhte der Anschluss der DDR an die BRD nicht nur auf einem gut lancierten Wahlkampf der CDU-West in der DDR und auf einer dadurch virulent gewordenen Währungseuphemie, sondern auf strategischen Planungen der Bundesregierung und ihr zuarbeitenden Institutionen, wie der Historiker Karl Heinz Roth in seiner empirischen Studie »Die westdeutschen Planungen zur Übernahme der DDR 1952–1990«[116] belegt.

Regime Change

Der Systemwechsel erfolgte binnen eines Jahres und in vier Schritten.

Der erste Schritt erfolgte am 9. November 1989 mit der chaotischen Grenzöffnung, den man auch als »Umsturz« bezeichnen kann.

Der zweite Schritt datiert auf den 18. März 1990, als die von der BRD geschmiedete und massiv unterstützte »Allianz für Deutschland« bei den Volkskammerwahlen eine Mehrheit gewann und mit der Regierungsbildung beauftragt wurde.

Der dritte Schritt erfolgte am 1. Juli 1990 mit der Übernahme der Finanzhoheit in der DDR durch die Bundesregierung.

Der vierte und letzte Schritt fand am 23. August 1990 statt, als eine Mehrheit in der Volkskammer mit dem »Beitritt zum Geltungsbereich des Grundgesetzes« den Untergang der DDR am 3. Oktober beschloss.

Natürlich hatte auch der 9. November 1989 seine Vorgeschichte. Diese beginnt nicht erst mit den Fälschungen der Ergebnisse der Kommunalwahlen am 7. Mai 1989 und ihrem Bekanntwerden. Auch nicht mit den Massenfluchten, die mit dem sogenannten »Paneuropäischen Picknick« an der ungarisch-österreichischen Grenze am 19. August 1989 ihren Ausgang nahmen und in der Folge zu den Botschaftsbesetzungen führten. Die im September einsetzenden Montagsdemonstrationen gehörten natürlich ebenfalls mit zur Vorgeschichte, weil sie schließlich den Druck auf die DDR-Führung erhöhten und damit zu mehr oder minder kopflosem Handeln an der Spitze der DDR führten.

Aber zu der inneren Vorgeschichte gehörten auch äußere Faktoren, die mit den globalen Auseinandersetzungen zwischen dem Westen und dem Osten und deren Führungsmächten zusammenhingen, was wiederum Konsequenzen für das Innenverhältnis der beiden politischen und militärischen Lager hatte.

Und ebenfalls nicht ausgeblendet werden darf der Einsatz westlicher Geheimdienste, deren vornehmlicher Auftrag nicht im neutralen Beobachten der gesellschaftlichen Entwicklung im Osten bestand – wie es immer beschönigend heißt –, sondern im Forcieren und Steuern politischer Prozesse zur Veränderung der bestehenden Machtverhältnisse. Dazu wurden (und werden) auch mit Hilfe von Nichtregierungs-Organisationen (NGO) sogenannte Oppositions- und Demokratiebewegungen unterstützt.[117]

Die spektakuläre Flucht von 600 bis 700 DDR-Bürgern beim sogenannten »Paneuropäischen Picknick« bei Sopron am 19 . August 1989 markierte den Beginn der Flucht- und Ausreisewelle, weshalb am Reichstagsgebäude in Berlin eine Gedenktafel hängt und an der ungarisch-österreichischen Grenze eine Gedenksäule steht. Und vermutlich »seien alle Geheimdienste Europas zugegen gewesen«, sagte später der Grenz-Chefinspektor auf der österreichischen Seite, Johann Göltl[118].

Im Jahr 1989 verließ etwa eine Viertelmillion Menschen illegal die DDR, hinzu kamen rund 30 000 aufgrund von im Oktober bewilligten Ausreiseanträgen, 133 429 Ausreisen am Tag der Grenzöffnung am 9. November sowie 43 221 nach jenem Datum.

Das Statistische Bundesamt gibt im Datenreport 2013 für das Jahr 1989 eine Ausreisezahl aus der DDR in die BRD in Höhe von 388 396 bei einer DDR-Bevölkerungszahl von 18,7 Millionen an.[119]

Die Proteste und Demonstrationen waren zunächst Reaktion auf die Kommunalwahlfälschung vom 7. Mai 1989 und begannen in Berlin am 7 . Juni 1989. Vier Monate später protestierte »die gesamte Republik«, wie auch die Zahlen zeigen, im Rhythmus der Montagsdemonstrationen. Diese begannen am 4. September 1989 in Leipzig. Die Demonstrationen und Proteste gingen also ein knappes halbes Jahr, von Juni 1989 bis November 1989, bis zur Grenzöffnung. Die Summe aus der jeweils errechneten Höchstzahl pro Stadt ergibt eine Schätzung zwischen 1,5 und 2,5 Millionen Demonstranten allein im November 1989: 500 000 in Leipzig, 90 000 in Karl-Marx-Stadt, 100 000 in Dresden, 50 000 in Schwerin, 15 000 in Zwickau, 10 000 in Halle, 4000 in Stralsund, 500 000 in Berlin, 20 000 in Plauen, 50 000 in Magdeburg, 80 000 in Erfurt, 40 000 in Suhl, 20 000 in Meiningen, 25 000 in Nordhausen, 10 000 in Eisenach, 12 000 in Apolda und 30 000 in Jena. In die Proteste waren weitaus mehr Kreisstädte involviert, als hier aufgeführt sind.

Mit der Grenzöffnung am 9. November 1989 war der *Aufbruch in der DDR* beendet. Es scheint, als hätte der Exodus lediglich den Mauerdurchbruch in den Westen bezweckt, als wären die Massen mit der Ankunft in der Konsumfreiheit am Ziel angekommen.

Was machte die Opposition? Gab es überhaupt eine Opposition, die den Systemwechsel wollte?

Die fehlende Kommunikation zwischen oben und unten, die Sprachlosigkeit der Führung war ein wesentlicher Grund, weshalb die Leute auf die Straße gingen. Zur Überwindung formierten sich allerorts Runde Tische: auf lokaler und regionaler Ebene oder thematische Runde Tische. In Berlin konstituierte sich am 7. Dezember 1989 der Zentrale Runde Tisch. Mit ihm »wurde seitens der Opposition der Versuch unternommen, den Widerstand gegen das bestehende Gesellschaftssystem mit der Bereitschaft zu selbstverantworteter Politik zu verbinden«, schrieb André Hahn 1998[120]. Die Arbeit dieses Gremiums habe »zu einer Stabilisierung« und »zu einer gewissen Beruhigung der inneren Situation« geführt.[121] Denn es ging nicht um die Abschaffung der DDR, nicht um die deutsche Einheit. »Es ging um eine Reformierung der DDR. Die Mehrheit des ›Runden Tisches‹ hielt an diesem Anspruch fest, während sich in der Bevölkerung zunehmend andere, gegensätzliche Stimmungen entwickelten.«[122]

Der Leitsatz der Opposition spiegelte sich auch in den Worten von Robert Havemann wider, wonach deren Streben darin bestand, »die Politik der DDR positiv zu beeinflussen und weiterzuführen, um sie aus ihrer Sackgasse herauszubekommen«.[123] Die Opposition war sich einig und darin sicher, dass die Ursache für das Dilemma der Partei und des Landes in der »kollektiven Selbstherrschaft einer Zentralbehörde« in Gestalt des Politbüros des ZK der SED und insbesondere seines Generalsekretärs lag, was zur »inneren Gleichschaltung der Partei« und einer »Subalternität der (Volks-)Massen« geführt habe, wie Rolf Henrich 1989 in seiner Analyse des »vormundschaftlichen Staats« betonte.[124]

Im Sinne der Opposition wirkten auch die Hunderttausenden Demonstranten, die zu der Reformbewegung gerechnet werden müssen. Losungen auf den Transparenten lauteten »Visafreiheit!«, »Reden und Handeln – Land verwandeln!«, »Meinungsfreiheit, Versammlungsfreiheit, Demonstrationsrecht«, »Dialog statt Gewalt«, »Volksentscheid – Für demokratische Erneuerung!«, »Wir sind das Volk!«, »Wir sind das Volk! Wir fordern: Parteien raus aus den Betrieben! Enteignung der alten Blockparteien und der SED! Wirtschaftskooperation!« und dergleichen.

Diese Aufbruchsdynamik war noch deutlich von einer anderen Orientierung bestimmt. Die bekanntesten Oppositionellen und Sozialismusreformer der DDR waren Kommunisten, Wissenschaftler, Dichter, Regisseure und Kulturschaffende mit direkter Verbindung zu den Internationalen Brigaden des Spanischen Bürgerkrieges, zum Partisanenkampf im Zweiten Weltkrieg, zur Komintern, zum antifaschistischen Widerstand. Zu ihnen gehörten in der ersten Generation Hanns Eisler oder Johannes R. Becher; in der zweiten Generation Robert Havemann, Horst Brasch oder Wolfgang Heise; in der dritten Generation der inhaftierte und abgeschobene Rudolf Bahro, der ausgebürgerte Wolf Biermann, der inhaftierte und abgeschobene Thomas Brasch oder die in der DDR verbliebenen Heiner Müller, Jürgen Böttcher, Bärbel Bohley, Matthias Platzeck, Christa Wolf, Daniela Dahn, Gerd Poppe, Ulrike Poppe und viele andere. Die DDR-Opposition war in sich vielfältig wie auch antagonistisch, so dass sich hier verschiedene Dynamiken herauskristallisierten.

Letztlich wird das Thema der DDR-Opposition bis heute vom Westen instrumentalisiert, um das kapitalistische System als einzige Alternative zu rechtfertigen, wie auch die neoliberale Annexion der DDR von 1990 zu verteidigen.

»Der Umsturz in der DDR wurde weder von der SED-Führung im Politbüro noch von der demonstrierenden Bevölkerung selbst und schon gar nicht von westlichen Beobachtern der politischen Entwicklung in der DDR vorausgesehen«, meint der Historiker Ove Ovens. »Dass der Herbst 1989 dennoch zum Datum des politischen Umbruchs wurde und damit den Anfang vom Ende der DDR markierte, war vor allem drei sich überlagernden Ereignissen zuzuschreiben: dem für die Partei- und Staatsführung selbstzerstörerischen Dauerkonflikt mit den Oppositionsgruppen wegen der Kommunalwahl-Fälschungen im Mai 1989, der ignoranten Reaktion des Politbüros auf die Fluchtwelle aus der DDR und der auf der gleichen Linie liegenden Demonstration seiner Reformunwilligkeit am vierzigsten Jahrestag der Republik. Die als Folge der Führungsschwäche des Politbüros immer deutlichere Unfähigkeit des Partei- und Staatsapparates, die schnell eskalierende Situation noch zu kontrollieren, wurde dann schließlich zum auslösenden Moment des Umsturzes.«[125]

Als spektakuläres, aber dennoch vorhersehbares Ereignis ordnete der seinerzeit als Bürgerrechtler und Umweltschützer aktive Potsdamer Matthias Platzeck die Öffnung der DDR-Grenzen am Abend des 9. Novembers 1989 ein. Nachdem die DDR am 1. November visafreie Reisen in die ČSSR wieder zugelassen und zwei Tage später der Öffnung der tschechoslowakischen Grenze zur Bundesrepublik zugestimmt hatte, »konnte sich also jeder Ostdeutsche in Erfurt, Dresden oder Potsdam in seinen Trabi setzen und mit dem Umweg über die ČSSR nach Stuttgart, Köln oder Hamburg fahren.

Die Mauer war nur noch das funktionslos gewordene Relikt einer untergegangenen Ära.«[126]

Ausgangspunkt für den ersten Umsturz war die Grenzöffnung am 9. November 1989. Dieses Ereignis verlief unblutig und ohne militärische Interventionen. Einige Tage nach der Grenzöffnung erfolgte mit der Wahl von Hans Modrow (SED) zum Vorsitzenden des Ministerrates der DDR durch die Volkskammer ein Regierungswechsel. Unter der Reformregierung wurde der Parteiherrschaft der SED ein Ende gesetzt, indem ihr Führungsanspruch aus der Verfassung der DDR gestrichen wurde. Damit war eine wesentliche Forderung der oppositionellen Gruppen erfüllt worden.

Am 3. Dezember 1989 traten das Politbüro, das Machtzentrum der SED, und das Zentralkomitee zurück. Egon Krenz demissionierte als Generalsekretär sowie als Vorsitzender des Staatsrates und des Nationalen Verteidigungsrates.

Der erste Umsturz – der Umsturz der Regierung der DDR und damit die Auflösung der DDR-Regierungsarchitektur, wie sie seit Gründung der DDR bestand – erfolgte also im Herbst 1989. Ein in Jahrzehnten verfestigter Reformstau löste sich mit der konzentrierten Macht der Proteste aus dem Volk und dem Reformwillen der Opposition aus Bevölkerung, SED-Reformkräften und reformwilligen Kirchenvertretern auf – für eine neue, reformierte DDR, wie sie von der Regierung Modrow schließlich am Zentralen Runden Tisch verhandelt wurde.

Dieser erste Umsturz war die Chance für den demokratischen Aufbruch in der DDR. Die Chance bestand kein halbes Jahr und fand mit dem Wahlsieg der Allianz für Deutschland am 18. März 1990, spätestens aber mit dem Beitrittsbeschluss der Volkskammer am 23. August 1990 ihr unwiderrufliches Ende.

Das war der zweite Umsturz – das Ende der DDR-Opposition und sämtlicher Regierungsalternativen, die mit der Regierung Modrow und dem Zentralen Runden Tisch zwischen 1989 und 1990 geschaffen worden waren. Das Ende der Regierung Modrow am 18. März 1989 und des demokratischen Aufbruchs, der sich in der DDR zwischen 1989 und 1990 formierte, ist ein folgenschweres und tragisches Kapitel ostdeutscher Reformbestrebung und politischer Identität, wenn nicht sogar der eigentliche Umsturz der DDR.

Wie Daniela Dahn, Bürgerrechtlerin und Gründungsmitglied der Oppositionspartei »Demokratischer Aufbruch«, mit dem Titel ihres Buches »Demokratischer Abbruch«[127] zutreffend formulierte, blieben von der ersten souveränen demokratischen Aufbruchsbewegung der DDR, der ersten souveränen Mitgestaltung von Oppositionskräften an Verfassung und Regierung, ihrem Einzug in die Volkskammer, ihrer Arbeit an dem Zentralen Runden Tisch unter der Regierung Modrow nur »Trümmer und Tabus«.

Der demokratische Aufbruch von 1989/90 endete mit einem Abbruch der gerade errungenen Autonomie in Regierung und Gesellschaft durch Unterwerfung des Gestaltungswillens, der aus der historischen Situation der DDR erwachsen war, und durch das Unterwerfen eines dritten Weges unter den Vereinigungswillen.

Vor diesem Hintergrund wird hier die *These vom doppelten Ende der DDR* vertreten, einmal vom Ende der Vorherrschaft der SED und ihres Apparats, zum anderen vom Ende des demokratischen Aufbruchs unter der Reformregierung Modrow.

Anstalt zur treuhänderischen Verwaltung des Volkseigentums

Eine der letzten Entscheidungen des Modrow-Kabinetts war die Gründung der »Anstalt zur treuhänderischen Verwaltung des Volkseigentums«. Der Beschluss wurde am 1. März 1990 gefasst. Da ging es der DDR-Regierung der Nationalen Verantwortung darum, den Übergang von der Plan- zur Marktwirtschaft so zu gestalten, dass die unausbleiblichen tiefgehenden strukturellen Veränderungen in der Volkswirtschaft strikt im Interesse der Allgemeinheit erfolgten. »Aus diesem Verständnis heraus betrachteten wir die Bildung der Treuhandanstalt als einen wesentlichen Schritt zu einer umfassenden Wirtschaftsreform, die angesichts der sich zuspitzenden ökonomischen Lage und des wachsenden politischen Druckes in Richtung einer Wirtschafts- und Währungsreform mit der Bundesrepublik keinen Aufschub duldete«[128], schrieb Hans Modrow im September 1996. Die Anregung kam vom Runden Tisch. Dort hatte am 12. Februar die Bürgerbewegung »Demokratie Jetzt!« (Regine Hildebrandt, Wolfgang Tiefensee, Ulrike Poppe, Katrin Göring-Eckardt, Wolfgang Ullmann u. a.) eine Vorlage eingebracht mit dem Titel »Vorschlag zur umgehenden Bildung einer ›Treuhandgesellschaft‹ (Holding) zur Wahrung der Anteilsrechte der Bürger mit DDR-Staatsbürgerschaft am Volkseigentum der DDR«.

Der Zweck dieser Einrichtung?

»*Erstens* galt es, das Volkseigentum, die Eigentumsrechte des Volkes am Produktionsvermögen der DDR zuverlässig und dauerhaft zu schützen.

Zweitens musste ein Weg eingeschlagen werden, der es gestattete, Volkseigentum – nicht wesentlich anders als Privateigentum – unter den Bedingungen der Marktwirtschaft agieren zu lassen.

Drittens schließlich wurde angestrebt, die Organisation der Wirtschaft so zu gestalten, dass ihre Attraktivität für neue, einschließlich ausländische Kapitalinvestitionen und ihre Konkurrenzfähigkeit erhöht und die Gefahren von ersatzlosem Stellenabbau und Arbeitslosigkeit verringert werden.

Zur Verwirklichung dieser Hauptziele sollten die bisherigen volkseigenen Kombinate, Betriebe und Einrichtungen in Kapitalgesellschaften, in Gesellschaften mit beschränkter Haftung (GmbH) oder in Aktiengesellschaften (AG) umgewandelt werden, deren Geschäftsanteile bzw. Aktien von der Treuhand zu übernehmen waren.

Als Verwalterin des Volkseigentums sollte die Anstalt, die in keiner Weise als wirtschaftsleitendes Administrativ-Organ gedacht war, unter strikte parlamentarische Kontrolle gestellt werden. Parallel dazu war vorgesehen, in den Betrieben Aufsichtsräte zu bilden, die in der Regel aus neun Mitgliedern bestehen sollten – vier von der Belegschaft entsandten, vier von den Anteilseignern bestimmten und einem von den erstgenannten gewählten.

Diese und andere Maßnahmen zur Reorganisation von Unternehmen, zur Schaffung marktwirtschaftlicher Strukturen und verschiedener Formen der Privatisierung bei Sicherung des Gemeineigentums in den Schlüsselbereichen der Wirtschaft, zur Emittierung von Wertpapieren und Förderung von Miteigentümern zielten auf die Sanierung der Unternehmen und auf die Herausbildung eines jahrzehntelang sträflich unterschätzten Eigentümerbewusstseins der Betriebsangehörigen.

Oberstes Ziel aber war, wie im Regierungsbeschluss explizit hervorgehoben wurde, die ›Wahrung des Volkseigentums‹«[129], so Hans Modrow.

Und was wurde aus dieser Absicht?

»Von diesem Anliegen ließ das von der nachfolgenden Regierung unter bundesdeutschem Druck am 17. Juni 1990 verabschiedete Treuhandgesetz nichts, aber auch gar nichts übrig. Statt der ›Wahrung des Volkseigentums‹ wurde die ›Privatisierung des volkseigenen Vermögens‹ zur Aufgabe der Treuhandanstalt erklärt; aus der ›Verwaltung des volkseigenen Vermögens im Interesse der Allgemeinheit‹ wurde die Verschleuderung des Vermögens zu Nutz und Frommen einer kleinen Minderheit.

Auf einem entscheidenden Gebiet, in der Frage des Eigentums an den volkseigenen Betrieben und dem anderen Volksvermögen, war aus dem Übergang im Wortsinne eine Übergabe geworden. Der Ministerrat der DDR verwandelte sich von einer Übergangs- in eine Übergaberegierung.«[130]

Die Treuhandanstalt im beigetretenen Deutschland verfolgte ganz andere Ziele, als deren Gründer vorgehabt hatten.

»Die Bundesregierung entschied, dass die Führungsspitze im Juli 1990 mit marktwirtschaftlich erfahrenen westdeutschen Persönlichkeiten besetzt wurde«[131], heißt es bei Wikipedia. Ab 1. Juli, bei Inkrafttreten der sogenannten Wirtschafts-, Währungs- und Sozialunion, wurde die Treuhandanstalt (THA) dem Bundesfinanzministerium unterstellt. Das bedeutete, dass etwa 8500 DDR-Betriebe mit mehr als vier Millionen Werktätigen – also rund ein Viertel der DDR-Bevölkerung – unter westdeutsches Kuratel gerieten. Es ging ferner »um annähernd 20 Milliarden Quadratmeter Agrarfläche, um Wälder und Seen, um 25 Milliarden Quadratmeter Immobilien, um etwa 40 000 Geschäfte und Gaststätten, um Krankenhäuser, Apotheken, um 615 Polikliniken und 340 Betriebsambulatorien, um 5500 Gemeindeschwesternstationen, um Hotels, Ferienheime, um das beträchtliche Auslandsvermögen der DDR, um das Vermögen von Parteien und Massenorganisationen, um Rechte, um Patente, um Kulturgüter und geistiges Eigentum. Es ging um das Leben, die Arbeitsplätze und die Würde von Millionen anständigen Menschen«[132], konstatierte der Politikwissenschaftler Prof. Herbert Graf.

Kurzum, die Treuhandanstalt sollte unter der Führung »westdeutscher Persönlichkeiten« das Volkseigentum der DDR liquidieren.

Dabei nahmen sie Anleihen bei dem zwischen 1953 und 1975 bestehenden »Forschungsbeirat für Fragen der Wiedervereinigung Deutschlands beim Bundesminister für gesamtdeutsche Fragen« in Bonn. »Konzepte und Empfehlungen, u.a. zur Währungsumstellung in Ostdeutschland, zur Umwandlung der volkseigenen Betriebe in privatwirtschaftliche Unternehmen unter der Leitung einer ›Oberen Behörde‹ sowie zum Prinzip ›Rückgabe vor Entschädigung‹ in der Landwirtschaft (wiesen) eine frappierende Ähnlichkeit mit der ab 1990 betriebenen Vereinigungspolitik auf«[133], so Hans Modrow 1996 in einem Vorwort.

»Spiritus rector der ›Wiedervereinigungsforscher‹ und erster Präsident des Forschungsbeirates war Dr. Friedrich Ernst, von 1939 bis 1941 Reichskommissar für die Verwaltung des ›feindlichen Vermögens‹. Die Tatsache, dass ausgerechnet der Experte des Naziregimes für ›feindliches Vermögen‹ mit der Planung der Einverleibung der DDR in die Bundesrepublik betraut wurde, war alles andere als ein Zufall. Sie war Symptom und Programm einer zutiefst reaktionären Politik. Die von Hitlers Reichskommissar in Polen und in Frankreich, in der Tschechoslowakei und auf dem Balkan gesammelten Erfahrungen bestimmten frühzeitig die Planungen für den Umgang mit dem von den Bürgerinnen und Bürgern der DDR aus den Ruinen des Zweiten Weltkrieges geschaffenen Vermögen. Als die Pläne Jahrzehnte später umgesetzt wurden, zeigte es sich, dass das Volksvermögen der DDR in der Tat als eine Art ›feindliches Vermögen‹ betrachtet wurde, über das die Sieger im Kalten Krieg willkürlich und nach eigenem Belieben verfügten.«[134]

Als Ende Januar 1991 Ministerpräsident a. D. Hans Modrow, inzwischen einer von 17 gewählten Bundestagsabgeordneten der PDS, im Deutschen Bundestag in Bonn auf die Regierungserklärung von Kanzler Kohl einging und vor dem weiteren ökonomischen und sozialen Niedergang in Ostdeutschland und den Folgen für das ganze Land warnte, wurde er der Schwarzmalerei und der Brandstiftung bezichtigt. Dabei hatte er lediglich gesagt: »Wenn Sie, Herr Bundeskanzler, gestern erklärten, dass es darum geht, Millionen Menschen in den neuen Bundesländern ermutigende Zukunftsperspektiven zu geben, dann kann man Ihnen nur zustimmen. Aber mit der Zerstörung der Wirtschaft und der Existenzgrundlagen von Millionen, mit Intoleranz, ›Abwicklung‹ und hunderttausendfachen Ausgrenzungen ist diese Perspektive nicht zu schaffen, weder im Osten noch in der gesamten Bundesrepublik.

Halten Sie ein auf diesem Weg, die von den Bürgerinnen und Bürgern zu tragenden Lasten werden zu groß sein!«

Leider erfüllte sich Modrows Prognose, seine Warnung war in den Wind gesprochen. »In nur drei Jahren – von 1990 bis 1992 – stürzte das Volumen der Industrieproduktion eines

Landes, das 1989 den 16. Platz im Welthandel einnahm und mit 39 Prozent eine höhere Exportquote als die alte BRD hatte, auf weniger als ein Drittel. Auch die Glaspaläste in einigen Großstädten, die Konsumtempel am Rande der Städte, die leuchtenden Fassaden renovierter Häuser, die deutlichen Verbesserungen in der Infrastruktur, in einigen Bereichen des Verkehrs- und im Nachrichtenwesen sowie bei Dienstleistungen können nicht darüber hinwegtäuschen, dass mit der DDR nicht nur ein selbständiger Staat, sondern ein sich selbst tragender Industrie- und Wirtschaftsstandort liquidiert wurde.«[135]

Die Rolle der Medien

Die Rolle der Medien war bei Interpretation und Auslegung des ersten und zweiten Umsturzes von besonderer Tragweite. Wie in allen staatstragenden Systemen nehmen sie die Rolle der vierten Gewalt ein. In Anbetracht dessen, dass Westmedien von Anfang an die politischen Ereignisse in der DDR katalysierten und den Oppositionskräften in der DDR eine Bühne boten, waren sie zwischen 1989 und 1990 für die Konstruktion eines *interessengelenkten Revolutionsdesigns* in der veröffentlichten Meinung verantwortlich. Dieser dialektische Zusammenhang lässt sich auf die Formel bringen, dass die vermeintlich unabhängigen und überparteilichen Medien in der Bundesrepublik den politischen Intentionen der herrschenden Kreise sehr präzise und im Kollektiv folgten. Sie erwiesen sich also einerseits staatstragend in der BRD, andererseits staatszerstörend in Bezug auf die DDR.

Nach dem Anschluss verlor sich allerdings das mediale Interesse im Westen an den Akteuren der demokratischen Aufbruchsbewegung der DDR: Der Mohr hatte schließlich seine Schuldigkeit getan.

»Die Westmedien, so könnte man bilanzieren, prägten damit die Dynamik der schlagartig kumulierenden Oppositionsbewegung. Sie forcierten zudem auch die Dynamik der Maueröffnung und deren Umdeutung«, schrieb der Historiker Frank Bösch 2009. »Im Zuge der Grenzöffnung berichteten alle Westmedien, insbesondere das Fernsehen, besonders intensiv über die DDR. Allein in den zehn Tagen nach der Grenzöffnung erfolgten 128 Sondersendungen auf *ARD* und *ZDF,* zudem 48 auf *RTL* und *Sat.1,* die vielfach live von den Ereignisorten Reportagen brachten. Auswertungen zu den gezeigten Akteuren ergaben, dass bezeichnenderweise Kirchenmitglieder oder Oppositionsmitglieder vergleichsweise selten gezeigt oder interviewt wurden. Stattdessen standen einerseits Regierungsmitglieder der SED, anderseits anonyme DDR-Bürger im Vordergrund – bei *Sat.1* letztere sogar zu 65 Prozent. Zudem verdichteten die Medien den Verlauf des Umbruches visuell auf die tanzenden Menschen auf der Mauer vor dem Brandenburger Tor.«[136]

Die Grenzöffnung erschien nun als ein Ereignis, das von einfachen Menschen durch ihre Flucht herbeigeführt, von den Grenzbehörden in Ungarn und Österreich humanitär unterstützt sowie von den BRD-Botschaften in der ČSSR und in Ungarn im freiheitlichen Ansinnen getragen und vor allem von Westdeutschen und Westberlinern als Befreiung der »Brüder und Schwestern« bejubelt wurde.

Die Westmedien konstruierten die »friedliche Revolution« und den »Zusammenbruch der Diktatur« gleichsam als ein Geschenk des Westens an die DDR-Bürger, die dadurch in den Genuss der Demokratie und des Warenkonsums kamen, Deren Gipfelpunkt sollte die Rückkehr der Ostdeutschen in das Reich der Freiheit sein.

Im Jahr 2008 veranstalteten der Landesbeauftragte für die Stasi-Unterlagen Berlin, die Robert-Havemann-Gesellschaft und *Der Spiegel* eine Podiumsdiskussion zum Thema »Umsturzhelfer Westmedien?«. In der Kurzbeschreibung der Veranstaltung hieß es bedeutungsschwer und mit Selbstlob: »Westliche Medien stellten in den 1980er Jahren einen wesentlichen Schutz für die Opposition in der DDR dar. Sie waren zudem die wichtigste Informationsquelle und ein entscheidender Informationsträger für die Bevölkerung der DDR. Der Schock für das Ministerium für Staatssicherheit muss groß gewesen sein als der West-Berliner Radiosender ›Radio 100‹ eine in der DDR konzipierte Sendung regelmäßig auszustrahlen begann und die West-Berliner ›taz‹ eine Ost-Berlin-Seite mit Texten der DDR-Opposition einführte. Noch größer wurde dieser Schock, als im Westfernsehen an der DDR-Zensur vorbei gedrehte Aufnahmen ausgestrahlt wurden. Wie gelang es der Opposition und den westlichen Korrespondenten trotz totaler Überwachung Texte, Audio- und Filmmaterial in den Westen zu schmuggeln? Unter welchen Bedingungen arbeiteten die Korrespondenten in der DDR? Und wie kam ein Bürger der Bundesrepublik auf die Idee in der DDR arbeiten zu wollen?«[137]

Dass die Westmedien der DDR-Opposition Schutz durch Öffentlichkeit boten, ist richtig, dass sie Informationsquelle und Informationsträger waren ebenfalls. Wahr allerdings ist auch – und das bleibt unerwähnt bis heute, zumindest ist es nicht Teil des Mainstreams –, dass der Westen und seine Medien die Deutungshoheit über die Prozesse am Ende der DDR für sich beanspruchten und das kollektive Wissen ab 1989/90 koordinierten. Davon abweichende Darstellungen werden als geschichtsrevisionistisch denunziert, als die Meinung von Betonköpfen und Ewiggestrigen, die angeblich nichts aus der Vergangenheit gelernt oder sich von dieser noch nicht verabschiedet hatten.

Diese Reflexe existieren auch noch nach dreißig Jahren, wie die Diskussionen nach dem politischen Eklat in Thüringen im Februar 2020 zeigten. »So viel SED steckt noch in der Linken«, behauptete der *Spiegel*.[138] Nur wenige Journalisten – etwa Lutz Herden im *Freitag* – urteilten kritisch über diese Perspektive. »Die an weltfremder Einfalt nicht zu übertreffende Idee der gescheiterten CDU-Vorsitzenden Kramp-Karrenbauer hingegen, SPD und Grüne sollten in Thüringen einen Alternativkandidaten zu Bodo Ramelow aufstellen, ist

Ausdruck von akuter Hilflosigkeit. Diese geht maßgeblich auf das Verdikt zurück, die Linke als extremistisch zu denunzieren und mit Rechtsradikalen gleichzusetzen.«[139]

Der Einfluss der Westmedien auf die Stimmung in der Bevölkerung wie auch ihre Rolle bei der medialen Konstruktion kollektiven Geschichtswissens war damals immens und ist noch immer groß. Insofern hat der Begriff »Umsturzhelfer Westmedien« seine Richtigkeit, obzwar oder gerade weil er von einer ideologischen Eindimensionalität der Medienrealität bestimmt wurde. Denn entgegen der gern beschworenen und viel zitierten freiheitlichen und unabhängigen Berichterstattung wurden viele Ostdeutsche ab 1989/90 mit einem Medienbild konfrontiert, das sie von ihrer biografischen Erfahrung und einem kollektiven Geschichtserleben entfremdete und entkoppelte.

Der Mediendeterminismus der Westmedien vor der Grenzöffnung setzte sich ungezügelt nach der Grenzöffnung fort. Er warf mediale Schlaglichter auf Opfer und Dissidenten des »SED-Regimes«, blendete Reformaktivisten aus, antizipierte den neuen Kernwortschatz wie »friedliche Revolution«, »Wiedervereinigung«, »zweite deutsche Diktatur«, »DDR-Erblast«, »SED-Regime« und »Unrechtsstaat«, »Freiheit« und »liberale Demokratie« und ignorierte jene, die die politische Verantwortung trugen im Herbst 1989, die also verantworteten, dass alle Veränderungen unblutig, also friedlich verliefen: Macht- und Regierungswechsel sowie Grenzöffnung.

Der Mediendeterminismus der Westmedien stellte sich nicht minder blind für die sozialen Dramen, die sich nach der neoliberalen Annexion der DDR in den sozialen Feldern Ostdeutschlands abspielten. Die Medienhegemonie des Westens leugnete strikt das revolutionäre Potential und den politischen Gestaltungswillen jener Akteure und Gruppen, die zwischen 1989 und 1990 für einen demokratischen Aufbruch antraten, die bereits einen Regierungsumsturz erreichten. Die Regierung der nationalen Verantwortung und der Zentrale Runde Tisch führten die Verfassungs- und Gesellschaftsreform im politischen Pluralismus[140] zu einer Alternative, einem Dritten Weg, der inzwischen jenseits des Staatssozialismus lag und der eine neoliberale Annexion durch die BRD ausschloss.

Die Regierungsinnovation in der DDR bestand zu jener Zeit darin, dass die Regierung Modrow sich für eine Opposition öffnete und damit für eine Zusammenarbeit mit dem Zentralen Runden Tisch. Am 5. Februar 1990 hatte Modrow Vertreter der neuen oppositionellen Gruppierungen des Zentralen Runden Tisches als Minister ohne Geschäftsbereich in die Regierung aufgenommen. Dieses Verdienst gab der Regierung Modrow, die zwischen 18. November 1989 und 12. April 1990 regierte, den Namen Reformregierung. Die Regierung Modrow agierte bereits in einem neuen Verfassungsstadium, wie es im neuen Verfassungsentwurf der Übergangsregierung im Artikel 51[141] grundgelegt wurde.

Die Vorherrschaft der Westmedien im Osten blendete systematisch diese politische Realität der demokratischen Revolution aus. Eine Reformregierung bzw. Regierung der nationalen Verantwortung gab es in den Westmedien nicht, und wenn, dann nur als stasi-durchsetzte, altlastige Täterclique, die ihre Diktatur retten wollte.

Absicht der Regierung in Bonn und aller Redaktionen der meinungsbildenden Medien der Bundesrepublik einschließlich Westberlins war die unverzügliche Vereinigung, um eine neue, demokratische Chance der DDR zu verhindern. Deshalb wurden auch die Volkskammerwahlen vom 6. Mai 1990 auf den 18. März 1990 vorgezogen.

In jener Zeit der komplexen Überwältigung und medialen Vereinnahmung wurde das »Volk der DDR« (Walter Momper) erneut gespalten und sein kollektives Wissen zersetzt. »Zusammengenommen haben wir es auf ostdeutscher Seite im Fall der Vereinigung folglich mit einem Wandel des Alltagslebens durch die Konfrontation mit neuem Wissen bei gleichzeitiger faktischer wie normativer Entwertung bisheriger Wissensbestände unter den Bedingungen einer grundsätzlichen strukturellen und kulturellen westdeutschen Hegemonie zu tun«[142], urteilte 2017 die Historikerin Nina Leonhard. In Bezug auf die Rolle der Medien formulierte sie: »Das Wissen, das zu Zeiten der DDR Bestand hatte, erfuhr eine Abwertung und verlor in Teilen – insbesondere mit Blick auf die Funktionsweise von Politik, Wirtschaft und Verwaltung – seine Bedeutung.« Und Leonhard dazu weiter: »Die entsprechende Neujustierung von Wissensbeständen betraf allerdings nicht nur das Handeln im Hier und Jetzt sowie mit Blick auf die Zukunft in einem nun vereinten Deutschland, sondern umfasste auch die Vergangenheit.«

Eine *Demokratisierung* im Begriff der in der DDR sozialisierten Menschen und ihrer Reformkollektive ist bis heute tabu. Hingegen werden mit dem *Demokratiebegriff der BRD,* also den Vorstellungen der bürgerlich-parlamentarischen Demokratie, das eigenständige und dialogbereite politische Potential im Osten der Republik überdeckt. Eine bis heute anhaltende Kriminalisierung von Akteuren aus DDR-Opposition und Reformkräften, die Konstruktion von Hybris, ist der Kernauftrag von Behörden und Medien der BRD seit 1990.

Antisozialistischer Stimmungsumschwung

Mit der *Allianz für Deutschland* wurde in der DDR eine Institution installiert, welche die Interessen der Regierung Kohl direkt vertrat und umsetzte. Die Idee für dieses Vereinigungs-Bündnis schreibt sich Peter-Michael Diestel zu, indem er der Bonner CDU-Führung, die mit der Blockflöten-CDU in der DDR zunächst nichts zu tun haben wollte, eine Kooperation mit dieser nahelegte. »Ich sprach also mit Schäuble, von dem ich wusste, dass er das Ohr des CDU-Vorsitzenden hatte. Auch wenn ich weit davon entfernt war, die Ost-CDU zu mögen, wusste ich: Sie besaß einen intakten, funktionierenden Apparat mit erfahrenen Leuten. In jedem Kreis war die CDU präsent. Deshalb signalisierte ich Bonn: Wir brauchen die CDU-Infrastruktur. Die DSU *(Diestels Partei – Y. M.)* und Schnurs Demokratischer Aufbruch können das nicht annähernd leisten. Wenn die Konservativen nach den Wahlen in der DDR regieren wollen, dann müssen wir – ob uns das passt oder nicht – mit der Ost-CDU gehen. Das hatte der Bundesinnenminister sofort verstanden. In der Folge setzte ein Umdenken in Bonn ein.«[143]

Am 5. Februar 1990 traf man sich im Gästehaus der Bundesregierung in der Westberliner Pücklerstraße: die CDU-Vorsitzenden West und Ost, Kohl und de Maizière, DSU-Chef Ebeling und der Kopf des Demokratischen Aufbruch Schnur. »Gemeinsam hoben wir das Wahlbündnis ›Allianz für Deutschland‹ aus der Taufe. Kohl sicherte die volle Unterstützung der Union zu. Auftrag der Allianz: Herstellung der deutschen Einheit über die Vorstufe Währungs- und Wirtschaftsunion zwischen der DDR und der Bundesrepublik.«[144]

Zwei Tage später beschloss ein von Bundeskanzler Kohl geleiteter koordinierender Kabinettsausschuss »Deutsche Einheit«, sofort mit der DDR über eine »Währungsunion mit Wirtschaftsreform« zu verhandeln.

Monate vor der Gründung der Allianz hatte es noch eine Art Unvereinbarkeitsbeschluss in Bonn gegeben. »Auf einer Sitzung des CDU-Präsidiums am Abend des 25. Oktober 1989 wurde beschlossen, Kontakte zu reformwilligen Kräften an der Basis der Ost-CDU zu suchen, an der seit Jahrzehnten eingenommenen Haltung, keine offizielle Verbindung mit der Führung der Ost-CDU herzustellen, jedoch nicht zu rütteln.«[145]

Kanzler Kohl stellte am 28. November 1989 im Bundestag sein »Zehn-Punkte-Programm zur Überwindung der Teilung Deutschlands und Europa« vor.

Pfarrer Rainer Eppelmann, Mitbegründer des Demokratischen Aufbruchs, änderte nach Verkündung des Zehn-Punkte-Programms die politische Linie. »Eppelmann, der selbst noch wenige Tage zuvor für eine sozialistische Entwicklung plädiert hatte, unternahm nun den Versuch, den DA gegen den Widerstand des starken linken Flügels zu einem Sammelbecken nichtsozialistischer Kräfte umzuformen und für die Bevölkerungsgruppen wählbar zu machen, die auf den Demonstrationen mit Plakaten wie ›Nie wieder Sozialismus!‹ auf sich aufmerksam machten«, bemerkte der Historiker Michael Richter. »Dieses Bemühen wurde von der CDU/CSU honoriert. Der DA wurde schnell zum beliebten Ansprechpartner der Bonner Parteiprominenz.«[146]

Auf dem Sonderparteitag der DDR-CDU am 15./16. Dezember 1989 revidierte Parteichef Lothar de Maizière überraschend seine bisherige prosozialistische Haltung und strich unter tosendem Beifall den Sozialismus als »leere Hülse« aus dem Vokabular der CDU, während draußen, vor dem Tagungslokal in der Berliner Karl-Marx-Allee, dem Kino »Kosmos«, empörte CDU-Mitglieder protestierten: »Wir wollen kein Mündel der BRD-CDU werden!«

»Nach dem Parteitag setzte sich die Veränderung der Ost-CDU schnell fort. Bereits am 23. Dezember wurde die alte Struktur des ehemaligen Sekretariats des Hauptvorstandes der CDU zum 31. Dezember aufgehoben. Auf einer Tagung des Parteivorstandes am 5. und 6. Januar 1990 in Burgscheidungen sprach sich die CDU-Führung für die Einheit der Nation in den bestehenden Grenzen und für die Überwindung der Militärblöcke aus.«[147]

Im Februar 1990 wurde Lothar de Maizière auf den Schild der *Allianz für Deutschland* gehoben und deren Spitzenkandidat für die Volkskammerwahl am 18. März.

Der Quantensprung von der Herbstrevolution ’89 zur neoliberalen Revolution erfolgte im November 1989 mit Kohls Zehn-Punkte-Programm. Er sorgte für den Stimmungsumschwung im Osten. In Leipzig skandierte man nun nicht mehr »Wir sind *das* Volk!«, sondern »Wir sind *ein* Volk!«.

Die neuen Losungen waren von Nationalismus, Liberalismus und Antisozialismus getragen. Die Westmedien hatten großen Anteil am Stimmungsumschwung in der DDR-Bevölkerung, wobei ihnen zunehmend auch die gewendeten DDR-Medien assistierten. Die »Enthüllungen« über vermeintliche oder tatsächliche Privilegien und Vetternwirtschaft in Partei- und Staatsapparat, die ungefilterte, ungeprüfte Wiedergabe von vermeintlichen oder tatsächlichen Opfern von Unrecht und ähnlicher Skandale provozierten Unmut bis zum Hass. »Der entscheidende Desillusionierungseffekt über die reale DDR-Wirklichkeit scheint tatsächlich erst mit der umfangreichen Enthüllungskampagne der Medien nach der Wende (Mauerfall) 1989 eingesetzt zu haben. Angesichts eines von den Medien für die DDR beschworenen politischen und wirtschaftlichen Abgrunds entwickelte sich eine ›Rette-sich-wer-kann-Stimmung‹, die sich oft naiv und unkritisch mit Optimismus und bürgerlich-individualistischen Leitbildern auflud. Es setzte eine ›Flucht nach vorn‹ ein«[148], schrieb der Münchner Sozialforscher Thomas Gensicke 1992.

Von den »zwei souveränen Staaten« war zwar auch weiterhin die Rede, nur war es mit der Souveränität des einen nicht mehr weit her, denn es ging bereits deutlich um dessen »Abwicklung«.

»Nach der Volkskammerwahl am 18. März 1990 war klar, dass die Währungsunion«, so zitierte Over Ovens den seinerzeitigen Bundesinnenminister Wolfgang Schäuble, »bald kommen musste. Und der triumphale Wahlsieg der von der Ost-CDU geführten ›Allianz für Deutschland‹ überzeugte mich vollends davon, dass auch die staatliche Einheit nicht mehr lange auf sich warten lassen würde.«[149]

Eine sich also selbst erfüllende Prophezeiung?

Das war doch nur der propagandistische Nebel, der übers Schlachtfeld geblasen wurde. Der bereits zitierte Ex-Innenminister der DDR, Peter-Michael Diestel, sah nach dreißig Jahren klarer. »Sie verstanden uns Ostdeutsche nicht, und sie mochten uns nicht. Wir blieben ihnen fremd, weil wir anders waren als sie. Öffentlich wurde die Form gewahrt, weil es ja um die Einheit ging. Ich glaube, dass der *Spiegel* mit seiner Vermutung nicht so falsch lag: ›Die weitere Verwendung des Ex-DDR-Ministerpräsidenten hatte den Kanzler seit Sommer beschäftigt. De Maizières Mission war nach seiner Meinung mit der Wiedervereinigung erfüllt.‹ Unser aller Mission war aus Bonner Sicht erfüllt, als die DDR beerdigt war. Das muss man so offen sagen. Dieses Nützlichkeitsdenken werfe ich nicht Helmut Kohl vor, zu dem hatte ich persönlich ein durchaus angenehm-menschliches Verhältnis. An diesem Rad drehten andere. Die Politik handelt stets im Interesse der Wirtschaft.«[150] Der konservative Diestel weiter: »Ich bin doch nicht so blauäugig und ignoriere, dass die tatsächliche Macht in den Konzernzentralen, in den obersten Etagen der Banken und Versicherungen wohnt und dass eben diese, wenn nicht durch die Macht des Faktischen mit Hilfe ihrer Lobbyisten die Politik beherrschen, gar steuern, indem sie etwa die Gesetze selber schreiben. Das kommt ja immer mal wieder raus. Dennoch meine ich, dass dieser übermächtige Einfluss eben mit Hilfe der Politik zurückgedrängt und überwunden werden kann. Auch wenn ich kein Katholik bin, stimme ich Papst Franziskus zu. Der nennt den Kapitalismus eine ›subtile Diktatur‹ und sagt: Die ungehemmte Form des Wirtschaftens, dessen Zeugen wir sind, tötet. Darum müssen wir ihn überwinden. Nicht mit einem menschheitsbeglückenden Umsturz durch eine Handvoll Revolutionäre wie 1917 in Russland. Entweder man schafft es, demokratische Mehrheiten für Veränderungen zu gewinnen, oder man lässt es besser sein. Der Kampf geht um die Mehrheit.«[151]

Und der Kampf um eine demokratisch-sozialistische Mehrheit in Deutschland ging nachweislich am 3. Oktober 1990 verloren. Für wie lange: man wird sehen.

Der Anschluss der DDR an die BRD weist alle Elemente einer neoliberalen Annexion auf – als da sind: ein von außen herbeigeführter Regierungswechsel oder -sturz, ein Verfassungsbruch, mit auswärtigem Kapital aufgebaute und finanzierte Oppositionsbewegungen und -parteien, mit Außenkapital aufgebaute und ausgehaltene Politiker, die vormals unbekannt waren; mit Außenkapital aufgebaute und finanzierte Think Tanks; Vereinnahmung einer demokratischen Bewegung mittels (später nicht eingelöster) Versprechungen; finanzierte und importierte Wahlkämpfe; Übernahme der Mediengewalt und Vereinnahmung der revolutionären Stimmung unter falscher Flagge, auch mediale Desorientierung.

Diese typischen Elemente einer neoliberalen Annexion – also einer gekauften Revolution, die positiv als Demokratisierung, Liberalisierung oder Modernisierung ausgegeben wird – hat der Wirtschaftshistoriker und Ökonom Jörg Roesler schon 1999 kenntnisreich untersucht und beschrieben[152].

Solche »neoliberale Annexionen«, der neue, postpolitische Kriegstyp, drapieren sich oft farbig oder mit Accessoires, in Hongkong sind es aktuell Regenschirme, in Georgien war es die »Rosenrevolution« (2003), in der Ukraine die »Orangene Revolution« (2004), im Libanon hieß der Regimewechsel »Zedernrevolution« (2005) und in Kirgisien »Tulpenrevolution« (2005), in Myanmar war es die »Safranrevolution« (2007) und in Tunesien die »Jasminrevolution« (2010) und so weiter.

Der Anschluss der DDR an die BRD als Modellfall der neoliberalen Annexion muss als Fortsetzung des (Kalten) Krieges mit anderen Mitteln bewertet werden.

Zahlreiche Historiker, Politik-, Sozial-, Rechts- und Wirtschaftswissenschaftler haben sich diesem Thema – Herstellung der Deutschen Einheit – als Verfassungsproblem, dem Sturz der historischen Verfassungs-Chance und der Vereinnahmung der demokratischen Revolution nach 1990 zugewendet und wertvolle Zeugnisse zu einer unbeantworteten Frage publiziert. Hier seien nur einige beispielhaft genannt: der Historiker Siegfried Prokop mit seinen Bänden »Die kurze Zeit der Utopie« und »›Die DDR hat's nie gegeben‹: Studien zur Geschichte der DDR 1945 bis 1990«[153]; der Historiker Heiner Timmermann mit seinem Dokumentenband »Die DDR zwischen Mauerbau und Mauerfall«[154]; der Historiker Stefan Bollinger mit seiner Anthologie »Das letzte Jahr der DDR«[155]; der Wirtschaftshistoriker Siegfried Wenzel mit seiner Analyse »Was war die DDR wert?«[156]; der Soziologe Fritz Vilmar mit seinen Anthologien »Zehn Jahre Vereinigungspolitik« und »Kolonialisierung der DDR«[157]; der Rechtswissenschaftler Klaus Emmerich mit seinen Bänden »In guter Verfassung? Warum das Grundgesetz auf den Prüfstand gehört« und dem Materialband »Gesamtdeutsche Verfassung – eine Karikatur?«[158]; die Politikerin, Künstlerin und Publizistin Irena Kukutz mit ihrem von der Robert-Havemann-Gesellschaft herausgegebenen Materialband zur »Bürgerbewegung NEUES FORUM 1989–1990«[159]; der italienische Ökonom Vladimiro Giacchè mit seinem Band »Anschluss. L'Annessione«[160]; der Historiker Karl Heinz Roth mit seiner empirischen Langzeitforschung zu den »westdeutschen Planungen zur Übernahme der DDR«[161]; die Journalistin und Publizistin Daniela Dahn mit nur einem von Dutzenden Büchern »Demokratischer Abbruch. Von Trümmern und Tabus«[162], oder Aufsätze wie der von Raj Kollmorgen »Das ungewollte Experiment. Die deutsche Vereinigung als ›Beitritt‹«[163], von Jörg Roesler »Hätte eine eigenständige DDR eine Chance gehabt?« und »Eine mehr und eine weniger gelungene Einheit?«[164], oder von Werner Röhr »Die Regression der DDR zur ›Anschlusszone‹«[165].

Der 2019 verstorbene Politikwissenschaftler und Publizist Herbert Graf, fast zwei Jahrzehnte enger Mitarbeiter Walter Ulbrichts und von 1990 bis 2000 Juristischer Mitarbeiter in Betrieben der Treuhandanstalt, ging in seiner

Beurteilung jedoch weiter als alle seine Kollegen. Für ihn war die Herstellung der deutschen Einheit allenfalls ein Nebenprodukt, nicht Hauptziel des neoliberalen Umbaus der Welt. Daher betrachtete er das Wirken der Treuhandanstalt auch nicht als »innerdeutsche Angelegenheit«. Nach seiner Überzeugung war diese Institution »ein Instrument im großen Systemwechsel, der im letzten Jahrzehnt des 20. Jahrhunderts von der Werra bis nach Wladiwostok vollzogen wurde«.[166] Wesentliches geschah dabei 1989/90, was inzwischen mit bekanntgewordenen Dokumenten belegt ist. »Die Gemeinschaft der sozialistischen Staaten in Europa befand sich zweifellos in einer kritischen Situation. US-Präsident George Bush, vormals CIA-Chef, und sein Vertrauter Henry Kissinger trafen geheime Absprachen mit dem sowjetischen Staats- und Parteichef Michail Gorbatschow. Diese führten zur Erarbeitung der 31 Seiten umfassenden Direktive des Nationalen Sicherheitsrates der USA. Wie amerikanische Historiker nachwiesen, bestand deren Intention darin, ›die Sowjets in einer Weise herauszufordern, die sie zwingt, die Richtung einzuschlagen, die wir wünschen‹ *(Michael R. Beschloss/Strobe Talbot: Auf höchster Ebene. Das Ende des Kalten Krieges und die Geheimdiplomatie der Supermächte 1989–1991, übersetzt von u. a. Rita Seuß, Werner Steinbeiß und Heinz Tophinke, Econ Verlag 1993, S. 59).* Zu den mit dieser Direktive geplanten Veränderungen im sozialistischen System gehörten neben anderem Freiheiten für Kapital- und Landbesitz, das Ende der Planwirtschaft, der kommunistischen Parteien und der sozialistischen Staatsmacht. Osteuropa sollte ›in den Schoß des Westens‹ zurückgeführt werden. Vom Erlass dieser Direktive bis zu ihrer Umsetzung vergingen kaum mehr als zwei Jahre. Auf dem Weg zur Systemveränderung im sozialistischen Europa nahm Deutschland eine Sonderstellung ein. Der von den USA vorgesehene Prozess sollte mit einer Ostererweiterung der NATO verbunden werden. Daran lassen amerikanische Veröffentlichungen inzwischen keinen Zweifel. Die Systemveränderung in der DDR 1989/90 erfolgte nicht – wie immer wieder behauptet wird – in einer Symbiose von West und Ost, sondern in einer bedingungslosen Übertragung westdeutscher Verhältnisse auf die DDR. Wolfgang Schäuble hat in seinem Buch ›Der Vertrag‹ sehr offen ausgesprochen, dass es nicht darum ging, irgendeine Erfahrung aus der DDR im Zuge der Vereinigung aufzunehmen.«[167]

Für den damaligen Bundesinnenminister und jetzigen Bundestagspräsidenten war der seinerzeitige deutsch-deutsche »Unterhändler« und gerichtsbekannte Dschungelcamp-Clown Günther Krause der geeignete Partner für die rigorose Zerschlagung der DDR. Krause ließ, so Schäuble 1991, »nie den Drang verspüren, irgend etwas aus der alten DDR zu retten«[168].

Unrechtsstaat und Bananenrepublik

Der Dramatiker Rolf Hochhuth hatte Ende der siebziger Jahre mit einem Theaterstück die Sache publik gemacht: Er hatte den amtierenden Ministerpräsidenten Hans Filbinger (CDU) einen »furchtbaren Juristen« genannt, weil dieser – seit 1937 NSDAP-Mitglied – als Marinejurist an 234 Strafverfahren beteiligt gewesen war, wobei er in vier Fällen die Todesstrafe beantragt hatte, die auch zwei Mal vollstreckt worden war. Filbinger – der im Übrigen auch den Grundlagenvertrag mit der DDR und die Anerkennung der Oder-Neiße-Grenze sowie die Aufnahme chilenischer Emigranten nach dem faschistischen Putsch 1973 abgelehnt hatte – setzte sich juristisch zur Wehr. (Nebenbei: 1976 hatte er unter dem Slogan »Freiheit statt Sozialismus« bei den Landtagswahlen in Baden-Württemberg mit 56,7 Prozent das beste jemals von der CDU in einem Bundesland erreichte Ergebnis eingefahren.) Die Filbinger-Affäre endete formal mit dem Rücktritt des Ministerpräsidenten, doch er nahm davon unberührt im Auftrag seiner Partei 1979, 1994 und 1999 an der Bundespräsidentenwahl teil ...

Der Kernsatz von Filbingers fortgesetzten Rehabilitationsversuchen lautete: »Was damals rechtens war, kann heute nicht Unrecht sein!«[169] Dieser Satz wurde zum phraseologischen Monument der zweifelhaften Vergangenheitsbewältigung in der Bundesrepublik Deutschland sowie von Amnestierung, Rehabilitierung und Verjährung der Protagonisten der Nazi-Justiz. Zugleich aber verwies er auf den Begriff des »Unrechtsstaates«, der seit Mitte der 1950er Jahre zur »zur Kennzeichnung des Nationalsozialismus wurde«.[170] Einmal davon abgesehen, dass der Begriff »Nationalsozialismus« von den Faschisten selbst kreiert worden war, handelt es sich um eine völlige Verdrehung der gesellschaftlichen Realität des damit bezeichneten politischen Systems: Es war weder tatsächlich »national« (angesichts der vom Hitlerregime verursachten nationalen Katastrophe) noch »sozialistisch« – die kapitalistischen Grundlagen in Deutschland blieben zwischen 1933 und 1945 unangetastet.

In seinem Artikel »Die Entdeckung des Unrechtsstaates«[171] untersuchte der Historiker David Johst den Entstehungskontext des Begriffes vor und belegt – mit Bezug auf die Argumentation des hessischen Generalstaatsanwalts Fritz Bauers[172] (1903–1968) –, dass der nationalsozialistische Staat ein »Unrechtsstaat« war.

Ich teile Bauers Position, dass der Begriff »die systematische Differenz zwischen der Rechtsordnung der Bundesrepublik und der nationalsozialistischen Rechtsordnung« betont und somit vor allem »der Distanzierung vom Nationalsozialismus«[173] dient.

In diesem Verständnis ist die Bezeichnung »Unrechtsstaat« für die DDR eine zweifache Ungeheuerlichkeit. Erstens erfolgt damit eine Gleichsetzung – im Sinne der Totalitarismusdoktrin – des von Anfang an verbrecherischen Dritten Reiches mit dem antifaschistischen zweiten deutschen Staat. Und zweitens dient die Umkehrübertragung des Unrechtsstaates auf die DDR dazu, dass sich der Rechtsstaat BRD mit diesem Begriff von jeder Verantwortung freispricht und eine gesellschaftliche Kontinuität nur im Osten verortet. Dazu dient auch die Wendung von den »zwei Diktaturen« in Deutschland.

Mit dem Anschluss der DDR erfährt die bis dahin ausschließlich als Unrechtsstaat gekennzeichnete faschistische Diktatur eine radikale Umdeutung.

Spätestens mit der »Unrechtsstaatsdebatte« von 2009 wird auch die DDR als »Unrechtsstaat« bezeichnet. Zahlreiche Behörden auf Bundesebene, der Bundestag selbst, Stiftungen und Institute untermauern den rechtsstaatlichen Umkehrdiskurs – die (Wieder)Entdeckung des »Unrechtsstaates« im Gebilde der DDR. »Zwar war dieser Übertrag von Anfang an politisch umstritten, aber er war ein erfolgreiches Mittel, den Sieg ›des Westens‹ im Kalten Krieg moralisch zu überhöhen und die aggressive antikommunistische Ideologie – die den westlichen Rechtsstaat eben auch teilweise karikierte – mit höheren Weihen zu versehen«[174], schrieb der Historiker Andreas Strippel 2014.

Die Taktik der Umkehrübertragung schafft es, wie im Fall Filbinger geschehen, ein »pathologisch gutes Gewissen«[175] zu erzeugen. Neben der kollektiven Denunziation des anderen Teils des deutschen Volkes – was wohl die eigentliche Absicht ist.

Der Politikwissenschaftler Everhard Holtmann fasste die DDR-Unrechtsstaatsdiskussion so zusammen: »Im Frühjahr 2009, fast zwanzig Jahre nach der friedlichen Revolution, flammte eine heftige öffentliche Debatte auf, ob die DDR ein ›Unrechtsstaat‹ gewesen sei.

Die Auffassungen dazu sind kontrovers: Für Linke-Fraktionschef Gregor Gysi war die DDR ›zwar eine Diktatur ohne demokratische Kontrolle und kein Rechtsstaat‹, wohl gab es in ihr ›auch Unrecht, sie war aber kein Unrechtsstaat‹ (*Berliner Kurier* 19. April 2009). Bundeskanzlerin Merkel (CDU) hingegen bejaht die Bezeichnung ›Unrechtsstaat‹ (*FAZ*, 11. Mai 2009), ebenso ihr damaliger Kabinettskollege Verkehrsminister Wolfgang Tiefensee (SPD). Merkel betonte, die DDR sei schon auf Unrecht gegründet worden und hätte ohne Angst und Lüge nicht überleben können. Der Ministerpräsident Mecklenburg-Vorpommerns, Erwin Sellering (SPD), verwahrte sich wiederum dagegen, die DDR als totalen ›Unrechtsstaat‹ zu verdammen, in dem es nicht das kleinste bisschen Gutes gab (*FAZ*, 12. Mai 2009).«[176]

So führte Everhard Holtmann die kontroversen Stimmen für ein Pro und Contra des »Unrechtsstaatsbegriffs« für die DDR vor. Er unterstrich allerdings auch, dass der Begriff sowohl bei Politikern als auch Wählern – wie in Statistiken ersichtlich – keine homogene gesellschaftliche Reputation erfährt: »Andere prominente SPD-Politiker unterschieden ›zwischen dem gescheiterten System und den Menschen‹ (Peter Struck, *Süddeutsche Zeitung* vom 11. April 2009). ›Die allermeisten Menschen, die in der DDR gelebt haben, hatten keinen Dreck am Stecken‹ (Franz Müntefering, *Süddeutsche Zeitung* vom 14. April 2009). Ähnlich urteilte der damalige Bundestagsvizepräsident Wolfgang Thierse: Die DDR sei ein ›Unrechtsstaat‹ gewesen und gescheitert, ihre Bürger aber seien nicht gescheitert (*Süddeutsche Zeitung* vom 11. April 2009). Für den Vizepräsidenten des Bundesverfassungsgerichts – Andreas Voßkuhle – schließlich war die DDR ein ›Unrechtsstaat‹, der nicht verharmlost werden dürfe. Doch hätten ›die Menschen dort auch schöne Momente erleben‹ können (*Süddeutsche Zeitung* vom 11. April 2009). Auch einstige Bürgerrechtler sind sich nicht einig. Der Theologe Friedrich Schorlemmer etwa warnte, gegen Merkel gewandt, davor, mit dem Begriff ›Unrechtsstaat‹ die DDR zu dämonisieren. So werde man dem wirklichen Leben in dem untergegangenen Staat nicht gerecht.

Anders sah dies Joachim Gauck, ebenfalls Theologe und bis 2000 Bundesbeauftragter für die Stasi-Unterlagen.«[177]

Das Pro und Contra der Begriffsübertragung auf die DDR ist jedoch eine mediale Mimikry der politischen Psychologie, bedenkt man, welchem eminenten (kriegs)strategischen Zweck diese Täuschung doch dient: nämlich dem Freispruch von Kriegsschuld, dem Freispruch von »zweiter Schuld« und dem Freispruch von Wendeunrecht ab 1989/90.

Ganz anders argumentiert der Hamburger Historiker Andreas Strippel[178] in der Debatte: »Unrechtsstaat: So soll die DDR genannt werden, weil in ihr Unrecht geschah, und das vor allem gegen politisch unliebsame Personen. Außerdem soll mit dem Begriff die Erzählung von den zwei deutschen Diktaturen gestrickt werden, die den antisemitischen Rasse-Staat der Nazis mit der Diktatur der SED und ihrer Komparsen gleichsetzt.«[179]

In seinem Artikel »Deutschland – zwischen Rechts- und Unrechtsstaat« analysiert Strippel weiter: »Der Gebrauch des Begriffs Unrechtsstaat dient daher offensichtlich nicht der politischen und historischen Erhellung der DDR, sondern der historischen Meistererzählung vom Erfolg der ›antitotalitären‹, parlamentarischen Demokratie im Westen. Über diesen Umweg wird die antikommunistische Hetze und der gesellschaftliche Mief der fünfziger und sechziger Jahre in der BRD post festum noch einmal als Erfolg geadelt.«[180]

Die Wiederaufnahme der Unrechtsstaatsdebatte nach 1990, so David Johst, stelle eine Wiederaufnahme der Debatte nach 1945 dar, jedoch in umgekehrt proportionaler Übertragung und Deutung.

Befreiungsmythos 1989/90

Die Gleichsetzung von Nazi-Diktatur und DDR-Staat durch den offiziell geführten Diktaturen- und Totalitarismus-Vergleich ist, wie anderenorts schon festgestellt, eine Hybris. Sie dient der Kriminalisierung der DDR und im Wesentlichen der Kriminalisierung des Antifaschismus und Sozialismus, wie er zunächst in der Sowjetischen Besatzungszone, dann in der DDR als Gesellschaftsform durchgesetzt wurde. Das Ausmaß der Kriminalität der DDR bekommt durch den Vergleich mit dem NS-Regime eine Referenz.

Mit den Begriffen und Konzepten wie »Unrechtsstaat«, »SED-Regime«, »zweite deutsche Diktatur«, »Opfer-Täter-Mitläufer-Gegner«-Typologie – gezielt von Bundesstiftungen und Behörden zur Aufarbeitung von »SED-Unrecht« verwendet, benutzt von der Behörde zur Aufarbeitung der Stasiunterlagen (BStU) oder während und im sogenannten NSU-Prozess in München zwischen 2013 und 2017 – werden nicht nur die Begriffe, Konzepte und Typologien der Anklage des Nazi-Regimes reaktiviert. Die DDR wird als *Vorzeigediktatur* inszeniert. Die Hybris dient der Fortsetzung des (Kalten) Krieges mit anderen Mitteln, nämlich dass sich die BRD, deren »NS-Aufarbeitung« bis heute nachweislich zweifelhaft vollzogen wurde, im Namen der Demokratie über die sogenannte »zweite deutsche Diktatur« staatsrechtlich und strafrechtlich erheben kann.

Zu einer »Wiedervereinigung« ist es bis heute nicht gekommen, »weil eine kritische Geschichte der DDR nicht zu erzählen ist, ohne eine kritische Geschichte der Bundesrepublik als einer Geschichte zweier deutscher Nachkriegsgesellschaften«[181], meint Strippel darum.

Eine »Wiedervereinigung« im Zeichen der Hybris an der DDR, die bis heute hartnäckig durch Behörden, Stiftungen, Institutionen, Lehrstuhlinhaber, Medien, Verlage erhalten wird, verdeckt die historischen, juristischen und gesellschaftlichen Zusammenhänge zwischen Nazi-Regime bis hin zur Zweistaatlichkeit. Das zentrale Motiv der Umkehrübertragung des »Unrechtsstaates« auf die DDR ist ihre schlichte Existenz als tagtägliche Erinnerung daran, »was der bundesdeutsche Biedermann hinter seiner geblümten Tischdecken-Gemütlichkeit so gerne versteckt hätte: die Jahrtausendverbrechen des Nationalsozialismus und die kollektive Schuld der meisten Deutschen, die man den paar Kommunisten nun wirklich nicht in die Schuhe schieben kann«, urteilte Strippel. Das ist ein Schandfleck für das kollektive Gewissen. »Die Opfer des DDR-Unrechts (sind) daher nur Spielfiguren politischer Ideologen, die die alte und gegenwärtige Bundesrepublik gegen ernsthafte Kritik immunisieren und ihre Politik des Es-gibt-keine-Alternativen wasserdicht machen möchten. Mit den Mitteln der Geschichte soll so die Gegenwart konserviert werden.«[182]

Ein erklärter »Unrechtsstaat« wie die DDR, der auf einer Linie mit der Hitler-Diktatur als »zweite deutsche Diktatur« in die Geschichte eingeht, ist prädestiniert für einen Doppelauftrag: als Projektionsfläche der Unrechtsübertragung und als Komplize für die Abdeckung von Unrecht in der Gegenwart. Bedingung jedoch war ein Personal- und Behördenaustausch auf dem Territorium des »Unrechtsstaates«, damit das Komplott gelang. Bei seiner Argumentation in der Unrechtsstaatdebatte betonte Andreas Strippel ausdrücklich, dass es nicht um eine Bagatellisierung oder Leugnung von tatsächlichem Unrecht gehe, das Menschen in der DDR widerfahren sei, sondern um die Analyse eines interessegeleiteten taktischen Instruments. »Um Missverständnissen vorzubeugen. Die Opfer der politischen Verfolgungen in der DDR (hiervon sind übrigens die Urteile gegen NS-Verbrecher auszunehmen, die auch in fast allen Fällen von westdeutschen Gerichten nach 1990 bestätigt wurden), haben alles Recht, von Unrecht oder auch von staatlichem Unrecht zu sprechen. Ihnen ist Unrecht und Willkür widerfahren.«[183]

Aber selbst die tatsächlichen Opfer des »SED-Regimes« mussten trotz der vielen damit befassten BRD-Behörden einen langen Weg zur Erlangung von Entschädigungen antreten.

Am 1. Juli 1991 setze der stellvertretende Chefredakteur der Tageszeitung *Die Welt,* Enno von Loewenstern, ein abstruses Manifest der DDR-Kriminalisierung in die Welt: »Was die sogenannte DDR und ihre Regierung betrifft, handelt es sich dort nicht einmal um einen eigenständigen Staat. Diese sogenannte DDR ist niemals staatsrechtlich anerkannt worden. Es gab ein einheitliches Deutschland, von dem ein gewisser Teil von einer Verbrecherbande besetzt war. Es war jedoch aus bestimmten Gründen nicht möglich, gegen diese Verbrecher vorzugehen, aber das ändert nichts daran, dass es ein einheitliches Deutschland war, das selbstverständlich ein einheitliches Recht dort galt und auf die Verbrecher wartete.«[184]

Die Loewenstern-Rede blieb unwidersprochen.

Mehr noch: Am 23. September 1991 knüpfte Bundesjustizminister Klaus Kinkel in seiner Grußrede auf dem Deutschen Richtertag in Köln direkt daran an: »Sie, meine Damen und Herren, haben als Richter und Staatsanwälte bei dem, was noch auf uns zukommt, eine ganz besondere Aufgabe. [...] [E]inen wesentlichen Teil müssen Sie leisten, alternativlos. Ich baue auf die deutsche Justiz. Es muss gelingen, das SED-Regime zu delegitimieren.«[185]

Der Auftrag von einer politischen Figur dieses Ranges war ein nationaler Aufruf zur »Befreiung Ostdeutschlands von der DDR-Diktatur«. Er enthielt eine Doppelbotschaft, nämlich mit der »Befreiung« gleichzeitig das kollektive Wissen neu zu instruieren. Dazu gehörte die Umkehrung der historischen Schuldfrage, die im Historikerstreit[186] noch nicht erreicht werden konnte. Das neue Instrument ist die Umkehrübertragung von Terror und Furor (Holocaust und Pogrome) auf die DDR, sie schließt eine Weiterführung des kausalen Nexus und der Präventivkriegsthese ein. Die DDR scheint als Projektionsfläche und als Subjekt für das unbewältigte Vergangene der BRD prädestiniert.

Der Charakter, mit dem dieser Übertragungsmechanismus durchgesetzt wird, entspricht dem der Gewalt im Zeichen des Rechts. Insofern handelt es sich bei der Übertragungsgewalt des Nazi-Unrechts auf die DDR nicht um Recht oder Unrecht, sondern um Gewalt im Recht.[187]

Die Gleichsetzung des DDR-Staates als Diktatur mit der Nazi-Diktatur sowie die Delegitimierung der DDR als Staat erfolgten im Auftrag der BRD-Regierung, um ab 1990 freie juristische Hand für eine Strafjustiz zu erhalten, die ihr ab 1945 verwehrt wurde. Hier setzt der Befreiungsmythos von 1989/90, die Befreiung Ostdeutschlands vom »DDR-Unrechtsstaat«, an.

Die Frage nach der Funktion des Befreiungsmythos innerhalb der Konstruktion einer zeithistorischen Erzählung und innerhalb der Konstruktion der veröffentlichten Meinung führt unweigerlich zurück zur Frage nach der Nachkriegsordnung von 1945.

Diese wird nämlich mit der Konstruktion des Befreiungsmythos von 1989/90 radikal umgeschrieben. Befreier vom Hitlerfaschismus sind demgemäß auch nicht mehr die Sowjetunion und die Rote Armee, welche am 2. Mai 1945 die Reichshauptstadt einnahm, auch nicht mehr die Staaten der Antihitlerkoalition, sondern einzig die Westalliierten, und insbesondere die USA. Die Konstruktion des Befreiungsmythos 1989/90 soll die deutsche Kriegsschuld vergessen machen.

Es ist tatsächlich gelungen, im kollektiven Bewusstsein eine Zäsur zu implementieren, die allerdings in der Wahrnehmung vieler Ostdeutscher eine verordnete Geschichtsklitterung darstellt. Mit dem Mythos der Befreiung Ostdeutschlands vom »Unrechtsstaat DDR« wird ein vertagter Schauprozess gegen den sowjetischen Sieger über die Wehrmacht von 1945 nachgeholt – eine Revanche für den Verlust der östlichen Gebiete Deutschlands. Mit der Umkehrübertragung des »Unrechtsstaates« auf die DDR und dem Befreiungsmythos Ostdeutschlands wird eine ganze Erinnerungskultur delegitimiert und zum Schweigen gebracht.

Teil 2

UMBAU

Die unvollendete »Deutsche Einheit«

Im Februar 2014 diskutierte der Bundestag zum Thema »Die Deutsche Einheit ist noch nicht vollendet«. Dabei ging es jedoch weniger um die kritische Untersuchung der begangenen Fehler und Irrtümer. Nicht um die Verwerfungen in Ostdeutschland in Wirtschaft, Gesellschaft, Geschichte und Kultur, nicht um die sozialen Konsequenzen der Deindustrialisierung und der Desurbanisierung. Auch nicht um eine Analyse der psychosozialen Konsequenzen von Diskriminierung und Ausschluss der Ostdeutschen aus gesellschaftlicher Gleichstellung und Integration, von verfestigter Armut, Langzeitarbeitslosigkeit, von Ausschluss aus dem ersten Arbeitsmarkt und den Eliten sowie der Zunahme chronischer Erkrankungen in Ostdeutschland.

Kurzum: Es ging nicht um die Resultate des neoliberalen Gesellschaftsumbaus.

Sondern die vordringliche Sorge galt dem »Trend zur Verharmlosung der DDR-Diktatur«, dem entgegengewirkt werden müsse. So der Thüringer CDU-Abgeordnete Mark Hauptmann, Jahrgang 1984. Der Bundestags-Hinterbänkler grüßte zunächst pflichtschuldig den Gessler-Hut: »Dass meine ostdeutschen Kollegen und ich heute hier an diesem

Pult frei sprechen dürfen, ist schon ein Ergebnis der deutschen Einheit, für die viele Menschen hart und lange mutig gekämpft haben.« Immerhin: Er sagte nicht, dass *er* dafür gekämpft habe. Es gebe aber inzwischen einen »Trend zur Verharmlosung der DDR-Diktatur«. Es entstehe der Eindruck, die DDR sei ein normaler Staat gewesen. »Das ist mitnichten der Fall«, sagte Hauptmann, der es schließlich wissen konnte. Als die DDR unterging, kam er gerade zur Schule.[188]

Die deutsche Einheit wird solange nicht »vollendet« sein, so lange das kulturelle Gedächtnis der deutschen Bevölkerung indoktriniert wird, indem die deutsche Geschichte als »DDR-Diktatur« versus »BRD-Demokratie« erzählt wird. So lange die offizielle Erinnerungspolitik nicht so gestaltet wird, dass sich die meisten ehemaligen DDR-Bürger darin wiederfinden können, ist die »Einheit« nicht vollendet. Seit 1990 werde das Leben in der DDR absichtlich so erzählt, dass neun von zehn Ostdeutschen sich darin nicht wiederfinden, schrieb der Historiker Karsten Krampitz im *Freitag* 34/2017. Für seine Familie, für die meisten DDR-Bürger, habe Günter Gaus, ehedem Ständiger Vertreter der BRD bei der DDR, das Wort vom »Staatsvolk der kleinen Leute« gefunden. »Menschen wie meine Eltern, die nie in Konflikt geraten sind mit den Verhältnissen, tauchen in der Erinnerungspolitik nicht oder nur verzerrt auf«, schrieb Krampitz, und zitiert Mary Fulbrook, renommierte Professorin für Deutsche Geschichte am University College London, einer der angesehensten Universitäten der Welt. Diese habe erklärt: »Wer sie *(die ›kleinen Leute‹ – Y. M.)* als unmoralische Kollaborateure und Komplizen eines bösen Regimes oder als einfältige Opfer einer Ideologie und Leidtragende der staatlichen Unterdrückung einstuft, der stellt ›prinzipiell falsch‹ dar, wie die ostdeutsche Gesellschaft funktioniert hat. Sie ist bei weitem mehr gewesen als nur ein SED-Staat. Obwohl kein Historiker des Westens versuchen würde, die Sozialgeschichte einer westlichen Gesellschaft allein im Hinblick auf politische Maßnahmen des Regimes und den Widerstand des Volkes dagegen darzustellen, ist die Sozialgeschichte der DDR weitgehend so aufgefasst worden.«[189]

So lange die Institutionen der offiziellen Erinnerungspolitik, der Medien, der Wirtschaft, der Bildung und Wissenschaft ausschließlich von Westdeutschen verwaltet und regiert werden, ist die »Einheit« und damit der europäische Frieden nicht vollendet.

So lange die BRD davon spricht, dass die Deutschen den Amerikanern die Freiheit zu verdanken hätten – sowohl die Befreiung von Hitler als auch die Befreiung von den Russen –, können wir nicht davon ausgehen, dass die »Einheit« vollendet ist. Aber so sprach der deutsche Außenminister am 3. Oktober 2018 in der deutschen Botschaft in Washington. »Es waren die Amerikaner, die die deutsche Einheit möglich machten. Wir werden das nie vergessen.«[190]

Bis 2016 war Michael Gorbatschow, der sowjetische Präsident, in der Moderation der veröffentlichten Meinung der »Staatsmann, der Deutschland die Einheit gebracht hat«[191]. Offenbar ist auch hier eine deutliche Verschiebung innerhalb des erinnerungskulturellen Narrativs der »deutschen Einheit« festzustellen, die eine Entwertung der Leistungen der Sowjetunion sowie eine Nivellierung der Vorgeschichte, die überhaupt zur Teilung führte, beinhaltet. Solange die Friedensleistung der Sowjetunion nicht dauerhaft gewürdigt wird, die einer »deutschen Einheit« und somit dem Ende des Kalten Krieges Vorschub leistete, ist die »Einheit« und damit der europäische Frieden nicht vollendet. Solange Deutschland als Nationalsubjekt der westlichen Wertegemeinschaft und als Komplize alliierter Kontrollrechte seit 1950 heute wieder eine revisionistische Rhetorik mit antikommunistischem, russophobem Kern reaktiviert, um im Verbund der NATO Russland den Krieg zu erklären, ist die »deutsche Einheit« nicht vollendet.[192]

Als Kanzlerin Merkel anlässlich des 70. Jahrestages der Befreiung Deutschlands vom Hitlerfaschismus die Entscheidung traf, nicht zur Siegesparade in Moskau zu erscheinen, sondern erst am Tag danach anzureisen, reagierte die Weltöffentlichkeit mit Empörung. Der jüdisch-bulgarische Schriftsteller und Drehbuchautor Angel Wagenstein schrieb an die Bundeskanzlerin einen Offenen Brief. »Warum am Tag danach, Frau Merkel? Ich weiß, wie Sie auch, was später geschah – von der Mauer bis zu ›Ami go home‹, von der sowjetischen Invasion in Afghanistan bis zu der amerikanischen in Irak; ich kenne die Ereignisse in Magadan und auf dem Maidan, im Gulag und Guantanamo, aber nichts kann die Größe und Bedeutung unseres gemeinsamen Sieges über dem Nationalsozialismus trüben, den ich für meinen und Ihren persönlichen Sieg halte. Oder liege ich falsch?«, fragte der einst von den deutschen Okkupanten zum Tode verurteilte Partisan, welchen die Rote Armee aus seiner Todeszelle in Sofia befreite.[193]

Solange aus der deutschen Geschichte die Befreiung vom Hitlerfaschismus ausgeschlossen wird, solange Antifaschismus als Ketzerbegriff gilt, solange die Siege, ob das Ende des Zweiten Weltkrieges oder das Ende des Kalten Krieges von deutschen Regierungssprechern den West-Alliierten, namentlich den USA, zugeschrieben werden, bei gleichzeitiger Herabsetzung des sowjetischen Verantwortungs- und Verteidigungshandelns, so lange ist die »Einheit« nicht vollendet und der Frieden in Europa nicht hergestellt.

Wer profitiert von der »unvollendeten Einheit«?

Der Journalist und Rechtswissenschaftler Heribert Prantl von der *Süddeutschen Zeitung* ging bei Gelegenheit eines Jahrestages der Frage nach, »Warum die Deutsche Einheit eine schriftliche Lüge ist«[194]. Damit spielte er auf die Formulierung im Grundgesetz an, die Wiedervereinigung sei vollendet. »Vollendet? Das klingt nach Vollkommenheit und Krönung. Gemeint war wohl der Vertrag über die Herstellung der Einheit, festgehalten auf 356 Seiten des Bundesgesetzblattes. Noch nie zuvor in der Weltgeschichte war ein Staat so geordnet und penibel aufgelöst worden wie dort die DDR. Der Vertrag war eine Glanzleistung der Bürokratie. In der ehemaligen DDR blieb kein Stein auf dem anderen. Für die Deutschen dort veränderte sich alles, ›außer der Uhrzeit und der Jahreszeit‹, wie der Publizist Peter Bender in seinem Buch über ›Deutschlands Wiederkehr‹ schrieb. Für die Westdeutschen änderten sich vorerst nur die Postleitzahlen. Was als ›Vollendung‹ beschrieben wurde, war diese Herstellung der Einheit.«[195]

Und der kritische Schreiber in München wütete weiter: »Die Mehrheit der DDR-Bevölkerung erlebte die Einheits- und Marktwirtschaftsmaschinerie mit der Treuhand an der Spitze als systematische Demütigung. Diese Maschinerie fraß, was die Menschen im Osten hatten: das bisherige Leben, ihre Erfahrungen, ihre Selbstachtung. Sie fraß, was in der DDR schlecht gewesen, aber auch, was gut gewesen war; fraß die alten Vorbilder, die Ost-Elite, die Politiker der ersten Wende-Stunde, den staatlich verordneten Antifaschismus, die Autorität der Eltern, das Selbstvertrauen, den Stolz, die Sicherheit.«

Prantl sah als Ursache für das gesellschaftliche Dilemma, dass der Vollzug der Einheit über Artikel 23 erfolgt sei, er hätte besser über Artikel 146 erfolgen müssen. »Man hätte dann miteinander, auf der Basis des Grundgesetzes, eine neue gemeinsame Verfassung geschrieben – und darüber in ganz Deutschland abgestimmt. So hätte ein Geburtsmakel des Grundgesetzes, die fehlende Zustimmung des Volkes, behoben werden können. Die rechtsstaatliche Tradition der alten Bundesrepublik wäre verknüpft worden mit der demokratischen Autorität des revolutionären Wandels in der DDR. Es war falsch, auf eine Legitimation dieser Güte zu verzichten.«[196]

Das sahen Kohl, Schäuble und Co. 1990 aber anders, »es sei nicht die Zeit für so etwas«[197], hatte es geheißen.

Prantls Philippika beschreibt die Misere durchaus zutreffend. Doch sein Verweis, dass namentlich die Union »einer

Reform von Anfang an keine Chance« gegeben habe, greift wohl zu kurz. Hier waren andere Kräfte im Spiel, und vornehmlich sie haben von dieser Art der »Vereinigung« profitiert. Der Osten interessierte allenfalls als Markt und verlängerte Werkbank, die unmittelbare Konkurrenz musste liquidiert werden. Bereits im Frühjahr 1991 hatte das Bundesfinanzministerium (d. h. die Treuhand) intern erkannt, dass »lediglich rund 20 Prozent der industriellen Arbeitsplätze im Beitrittsgebiet«[198] überleben würden. Der Präsident des Deutschen Instituts für Wirtschaftsforschung erklärte zwei Jahre später, dass sich Ostdeutschland »heute strukturell auf dem Niveau von Ländern wie Tunesien, Honduras oder Sri Lanka« befinde[199]. Lakonisch urteilte das Hamburger Nachrichtenmagazin: »Was dabei notwendiger Strukturwandel, marktwirtschaftlicher Wettbewerb, konjunkturelle Krise oder aber hinterhältige Plattmacherpolitik ist, das lässt sich im Einzelfall kaum unterscheiden.«[200]

In der Tat. Unter den Folgen jedoch hatten vornehmlich die Ostdeutschen zu leiden. Die Profiteure dieser Politik saßen vornehmlich im Westen.

Innerhalb von vier Jahren Liquidationsarbeit der Treuhand wurden etwa 200 Großkombinate, 8300 Volkseigene Betriebe, 470 Volkseigene Güter und rund 4000 Landwirtschaftliche Produktionsgenossenschaften aufgelöst und zerschlagen. Etwa viereinhalb Millionen Menschen verloren ihren Arbeitsplatz. Das war etwa die Hälfte der bis dahin in Industrie und Landwirtschaft Tätigen.

Auf den Abriss folgten der systematische Rückbau der Lebens- und Kulturräume, die Vertreibung aus Institutionen und Ämtern, aus Innenstädten und von Betriebsgeländen. Begleitet wurde dies von einer Abwanderung nach Westen, weil man dort Arbeit (und damit eine Perspektive) zu finden hoffte. Von 1991 bis 2017 zog fast ein Viertel der Bevölkerung Ostdeutschlands in den Westen: »3 681 649 Mal gingen Menschen fort.«[201] So *Zeit online* nach eigenen Erhebungen im Mai 2019.

Die Sachbeschädigungen und Personenverluste in den ostdeutschen Regionen nach der »Wiedervereinigung« waren größer als nach dem Zweiten Weltkrieg. »Vom Schock der Deindustrialisierung der Jahre 1990/91 hat sich die ostdeutsche Wirtschaft bis heute nicht erholt«, urteilte 2015 der ehemalige DDR-Wirtschaftsmanager und Vize-Industrieminister Klaus Blessing. Der Anteil der Industrie des Osten am deutschen Gesamtniveau betrage nur noch 8,7 Prozent.[202]

Global Governance

»Ein Finger allein kann nicht einmal eine Laus umbringen«, sagt ein Sprichwort aus Kenia, womit auf die Notwendigkeit von mindestens zwei »Kräften« verwiesen ist. Michel Foucault (1926–1984), einer der bedeutendsten Denker des 20. Jahrhunderts, untersuchte – im weitesten Sinne – das Zusammenwirken von Staat/en und Ökonomie. Die Wissenschaft prägte dafür den Begriff »Governance« und bezeichnete damit »sowohl formelle Institutionen und mit Durchsetzungsmacht versehene Herrschaftssysteme als auch informelle Regelungen, die von Menschen und Institutionen vereinbart oder als im eigenen Interesse angesehen werden«.[203]

Auf globaler Ebene (»Global Governance«) verstand man unter dieser »Ordnungspolitik« in der Vergangenheit das System zwischenstaatlicher Beziehungen. »Doch heute müssen auch Nichtregierungsorganisationen, Bürgerbewegungen, Multinationale Konzerne und der globale Finanzmarkt miteinbezogen werden. Mit diesen Gruppen und Institutionen interagieren globale Massenmedien, deren Einfluss dramatisch gewachsen ist.«[204]

Es ist eine abstrakte wie neutrale und damit harmlose Beschreibung des modernen Neoliberalismus, einer Form des Marktes, die als Organisationsprinzip des Staates und der Gesellschaft dient.

Eine Bedingung der Global Governance ist der erodierte Nationalstaat, damit die Fusion zum Suprastaat bzw. zum supranationalen Gebilde gelingen kann. Unter Erosion wird hier die neoliberale Verwaltung seiner Elemente (Territorium, Bevölkerung, Gewalten) verstanden. Beispiele für solches Gebilde sind die EU und die UNO. Auf suprastaatlicher Ebene geht es um die Vormacht von neoliberalen Marktordnungen und um die Kontrolle der Verteilungsfragen, auf nationalstaatlicher Ebene um das Management von Gewalten, Territorium und Bevölkerung durch suprastaatliche Lobbygruppen.

In der BRD sind immer noch die alliierten Besatzungsrechte aktiv, die nunmehr als Vorbehaltsrechte aus dem Besatzungsstatut in den Deutschlandvertrag eingegangen sind und weiterhin in den deutschen Rechten wie in Besatzungs-, Kontroll-, Beamten-, Straf-, Zoll- und Verfassungsrecht Eingang gefunden haben. Die alliierten Vorbehaltsrechte beinhalten im Konkreten Kontrollgesetze, die das Recht zur Überwachung von Post und Fernmeldewesen[205] gewährleisten sowie die freie Beweglichkeit von Geheimdiensten, den Aufenthaltsvertrag, der das Recht zur Stationierung von Truppen in Deutschland gewährleistet sowie den NATO-Vertrag, der das Recht zur Durchführung von Überwachungsoperationen gewährleistet. In einer aktiven Komplizenschaft mit den West-Alliierten, konkret den USA, wurden diese Gesetze zunehmend im deutschen Grundgesetz festgeschrieben. US-Recht gilt demnach auch in der BRD und seit dem Anschluss der DDR an die BRD ab 1990 ebenfalls in Ostdeutschland, denn der Deutschlandvertrag wurde im Zwei-plus-Vier-Vertrag durch Austausch von Noten beibehalten.[206]

Die alliierten Besatzungsverträge gelten also seit 1949, seit dem Besatzungsstatut, bis heute fort, und die Militärbasen in der BRD sind seitdem exterritoriales Gebiet der USA. Das heißt, die USA können in Deutschland US-Recht anwenden, was mit dem NSA-Überwachungsskandal unübersehbar wurde, da Deutschland ein besetztes und dadurch teilsouveränes Land ist, bis hin zu alliierten Gesetzeseingriffen im Grundgesetz. Bis diese staatsrechtlichen, militärrechtlichen, völkerrechtlichen und verfassungsrechtlichen offenen Fragen nicht neu verhandelt und in einer Staatsneugründung abschließend gelöst werden, bleibt Deutschland eine *strategische Enklave der USA*.

Andererseits würden die USA einen Austritt Deutschlands aus der NATO als kriegerischen Akt begreifen und diesen auch entsprechend beantworten.

Vor diesem Hintergrund können die USA alle neoliberalen Ordnungen bis nach Deutschland und Europa unter ihrer Kontrolle ausweiten. Das betrifft die Finanzmarktordnung, die neoliberale Ordnung der Rohstoffe, der Daten oder der Waffen und Kriege sowie auch jüngst die neoliberale Ordnung der Migration (Global Compact for Migration) und des Klimas. Die Global Governance, die sich aus supranationalen Lobbygruppen, Stakeholder-Netzwerken und Akteursnetzwerken der Vermögenden, Überwachungsnetzwerken und Think Tanks wie der Atlantik-Brücke, um nur einen zu nennen, zusammensetzt, hat uneingeschränkten Spielraum in Deutschland und Europa, was gleichzeitig als liberale Demokratie euphemisiert wird. Länder oder Regierungsoberhäupter, die sich gegen eine derartige Einmischung wehren, werden sanktioniert mit jeder Form von Krieg: mit Informationskrieg, Wirtschaftssanktionen oder Angriffskriegen.

Besatzungsmandate der »West-Alliierten« in anderen ehemaligen »Ostblockländern« sind in verschiedenen Fällen bestätigt, so dass diese Länder dann nur noch als teilsouveräne besetzte Länder gelten. Die Besatzungsrechte garantieren gleichzeitig Wirtschafts- und Militärrechte der jeweiligen Besatzungsmacht. Das Akteursnetzwerk der Global Governance hat konkreten Zugriff auf Medien, Märkte, Ressourcen, Bevölkerungen, Rechte und Gesetze und transformiert diese zugunsten der neoliberalen Ordnungen.

Das Sondermandat der UNO liegt – seit 2001 – in der sogenannten »Responsibility to Protect« (R2P), in der globalen

Schutzverantwortung[207]. In einem Akt der Selbstermächtigung verfassten das US-Parlament der Bush-Administration und das UN-Generalsekretariat unter der Leitung von Kofi Annan 2001 das Protektionsmandat »R2P«.

Unter dem Aspekt der Dienstleistung von Produkten wie Demokratie, Frieden, Schutz, Sicherheit, all jenen Optionen, die als Argumente seit jeher einen Ausnahmezustand im Sinne von Belagerungs- und Kriegszustand legalisieren, agieren die Mandatsträger als Helfer im Schatten einer abgekarteten juristischen Immunität und einer legalisierten Brandpolitik. Die Selbstermächtigung von Staaten oder Verbänden als Schutzdienstleister in einem anderen Land verschreibt sich dem Export der westlichen Demokratie, was im Grunde nichts anderes als ein gewaltsamer Eingriff in bestehende gesellschaftliche Bedingungen anderer Länder bedeutet.

Was als Mandat der *Responsibility to Protect* oder der *Corporate Social Responsibility* medial gehandelt wird, geht meist mit Euphemismen wie »zum Schutz der Demokratie« und »zum Schutz der demokratischen Wertgemeinschaft« einher.

Der Übeltäter ist dabei stets derjenige, der sich vom Westen nicht »helfen« lassen will und sich der westlichen Demokratie »verweigert«. Umso stärker werden sozial-korporatistische Kampagnen eingeschaltet, Hashtag-Kampagnen inszeniert, Aufmärsche und Konzerte, Kreativprodukte jeder Art kreiert, die für die Befreiung von XYZ oder gegen XYZ emotionale Schwarmeffekte erzeugen. Den wenigsten, die in solchen Kampagnen mitlaufen bzw. diese einkaufen, ist dabei bewusst, dass sie damit eine *Lobbykratie* befördern, oftmals auch einen Krieg.

Hinterher heißt es, »das Volk« habe es so gewollt und sich für Demokratie eingesetzt. *Corporate Social Responsibility* (CPR) ist der terminus technicus für einen neoliberalen Interventionismus, der sich auf die Zivilgesellschaft beruft.

Nicht anders verhielt es sich mit der »Wiedervereinigung«.

Das Protektionsmandat R2P ist Freibrief für jedwede Einmischung in die inneren Angelegenheiten fremder Staaten, ob humanitär, demokratisch oder militärisch deklariert, und öffnet jedem korporativen Unternehmen die Möglichkeit der Intervention. Da Interventionismus andererseits *per se* Einmischung in fremde Angelegenheiten bedeutet, werden die Unternehmungen, welche sich meist an Naturkatastrophen, Wirtschaftsengpässen, Freizügigkeitskrisen oder Regimeproblemen andernorts entzünden, von vornherein als Notwendigkeit einer global-souveränen Causa medienpolitisch moderiert. Überwachung von Handelsschiffen, Datenkontrolle, Erpressung von politischen und wirtschaftspolitischen Reformen, Privatisierung von Brunnen und Weideland, oder – wie in der Post-DDR – von Industrie und Innenstädten, die Unterstützung von binnenstaatlichen Revolutionen, Durchführung von völkerrechtswidrigen Angriffskriegen (wie in Ex-Jugoslawien 1999) sorgen für die Sicherstellung von »ausbaufähigen Absatzmärkten«, »Investitionsstandorten« und für »Anreize zu internationalen Unternehmenskooperationen«.

Die offiziell gerechtfertigten konkreten Interventionen mit Gründen wie »Terrorgefahr«, »Unterdrückung der Frau«, »Demokratiedefizite« und »schwere Menschenrechtsverletzungen« usw. dienen den Allianzen zur Schaffung neuer Märkte und am allerwenigsten den Menschen in den durch Katastrophen und Verbrechen betroffenen Gebieten. *Responsibility to Protect* ist der Aufruf zur Selbstermächtigung, zur Legalisierung von kriminellen Machenschaften, von illegalen Geschäften im Wirkungsfeld einer legalen Public Relation.

Das Protektionsmandat kam zu Beginn der Initiierung des weltweiten Antiterrorkrieges der USA 2001 und verbindet sich hier mit einer weiteren Designlosung des Weißen Hauses: *Protecting the Homeland.*[208]

Die Entkopplung der Post-DDR in Gesellschaft, Wirtschaft, Kultur und Recht wird in diesem Sinne bis heute als

Wohltätigkeit des Westens verkauft. Und für die »humanitäre Intervention« brauchte man Vorwände, also einen Feind: das »SED-Regime« und den »Unrechtsstaat« – mit dem man bis dato florierende Geschäfte zum eigenen Vorteil machte und bei dessen oberstem »Diktator« man um Fototermine nachsuchte, weil man sich dadurch Vorteile im Wahlkampf in der BRD versprach. Oder die »zweite Diktatur« und die »Stasi-Krake«. Nur vor einem solchen propagandistischen Nebelvorhang ließ sich eine Schutzverantwortung moralisch plausibel gestalten. Dazu wurden die Mythen von der »friedlichen Revolution« und von der »Wiedervereinigung« wie auch von der »Befreiung« der Ostdeutschen aus dem »Stasigefängnis DDR« in der veröffentlichten Meinung und der politischen Bildung installiert.[209] An diesen Mythen wird bis heute erbarmungslos festgehalten, um von dubiosen Geschäftspraktiken abzulenken.

Die *Responsibility to Protect* (R2P) in Bezug auf die Prozesse der Auflösung, Liquidation und Löschung der DDR ging mit einem schmückenden Begriffsdesign einher wie »blühende Landschaften«, »Wohlstand für alle« oder »Freiheit und Demokratie«. Die »Befreier« inszenierten sich als Wohltätigkeitsveranstalter in einer Demokratie-Show. Die selbsternannte Wohltätigkeit betraf das »Begrüßungsgeld«, den Umtausch 1:1 oder den »Soli«. Mit dieser Charity-Faktizität argumentieren heute immer noch Millionen Westdeutsche. Für diese wurde die DDR »errettet«, wurden die Menschen aus dem »Gulag« im Osten Deutschlands von den demokratischen Kräften Westdeutschlands »befreit«. Sie glauben es, weil man es ihnen jahrzehntelang einredete, den Ostdeutschen mit Größe und Großzügigkeit begegnet zu sein. Deshalb verstehen sie nicht, dass sich die Ostdeutschen mehrheitlich angeblich undankbar zeigen und politisch nicht so ticken wie sie selbst.

Von diesen vermeintlichen »Wohltätigkeitsbürgern« im Westen war bis 2012 jeder Fünfte noch nie im Osten.[210] Kaum einer der Westdeutschen weiß, wie viele Sachschäden die

Treuhand AG anrichtete, nur wenige sehen den Zusammenhang von »Wiedervereinigung« und all den sozialen, ökonomischen und kulturellen Verwerfungen im Osten, die für das gesellschaftliche Desaster ursächlich sind.

Für das Design der *Corporate Social Responsibility* (CSR) arbeiten Unternehmen, Stiftungen und Think Tanks wie die »Open Society Foundation«, die »Bertelsmann Stiftung«, die »Atlantik-Brücke«, die »Amadeu Antonio Stiftung«, die »Friedrich-Ebert-Stiftung«, die Stiftung »Soziale Marktwirtschaft Deutschland« (heute »SAP-Stiftungsfonds«), die »BMW Foundation Herbert Quandt« oder das »Hasso-Plattner-Institut« – allesamt Stiftungen für politische Bildung und Gesellschaftsdesign. Diese Stiftungen vertreten nicht nur die zivilgesellschaftlichen Interessen der Vermögenden in Deutschland. Sie fördern auch deren lobbyistische Einflusssphären und den Zugewinn aus Investments in neue neoliberale Ordnungen durch ein karitatives Erscheinungsbild in der Gesellschaft.

Vordergründig karitative Themen aller Stiftungen sind: Inklusion, Integration, internationales Jugendmanagement, politische Bildung, Entwicklungszusammenarbeit, Migration, Flüchtlinge. Die Unternehmen operieren in ihren Interventionen mit dem Vokabular der Wohltätigkeit. Sie erfinden oder generieren den Feind und attackieren alle, die das Feindesszenario hinterfragen.

So ein Beispiel ist der »Fall Putin«. Der russische Präsident Waldimir Putin wurde 2014 von Hillary Clinton mit Hitler gleichgesetzt.[211] Mit diesem Ausruf signalisierte sie, dass Putin der schlimmste Anti-Demokrat sei, gar ein Diktator, da er eine westlich-alliierte Einmischung in Russland ablehne. Clinton wurde dafür von den westlichen Medien als »Demokratin durch und durch« bezeichnet.

Ein anderes Feindszenario wurde mit den Chemnitz-Ereignissen 2018 initiiert und damit die Unrechtsstaatsdebatte wiederbelebt. Aus dem »roten Sumpf« wurde nun der »braune Sumpf«, der sich während der »SED-Diktatur« entwickelt hatte. Damit wurde wieder einmal der Beweis für die »zweite Diktatur« erbracht, deren Folgen in der Demokratie nicht geduldet werden durften.

Dabei hatte doch ein ehemaliger Richter des Bundesverfassungsgerichts, der zu den namhaftesten deutschen Juristen gehört, der These vom »Unrechtsstaat« an prominenter Stelle wiedersprochen. »Die globale Kennzeichnung der DDR als Unrechtsstaat schießt (…) über die Anerkennung von Unrecht und Freiheitsverletzung, die es in der DDR vielfach gab, weit hinaus. Sie will umfassend delegitimieren und desavouieren. Sie lässt der Normalität, die es vielfach gab, keinen Eigenstand. Sie ist eine Verzerrung der Wirklichkeit in politischer Absicht«, erklärte Ernst-Wolfgang Böckenförde in der *Frankfurter Allgemeinen Zeitung*.[212] »Auch die DDR hat nicht darauf verzichtet, in vielen Bereichen in der Weise des Rechts zu handeln und für ihre Bürger und Bürgerinnen Gerechtigkeit anzustreben. Entsprechend haben die ostdeutschen Bürger und Bürgerinnen in vielen Bereichen ein Leben in rechtlich-ethischer Normalität geführt, in Achtung und Befolgung bestehenden Rechts und getragen von einem darauf bezogenen Ethos.«

Damit hatte Böckenförde (1930–2019) eine Lawine wütenden Protestes losgetreten, die sich in über hundert elektronischen Kommentaren und in Leserbriefen in der *FAZ* niederschlugen (»Ich empfehle einen Besuch in der Hauptstadt. Dort erinnern die Gedenkstätte Hohenschönhausen und das Stasi-Museum sowie Gedenktafeln an den Resten der Mauer recht anschaulich an das Wesen Ihres ›Rechtsstaates‹.« Oder das übliche Stereotyp: »Dieser Artikel ist ein Hohn gegenüber allen, die in der DDR unsäglich leiden mussten, und davon war praktisch jeder betroffen.«[213])

Die Reflexe auf Widerspruch zu dem verbreiteten Narrativ hatte der Dichter Christian Morgenstern (1871–1914) schon seine Kunstfigur Palmström erklären lassen: »Weil, so schließt er messerscharf, / nicht sein kann, was nicht sein darf.«

Vier Staatsverträge zum Anschluss an die BRD

Die »Wiedervereinigung«, der Anschluss an die Bundesrepublik oder auch die Staatensukzession erfolgte in vier Vertragsschritten.

a) Erster Staatsvertrag – die Wirtschafts-, Währungs- und Sozialunion, das Treuhandgesetz und das Restitutionsgesetz; 18. Mai 1990
b) Beschluss der Volkskammer zum Beitritt der DDR zum Geltungsbereich des Grundgesetzes; 23. August 1990
c) Ratifizierung des Zwei-plus-Vier-Vertrages; 12. September 1990
d) Verordnung zur Überleitung des Rechts der Europäischen Gemeinschaften; 18. Dezember 1990

Die DDR wurde, ohne dass es einen blutigen Putsch gegeben hätte wie in Chile 1973, zum ersten Experimentierfeld eines Wirtschaftskrieges mit kalten Schockstrategien. Auch ohne Blutvergießen waren die Folgen kriegsgleich. Die Währungs-Union war eine ökonomiepolitische Schockstrategie, in deren Folge die DDR-Wirtschaft implodierte. Der Widerspruch des Bundesbankpräsidenten Karl-Otto Pöhl wurde übergegangen, er selbst musste zurücktreten. Noch anderthalb Jahrzehnte später kritisierte er die Einführung der D-Mark zum Kurs eins zu eins. »Es kann heute keinen Zweifel mehr geben, dass dies eine ökonomisch verhängnisvolle Entscheidung war. Alle Betriebe der DDR mussten von einem Tag auf den anderen ihre Löhne und Verpflichtungen in D-Mark bezahlen, die sie nicht hatten und auch nicht verdienten. So wurden damals alle Betriebe schlagartig zahlungsunfähig. Dies wurde dann durch Kredite der Treuhand aufgefangen. Als Ergebnis beendete die Treuhand ihre Tätigkeit mit einer gigantischen Verschuldung in Höhe von mehreren hundert Milliarden D-Mark, obwohl sie einen großen Teil der DDR-Wirtschaft privatisiert hatte. Eine noch schlimmere Konsequenz ist die Tatsache, dass weite Teile Ostdeutschlands deindustrialisiert wurden und nur dank riesiger Subventionen und Transferleistungen überleben können.«[214]

Am 30. September 1993 setzte der Bundestag auf Antrag der SPD-Fraktion einen Treuhand-Untersuchungsausschuss ein mit dem Auftrag zu untersuchen, »ob und in welchem Umfang durch Maßnahmen oder Unterlassungen der Bundesregierung und der Treuhandanstalt überlebensfähige Treuhandbetriebe geschlossen und in noch existierenden Betrieben, die zur Treuhandanstalt gehören oder gehört haben, Arbeitsplätze vernichtet wurden, die hätten erhalten werden können«.[215]

In diesem Zusammenhang sollte der Ausschuss prüfen, »inwieweit die Treuhandanstalt ihre Aufgaben nach dem Treuhandgesetz erfüllt hat; ob und inwieweit die zuständigen Ressorts der Bundesregierung ihre Rechts- und Fachaufsicht gegenüber der Treuhandanstalt ordnungsgemäß wahrgenommen haben; [...] ob und in welchem Umfang durch vertragswidrige oder strafbare Handlungen im Zusammenhang mit der Privatisierung, Sanierung und Abwicklung von Treuhandvermögen der Bundesrepublik Deutschland Schaden zugefügt worden ist [...]; wie die Treuhandanstalt das ihr anvertraute Vermögen verwaltet hat und wie das heutige Gesamtdefizit der Treuhandanstalt zustande gekommen ist.«[216]

Unter Vorsitz des SPD-Abgeordneten Otto Schily trat der Untersuchungsausschuss 54 Mal zusammen, davon 22 Mal hinter verschlossenen Türen und 32 Mal öffentlich. Die in 277 Stunden vorgenommenen öffentlichen Vernehmungen und Anhörungen sind auf 9203 Seiten festgehalten. Auf der Grundlage dieser Protokolle und anderen umfangreichen Beweismaterials, darunter 1137 Aktenordnern bzw. -kartons, entstand ein 600-seitiger Bericht.

Da dieser – trotz des Bemühens seiner Verfasser um Objektivität – nicht die Zustimmung der CDU/CSU und der FDP fand, wurde von den Mitarbeitern der Regierungskoalition ein geschönter Bericht zusammengestellt, den Union und FDP dank ihrer parlamentarischen Mehrheit am 21. September 1994 verabschiedeten. Die SPD und die PDS/Linke Liste legten abweichende Berichte vor, wobei erstere den Bericht des Ausschusssekretariates im Wortlaut in ihr Minderheitenvotum aufnahm, »um sicherzustellen, dass die wahrheitsgemäße Ausbreitung der Beweisergebnisse nicht dem Plenum des Deutschen Bundestages und der Öffentlichkeit vorenthalten wird«.[217] Mehrheits- und Minderheitenvoten sind in der genannten Bundestagsdrucksache enthalten. Auf 1150 Seiten führt dieses Dokument vor Augen, wie die »Treuhänder«, die »Sanierer«, die »Privatisierer« und die »Wirtschaftskriminellen« vorgegangen sind.

Allerdings war damit nichts behoben.

Deshalb beantragte im April 2019 die Bundestagsfraktion der Linken neuerlich einen parlamentarischen Untersuchungsausschuss zur Treuhandgesellschaft. »›Das Treuhand-Trauma ist nicht überwunden‹, sagte Fraktionschef Dietmar Bartsch. Verheerende politische Fehler, die in der Nachwendezeit gemacht worden seien, müssten ans Tageslicht und aufgearbeitet werden. ›Der Schaden, den die Treuhand angerichtet hat, ist bis heute eine wesentliche Ursache für den ökonomischen Rückstand des Ostens und für politischen Frust vielerorts‹, sagte Bartsch.«[218]

»Bartsch sagte, es sei höchste Zeit, dass sich der Bundestag erneut mit der Treuhand beschäftige. Dies sei auch eine Frage des Respekts gegenüber Millionen Ostdeutschen, die in dieser Zeit ihren Arbeitsplatz verloren hätten. ›Wer im kommenden Jahr dreißig Jahre Deutsche Einheit begehen will, muss ehrlicherweise anfangen, unter den riesigen Treuhand-Teppich zu schauen und aufzuräumen.‹

Im Antrag heißt es, die parlamentarischen Untersuchungsausschüsse der neunziger Jahre seien unzureichend gewesen. ›Zum einen wurden Akten zu einem großen Teil nicht öffentlich oder gar nicht vorgelegt. Zum anderen waren die Untersuchungen teils durch die noch laufenden, damals mehrheitlich politisch erwünschten Privatisierungsprozesse gehemmt‹, zitiert die *dpa* aus dem Dokument.«[219]

Die frühere Ostbeauftragte der Bundesregierung, Iris Gleicke (SPD), hatte die Arbeit der Treuhand 2015 zum 25. Jahrestag der Gründung scharf kritisiert. »Die Treuhand hat vielen, wenn nicht den meisten Ostdeutschen traumatische Erlebnisse beschert. Sie gilt im Osten definitiv nicht als Symbol einer funktionierenden sozialen Marktwirtschaft, sondern als das Symbol eines brutalen, ungezügelten Kapitalismus, verbunden mit Deindustrialisierung und Massenarbeitslosigkeit«, hatte Gleicke gesagt.

Hingegen lehnte ihr Nachfolger, Wirtschaftsstaatssekretär Christian Hirte (CDU), einen neuerlichen Untersuchungsausschuss zur Treuhand ab. »Es wird der Eindruck erweckt, als sei der Osten mit Vorsatz und krimineller Energie über den Tisch gezogen worden, und nun müsse endlich einmal die Wahrheit auf den Tisch«, sagte er. »Ich bin ein großer Skeptiker von Geschichtspolitik. Politiker sind nicht die besseren Historiker.«[220] (Nebenbei: Hirte musste auf Druck der Bundeskanzlerin im Februar 2020 seinen Hut nehmen, nachdem er den mit Hilfe der AfD ins Amt gekommenen Thüringer Ministerpräsidenten von der FDP überschwänglich beglückwünscht hatte.)

Nach einer sehr kontroversen Plenardebatte am 27. Juni 2019 wurde der Antrag der Linken an den Geschäftsordnungsausschuss überwiesen.

Seither hat man nichts mehr davon gehört.

Im Zentrum der Wirtschaftsunion stand das Treuhandgesetz, das allerdings im Beschluss zur Wirtschafts-, Währungs- und Sozialunion vom 18. Mai 1990 noch fehlte. Es wurde erst am 17. Juni 1990 als Revisionsgesetz beschlossen und in den Vertrag nachträglich aufgenommen. So traten beide Verträge bzw. Gesetze am 1. Juli in Kraft.

In diesem »Gesetz zur Privatisierung und Reorganisation des volkseigenen Vermögens« wurden die von der Modrow-Regierung formulierten Aufgaben der Treuhandanstalt ins Gegenteil verkehrt. So sollten durch Privatisierung die unternehmerische Tätigkeit des Staates »so rasch und so weit wie möglich« zurückgedrängt und die »Wettbewerbsfähigkeit möglichst vieler Unternehmen« und »Grund und Boden für wirtschaftliche Zwecke« bereitgestellt werden.[221]

Die Treuhandanstalt (THA) handelte auf der Rechtsgrundlage des Einigungsvertrages und des Treuhandgesetzes sowie – im Einvernehmen mit der Unabhängigen Kommission zur Überprüfung des Vermögens der Parteien und Massenorganisationen der DDR (UKPV) – auf der Grundlage des Parteiengesetzes der DDR. Jedoch führte die mit dem Treuhandgesetz errichtete Treuhandanstalt zur totalen Veruntreuung des Volkseigentums durch Zuwiderhandlung gegen den ersten Beschluss zur Gründung der Anstalt zur treuhänderischen Verwaltung des Volkseigentums. Dieses Gesetz verschob die Mehrheit der DDR-Bevölkerung automatisch in ein neues soziales Lager, es stand am Beginn der Enteignung der DDR und deren Bürger, es gab der Ausübung eines weitreichenden Unrechtsmandats statt. Die »Sozialunion« sorgte für den Transfer von Arbeitsagenturen, Job- und Sozialämtern, Weiterbildungs- und Arbeitsbeschaffungsmaßnahmen, Umschulungs- und Existenzgründereinrichtungen.

Das dem Treuhandgesetz zugeordnete Entschädigungs- und Ausgleichsleistungsgesetz (EAL-Gesetz) vom 24. September 1994, auch als »Rückgabe vor Entschädigung« bekannt, organisierte die Rückgabe von Eigentum an die Vorkriegseigentümer (Alteigentümer), welche 1945 durch die Bodenreform in der SBZ enteignet wurden, bzw. regelte Ausgleichsleistungen für Enteignungen auf besatzungsrechtlicher bzw. besatzungshoheitlicher Grundlage in der SBZ.

Das Entschädigungs- und Ausgleichgesetz war ein Restitutionsgesetz. Hierzu hieß es in einem Papier des Bundesfinanzministeriums: »Ein Meilenstein in der Geschichte der Lösung der offenen Vermögensfragen stellt das Entschädigungs- und Ausgleichsleistungsgesetz dar, das nach zwei Vermittlungsverfahren im Dezember 1994 in Kraft getreten ist. Vorausgegangen waren heftige Auseinandersetzungen inner- und außerhalb des Parlaments, bei denen es um die

Art und die Höhe der Entschädigungs- und Ausgleichsleistungen, um Art und Umfang einer Naturalentschädigungskomponente und um die Frage einer Vermögensabgabe zur Finanzierung des Entschädigungsfonds ging.«[222]

Das Entschädigungs- und Ausgleichsleistungsgesetz ging von der Grundannahme aus, dass das Volkseigentum in der DDR unrechtmäßig erworbenes Eigentum sei und dementsprechend die Restitution der Alteigentümer ein übergeordnet zu behandelndes Thema der »Wiedervereinigung« war. Welche Probleme dieses ausgehandelte Prinzip für Millionen Ostdeutsche bedeutete, fand selbstverständlich keinen Eingang in die Gesetzgebung. Die Forderungen von Enteigneten und Vertriebenen der Bodenreform 1945 bis 1949 sorgten erneut für Millionen Vertriebene und Enteignete und schufen neues Unrecht.

Bereits 1992 berichtete der *Spiegel* unter der Überschrift »Alte Rechte, neues Unrecht« von neuem Unrecht im Namen des alten Rechts, von schweren Fehlern bei der Gestaltung der »Einheit« und von wachsendem Misstrauen in den Rechtsstaat. »Von der Ostseeküste bis zum Erzgebirge summieren sich die Rückgabeansprüche auf über zwei Millionen Anträge. Nur drei von 100 Fällen konnten bislang erledigt werden, und selbst die längst nicht immer zur Zufriedenheit der Beteiligten. Hinzu kommen rund 500 000 ungeklärte Gebietsansprüche des Bundes, der Länder und Gemeinden.«[223]

Das Nachrichtenmagazin befand, nachdem Dutzende von oft absurden Vorgängen erzählt wurden: »Der Versuch, im großen Stil Häuser sowie Grund und Boden an enteignete Eigentümer zurückzugeben, ist auch historisch ziemlich einmalig. Er wird wohl als abschreckendes Beispiel in die Geschichte eingehen. In der Vergangenheit jedenfalls wurden ähnliche Fälle anders angepackt. Als etwa die Bourbonen 1814 wieder den französischen Thron bestiegen, befanden die neuen Herrscher, dass nach so vielen turbulenten Jahren nur durch Entschädigung, keineswegs durch Rückgabe der Gerechtigkeit Genüge getan werden könnte. Damals waren lediglich zehn Jahre Französische Revolution abzuwickeln.«[224]

Nachdem die wirtschaftliche und soziale Union beschlossen war, das Staatsvermögen der DDR beschlagnahmt, die Wirtschaft zerschlagen, die Erwerbstätigen »freigesetzt« und enteignet waren, fehlte vorläufig noch die staatsrechtliche »Einheit«.[225] Diese erfolgte mit dem Beitritt der DDR zum Geltungsbereich des Grundgesetzes der BRD nach Artikel 23 GG und der anschließenden Ratifizierung des Einigungsvertrags (d.i. der zweite Staatsvertrag) mit Gültigkeit vom 3. Oktober 1990. Dieser bestand aus der Präambel, 45 Artikeln und einem klarstellenden Protokoll zu einzelnen Regelungen des Vertrages sowie aus drei Anlagen und der Zusatzvereinbarung vom 18. September 1990. Anlage 1 enthielt besondere Bestimmungen zur Überleitung von Bundesrecht, Anlage 2 besondere Bestimmungen für die Fortgeltung von Recht der DDR und Anlage 3 die gemeinsame Erklärung der beiden Regierungen vom 15. Juni 1990 zur Regelung offener Vermögensfragen. Die Zusatzvereinbarung enthielt u.a. Erklärungen zur Behandlung der »Stasi-Akten«.

In fast allen 45 Artikeln wurde die Überführung, Abwicklung und Löschung von Einrichtungen festgelegt. Zur Enteignung per Einigungsvertrag gehören die Überführungen von Einrichtungen, die der Treuhand oblagen, wie die Industrie, zum Beispiel die Textil-, Maschinenbau-, Elektronik-Elektrotechnik-, Schiffbau- oder Tagebauindustrie sowie die Land- und Forstwirtschaft oder Immobilien in Städten und Gemeinden und anderes mehr. Zur Enteignung per Einigungsvertrag gehörten die Staatsvermögen der DDR, öffentliche Vermögen der DDR, die Sondervermögen der Deutschen Reichsbahn und der Deutschen Post, die von der Bundesregierung beschlagnahmt und in Bundesvermögen umgewidmet wurden.

Zur Entrechtung per Einigungsvertrag gehört die Überleitung von Bundesrecht bei gleichzeitiger Tilgung von DDR-Recht wie dem Zivilschutzgesetz oder der neuen Verfassung der DDR von 1990. Zur Entwertung per Einigungsvertrag gehören einerseits die Verschiebungen der DDR-sozialisierten Ostdeutschen in das Rechtsressort der bundesdeutschen Versicherungs- und Sozialleistungsbestimmungen (Rentengesetz, Sozialämter, Arbeitsämter) sowie die Überführung und Abwicklung bisheriger Einrichtungen der Kultur, der Bildung und Wissenschaft und des Sports wie auch der Einrichtungen des Rundfunks und des Fernsehens.

In verschiedenen Artikeln wurde auf den 8. Mai 1945 rekurriert, so dass davon ausgegangen werden kann, dass die »Wiedervereinigung« und ihre Verträge auf eine Revision der Entwicklungen in der SBZ/DDR zwischen Mai 1945 und Oktober 1990 durch Reorganisation, Privatisierung und Restitution hinausliefen. Das Inkrafttreten der Gesetze der BRD I und ihre Überleitung in das Gebiet der DDR bestätigte einen Anschluss, dem prinzipiell die Nichtanerkennung des DDR-Staates in allen Elementen und die Nichtanerkennung der DDR-Gesellschaft in allen Bereichen vorausging. Die vorsätzliche Desintegration von DDR-sozialisierten Ostdeutschen in Gestaltungspartizipation, Dialog, Erhalt, Teilhabe, Wertschätzung, gesellschaftlicher Gleichstellung, Vermögensausgleich, Würde sowie ihre vertragliche Enteignung, Entrechtung und Entwertung ab 1990 trugen sukzessive zu einem unüberbrückbaren Ost-West-Konflikt in der deutschen Gesellschaft bei.

Er hat sich bis heute spürbar verhärtet.

Die Zwei-plus-Vier-Verhandlungen zwischen der Bundesrepublik, der DDR, Frankreich, der Sowjetunion, Großbritannien und den USA bildeten den außenpolitischen Rahmen der »Wiedervereinigung«. Die Voraussetzung für das völkerrechtliche Inkrafttreten des Einigungsvertrages war der Abschluss des Vertrags über die abschließende Regelung in Bezug auf Deutschland, kurz Zwei-plus-Vier-Vertrag, in dem die vier Mächte auf ihre Vorbehaltsrechte verzichteten.

Beide Vertragsparteien – BRD und DDR – waren sich daher einig, so heißt es, dass die Festlegungen zur Herstellung der »Einheit« Deutschlands unbeschadet der zum Zeitpunkt der Unterzeichnung noch bestehenden alliierten Rechte und Verantwortlichkeiten in Bezug auf Berlin und Deutschland als Ganzes sowie der noch ausstehenden Ergebnisse der Gespräche über die äußeren Aspekte der Herstellung der deutschen »Einheit« getroffen wurden. Der Zeithistoriker der Universität Freiburg Josef Foschepoth bestätigte anlässlich der NSA-Affäre jedoch, dass die Vorbehaltsrechte der USA nach wie vor im deutschen Recht verankert sind. Sie wurden in Noten von dem Besatzungsstatut über das Deutschlandgesetz bis in den Zwei-plus-Vier-Vertrag hineingetragen.

In dem Moment, wo die DDR an die BRD fiel, erloschen lediglich die Vorbehaltsrechte der Sowjetunion in der DDR. Dadurch, dass auf die DDR per Einigungsvertrag das deutsche Grundgesetz und deutsches Bundesrecht übertragen wurde, übernahm sie auch die in deutschem Recht bis heute verankerten alliierten Vorbehaltsrechte der West-Alliierten. Der Zwei-plus-Vier-Vertrag wurde eindeutig nur von einer Seite erfüllt, von der Sowjetunion, deren Nachfolgestaaten bis 1994 mit Truppen und Gerät aus Ostdeutschland abzogen.

In Artikel 10 des Einigungsvertrags wurden die in Artikel 3 genannten Beitrittsgebiete automatisch Mitglieder der Europäischen Gemeinschaft. Mit den drei vorangegangenen Staatsverträgen war das Beitrittsgebiet aus der Kontrolle durch die Sowjetunion herausgelöst und dem Kontrollgebiet der West-Alliierten unterstellt worden. Von den drei anderen Vertragsparteien, den USA, Großbritannien und Frankreich, wurde der Zwei-plus-Vier-Vertrag nicht erfüllt.

Der Zwei-plus-Vier-Vertrag vom 12. September 1990 (Ausfertigungsdatum) galt zwar einer gleichwertigen Aufhebung der Vertragsbündnisse und Vorbehaltsrechte aller vier Besatzungsmächte in Deutschland, es zeigte sich aber, dass dieser Vertrag lediglich ein Verhandlungsgeschäft mit den »Russen« war, damit sie die ostdeutschen Gebiete freigaben.

In dem Moment wurde das Beitrittsgebiet nicht nur Teil der Westzone, also Teil der durch die West-Alliierten aufgrund ihrer Vorbehaltsrechte kontrollierten Gebiete, sondern auch Teil der Europäischen Wirtschaftsgemeinschaft (EWG).

Mit der EG-Recht-Überleitungsverordnung[226] wurde das Beitrittsgebiet aus dem Rat für gegenseitige Wirtschaftshilfe (RGW), der östlichen Wirtschaftsgemeinschaft, herausgelöst und an die Europäische Wirtschaftsgemeinschaft angeschlossen. Das war der letzte Schritt, eine eventuelle wirtschaftliche Selbstständigkeit auf dem einstigen DDR-Gebiet zu verhindern. Nur mit den Partnern im RGW war die DDR wirtschaftsfähig. Die EG-Recht-Überleitungsverordnung war somit die letzte Maßnahme zur Amputation Ostdeutschlands aus seinem vormaligen Verbund- und Partnernetz.

Nach der Lösung der überregionalen Sicherheitsfrage erfolgte nun die Lösung der überregionalen Wirtschaftsfrage. Mit dem EG-Recht-Überleitungsgesetz vom Dezember 1990 war der Staatsvertrag in vier Teilen abgeschlossen. Der vierte und letzte Teil des Staatsvertrags zur »Deutschen Einheit« ist, obwohl er oftmals nicht im Verbund mit den drei vorangegangenen Teilverträgen erwähnt wird, ein bedeutender Teil des Staatsvertrags.

Mit dem EG-Überleitungsvertrag wurde der Anschluss der neuen Bundesländer an die Europäische Union vorbereitet. Am 7. Februar 1992 wurde der Vertrag von Maastricht[227], der Vertrag über die Europäische Union (EUV), unterzeichnet. Die 1957 gegründete Europäische Gemeinschaft (EG) transformierte sich zur Europäischen Union (EU), die als Gemeinschaftsbund die gemeinsame (1) Außen- und Sicherheitspolitik, (2) Finanz- und Wirtschaftspolitik sowie die Zusammenarbeit in den Bereichen (3) Justiz und Inneres zur Aufgabe hatte.

Damit war die NATO-Allianz auf europäischem Boden neu geordnet und besiegelt, aber auch die Voraussetzung für eine geschlossene europäische Währung, den Euro, geschaffen. Diese Entwicklungen standen ganz und gar im Gegensatz zu der ursprünglich geforderten Neutralität eines nach Artikel 146 GG vereinigten und souveränen Deutschland.

Neben der Sicherheitspolitik wurde die »Demokratisierung Europas« zum tragenden Motto des EU-Vertrags. Die Europäische Union von 1992 war somit ein Produkt des Zusammenbruchs des Ostblocks oder des europäischen Sozialismus.

Die »Osterweiterung« der EU erfolgte in vier Schüben, wobei die »stille« Erweiterung um Ostdeutschland meist vergessen wird. 1995 schlossen sich Finnland, Schweden und Österreich an, 2004 traten die baltischen Staaten Estland, Lettland und Litauen bei, Polen, Slowakei, Slowenien, Tschechien und Ungarn sowie Malta und Zypern. 2007 folgten Bulgarien und Rumänien. 2013 kam Kroatien als zweiter Staat des einstigen Jugoslawiens hinzu.

Nach dem Ausscheiden Großbritanniens 2020 zählt die EU 27 Mitgliedsstaaten.

Der fünfte Staatsvertrag

Am 31. August 1991 trat der Staatsvertrag für Rundfunk und Telemedien (Rundfunkstaatsvertrag – RStV) als fünfter Staatsvertrag im Zuge der »Wiedervereinigung« in Kraft. Damit wurde die »Vereinigung« in staatsrechtlicher Hinsicht abgeschlossen. Er schuf die Rechtsgrundlage für den »Zusammenschluss« der Rundfunk- und Telemedien aller Bundesländer einschließlich der neuen.

Als Rundfunk wird »die für die Allgemeinheit bestimmte Veranstaltung und Verbreitung von Darbietungen aller Art in Wort, in Ton und in Bild unter Benutzung elektromagnetischer Schwingungen ohne Verbindungsleitung oder längs oder mittels eines Leiters«[228] definiert. Rundfunk schließt sowohl Radio wie auch TV ein. Das Rundfunkrecht umfasst den ARD-Staatsvertrag, den ZDF-Staatsvertrag, den Rundfunkbeitragsstaatsvertrag, den Rundfunkfinanzierungsstaatsvertrag sowie den Telekommunikationsvertrag und das Telemediengesetz für das Internet. Die 1950 gegründete Arbeitsgemeinschaft der öffentlich-rechtlichen Rundfunkanstalten der Bundesrepublik Deutschland heißt *ARD*. Das Zweite Deutsche Fernsehen *(ZDF)* wurde 1963 als gleichberechtigte zweite öffentlich-rechtliche Rundfunkanstalt der BRD gegründet. 1981 wurde das duale Rundfunksystem etabliert, in welchem privaten Fernsehsendern Senderechte zugestanden wurden. Nach der »Wiedervereinigung« fusionierten die neuen Landesrundfunkanstalten Mitteldeutscher Rundfunk *(MDR)* und Ostdeutscher Rundfunk Brandenburg *(ORB,* später, nach der Fusion mit dem *SFB, RBB)* mit der *ARD*. Die *ARD* betreibt heute neun Landesrundfunkanstalten.

Für die Neubürger und deren Meinungsfreiheit nach Artikel 5 des Grundgesetzes bedeutete der Rundfunkstaatsvertrag eine Unterwerfung unter die öffentlich-rechtliche Meinungsbildung der etablierten Westsender und ihre Policen wie Marktinnovation, Wachstum und Supranationalisierung. Sie sind auf diesem Marktumschlagplatz ein Stimmvolk, dessen Eigeninteressen mit den Fusionen und Staatsverträgen im Rundfunkbereich die Sendegrundlage entzogen wurde. Auch in dieser Rechtsgrundlegung werden bisher besprochene Narrative erkennbar, welche die herkunftsbedingten Unterschiede DDR-sozialisierter Ostdeutscher diskriminierten. So wird den Ostdeutschen immer wieder eine Demokratieunfähigkeit, -unwilligkeit bis hin zur -untauglichkeit vorgeworfen, sobald sie Widerstand bei öffentlicher Rechtsverletzung des Artikel 5 des Grundgesetzes ausüben, was bei medialen Falschdarstellungen offenbar immer wieder der Fall ist.

Mit diesem Narrativ lässt sich am Beispiel des Rundfunkstaatsvertrages problemlos ein veröffentlichtes Klischee nachzeichnen: Einerseits wird die ostdeutsche Teilgesellschaft vom dualen Rundfunksystem-West osmotisiert, andererseits wird eine kollektive Kritik an einer solchen Rundfunkpolitik als demokratieuntauglich entwertet. (Als exemplarisch kann man die Ereignisse in Chemnitz 2018 anführen.[229])

Gerade die elektronischen Medien haben eine Nihilisierung der sozialen Tatbestände in den Neuländern ab 1990 forciert. Die von den öffentlich-rechtlichen Medien verbreiteten Konstruktionen gesellschaftlicher Wirklichkeit[230] konnten vielfach von den Ostdeutschen nicht bestätigt werden. Gleichzeitig wurde die Erhebung einer Rundfunksteuerpflicht auch für sie zur Pflicht. Diese Verpflichtung zur Finanzierung einer Einheitsmeinung, die sie nicht teilen, weil diese nicht ihre Lebenswirklichkeit widerspiegelt und damit auch ihre Grundrechte nach Artikel 5 GG verletzt, hat sukzessive zu einem Verdruss bis hin zu einer öffentlichen Ablehnung der öffentlich-rechtlichen Medien beigetragen. Der Verlust an Glaubwürdigkeit hat Begriffe wie »Lügenpresse« oder »Lügenfernsehen« aufgebracht – es sind kollektiv-hilflose Reaktionen auf viele von Medien verdrehte und verstellte soziale Tatsachen in den Neuländern. Diese Schlagworte wiederum wurden als Ausdruck rechter Gesinnung denunziert, weil die Nazis seit den frühen zwanziger Jahren den Begriff »Lügenpresse« zur Diffamierung verwandten. Das trifft zu – wie im Übrigen das Wort nachweislich schon vor den Faschisten im Umlauf war. 1835 hatte die *Wiener Zeitung* das Plädoyer für die Einschränkung der Pressefreiheit eines Abgeordneten der französischen Deputiertenkammer mit den Worten wiedergegeben: »Nur durch die Unterdrückung der Lügenpresse« könne »der wahren Presse aufgeholfen« werden.[231]

Die Restauration der drei großen Gesetzeserlasse des Deutschen Reiches in den Neuländern

Das Bürgerliche Gesetzbuch (BGB) ist das Regelwerk und die Rechtsgrundlage des Privatrechts in der deutschen kapitalistischen Gesellschaft seit nunmehr 120 Jahren. Nach der Reichsgründung 1871 hatte eine Kommission die Arbeiten an einem ersten Entwurf eines BGB aufgenommen. Es folgten mehrere Entwürfe, bis schließlich am 1. Juni 1896 die Gesetzesvorlage vom Reichstag verabschiedet wurde. Nach der Zustimmung des Bundesrates verkündete Kaiser Wilhelm II. am 24. August 1896 das Bürgerliche Gesetzbuch, welches dann am 1. Januar 1900 in Kraft trat.

Die kaiserlich-deutschen Juristen hatten also bis zum Inkrafttreten mehr als drei Jahre Zeit, sich auf das BGB einzustellen. In der Ex-DDR galt das Bürgerliche Gesetzbuch von einem Tag auf den anderen, ohne dass sich die Juristen wie auch die ostdeutschen Bürger darauf hätten einstellen können. Für die Neubundesbürger war es eine große Umstellung. Die sozialistische Justiz war bürgernah und überschaubar konstruiert, die Sprache verständlich. »Die Bundesrepublik zeichnet sich – im Unterschied zur DDR mit ihrem einfachen und überschaubaren Gerichtsaufbau (Kreisgericht, Bezirksgericht und das Oberste Gericht, wobei diese Gerichte für alle die Bürger betreffenden Angelegenheiten [Zivil-, Familien- und Arbeitsrechtssachen, außerdem Strafsachen] zuständig waren) – durch eine Vielzahl von Rechtswegen aus, weshalb dieser Rechtsstaat nicht nur als ›Gerichtsstaat‹, sondern auch als ›Rechtswegestaat‹ bezeichnet wird«[232], urteilte der Berliner Strafrechtler Erich Buchholz. »Denn das bundesdeutsche Gerichtssystem kennt nicht nur verschiedene Rechtswege, sondern neben der ›sachlichen‹ auch noch die ›örtliche Zuständigkeit‹. Das nicht zu wissen kann im Einzelfall gefährlich werden. Ein falsches Gericht anzugehen ist oft nicht so harmlos wie die Benutzung einer falsche Adresse auf einem Brief.« Die neuen Bundesbürger im Osten machten bei Anrufung des »Rechtsstaats« oft merkwürdige Erfahrungen, wie Buchholz zu berichten wusste: »Wer als DDR-Bürger nach dem 3. Oktober 1990 bei seinem Kreisgericht wie gewohnt unentgeltliche Rechtsauskunft begehrte, wurde schon vom Pförtner (oder von einem dort Dienst tuenden Mitarbeiter) mit dem Satz abgefertigt: ›Rechtsauskünfte gibt es hier nicht mehr. Suchen Sie sich einen Rechtsanwalt!‹«[233]

Das bundesdeutsche Recht ist außerordentlich kompliziert und schwer verständlich. Hinzu kommt, dass verschiedene im juristischen Alltag geläufige juristische Begriffe für die Bürger nicht nur unverständlich, sondern manchmal richtig irreführend sind. So ist beispielsweise vielen der bedeutsame Unterschied zwischen Vorladung und Ladung nicht bewusst. Eine Vorladung durch die Polizei kann man folgenlos ignorieren, eine Ladung durch Gericht keineswegs.

Und nicht nur die Unverständlichkeit der juristischen Sprache machte den Ostdeutschen anfänglich zu schaffen. Auch die Ungewissheit des Ausgangs von Verfahren und die Uneinheitlichkeit der Rechtsprechung trugen zur Verunsicherung bei. »Dabei spielt der föderale Aufbau der BRD und die Eigenheit der Länder eine Rolle. Auch wenn es auf allen wesentlichen Rechtsgebieten Bundesgesetze und nur subsidiär *(d. h. unterstützend – Y. M.)* Landesgesetze gibt, bleibt es ein Faktum, dass die Länder eigene Landes-Justizministerien, eigene Oberlandesgerichte und eigene Generalstaatsanwälte unterhalten, die in dieser oder jener Weise auf die Rechtsprechung in dem jeweiligen Land Einfluss nehmen können. Dieses Bild wird noch dadurch verschärft, dass ›Sachen‹ zunehmend einem Einzelrichter zugewiesen werden, wodurch der subjektiv-individuelle Einfluss auf das justizielle Ergebnis zunimmt.«[234]

Der Strafrechtler Buchholz erklärte diesen Zusammenhang sehr plastisch: »Uneinheitlichkeit und Ungewissheit der Rechtsprechung sind nur eine Reflexion der Ungewissheit und Unsicherheit im gesamten gesellschaftlichen Leben, vornehmlich im Wirtschaftsleben. In einer marktwirtschaftlich organisierten Ökonomie, der eine gesamtvolkswirtschaftliche Planung fremd ist, muss jedes Unternehmen für sich arbeiten, sich von den eigenen Interessen leiten lassen, um für sich selbst, für das eigene Unternehmen Gewinne zu erzielen. Es dominiert ein rein betriebswirtschaftliches Vorgehen nach den Maßstäben,

Interessen und Sichtweisen des eigenen Unternehmens, nicht der Volkswirtschaft. Alle Unternehmen arbeiten – in dieser oder jener Form – gegeneinander, sie müssen sich im Konkurrenzkampf behaupten. Auch bei der Ausbildung von Ökonomen fällt dies auf: In der BRD spielt die Betriebswirtschaftslehre (BWL) eine große Rolle, in der DDR stand die Volkswirtschaftslehre im Vordergrund.«[236]

Das Bürgerliche Gesetzbuch stellt in seinen Grundzügen die Vorstellung von der Freiheit des Willens und der rechtlichen Gleichheit aller am Privatrechtsverkehr teilnehmenden Personen dar. Diese Maxime der Freiheit ist aus der Privatautonomie hergeleitet. Das BGB gilt demnach als »Werkzeug« für die Realisierung der Privatautonomie und gibt einer Person das Rechtsgeschäft in die Hand mit dem Ziel, dass sie ihre Rechtsbeziehungen mit Selbstbestimmung und in Selbstverantwortung ausformen kann. Als »juristische Person« gilt sowohl ein Individuum wie auch ein Unternehmen. Das heißt mit anderen Worten, das BGB protegiert die gewinnbringende Privatwirtschaft.

Da in der DDR kein Privatrecht in diesem Sinne existierte, waren beim Einzug des BGB in den Osten die Akteure aus dem Westen den Ostdeutschen überlegen, da diese weder über nennenswertes Kapital noch Vermögen verfügten. Die Entscheidung, das BGB in den neuen Ländern sofort einzuführen, arbeitete den Investoren und Gesellschaftern unterstützend zu, sodass im Umkehrschluss von einer Entrechtung gesprochen werden muss, da die Mehrheit der einstigen DDR-Bürger keinerlei Voraussetzungen für eine Partizipation in »Freiheit und rechtlicher Gleichheit mitbrachte«.[236]

Der Einzug der Gesetzeskraft und des BGB im Osten war der eigentliche Freiheitsakt oder gar Befreiungsakt vom »Unrechtsstaat«.

Der Rechtswissenschaftler Ernst-Joachim Mestmäcker begründete 1990 die Notwendigkeit und die Rechtmäßigkeit dieses Vorgehens so: »Der planwirtschaftliche Sozialismus zerstört den Rechtsstaat und die Demokratie. In allen planwirtschaftlichen Staaten ist das wirtschaftlich erhebliche Privatrecht abgestorben oder es wurde aufgehoben. Damit entfällt die Grundlage des Rechtsstaats im Verhältnis zum Staat ebenso wie im Verhältnis der Bürger zueinander. Sie entfällt im Verhältnis zum Staat, weil es keine subjektiven Rechte, insbesondere kein Privateigentum an den Produktionsmitteln gibt, die vor staatlichen Eingriffen geschützt sind; sie entfällt im Verhältnis der Bürger zueinander, weil sie sich nur noch als Funktionäre und nicht mehr als selbständig planungsfähige Rechtssubjekte begegnen.«[237] Deshalb sei die DDR ein »Unrechtsstaat« gewesen, in dem die Menschen in Unfreiheit lebten, und die BRD ein freiheitlicher, liberaler und demokratischer Rechtsstaat.

Die »Wiedervereinigung« war nach dieser Lesart eine Wiedergutmachung der gegen das Privateigentum gerichteten Unrechtsmaßnahmen.[238] Mit der Zerschlagung des DDR-Staats in allen Elementen und der Gesellschaft in allen Bereichen hat sich der Westen am Osten für den systembedingten Ausschluss der Privatautonomie revanchiert.

Der Einzug der »Freiheit« im Osten ab 1990 war ein Rollback der antifaschistisch-demokratischen Umwälzung. Sie vollzog sich analog zu einer nachzuholenden Vollstreckung und Liquidation des gesamten sozialistischen Systems, also der »Unfreiheit«, zur Wiederherstellung der BGB-geschützten Privatautonomie. Das nannten die Beteiligten »Wiedervereinigung«. Mit dieser »Wiedervereinigung« auf der Grundlage des BGB des Deutschen Reichs wurden der Zweite Weltkrieg und seine Konsequenzen, in deren Erbe die DDR stand, ungültig gemacht.

Den sogenannten Befreiungsakt der Ostdeutschen vom »Unrechtsstaat« hat der Westen mit sich selbst ausgemacht und durchgespielt. Es nimmt von daher nicht wunder, dass die sozialen Folgen dort kaum interessierten.

Das Strafgesetzbuch (StGB) wurde 1871 in seiner ursprünglichen Fassung beschlossen und trat am 1. Januar 1872 als Strafgesetzbuch für das Deutsche Reich in Kraft. Für die Aufarbeitung des sogenannten »SED-Regimes« gilt also seit 1990 das Reichsstrafrecht der BRD. Der Einzug des Reichsstrafrechts der BRD hatte zum Beispiel zur Folge, dass Delikte und Arten von Delikten, die es in der DDR überhaupt nicht gegeben hatte, seither – und das sogar rückwirkend – verfolgt wurden.

Kriminalisiert wurden beispielsweise SED- und Staatsfunktionäre sowie inoffizielle und hauptamtliche Mitarbeiter des MfS. Unrecht in der DDR hätte durch eine reformierte Strafjustiz in der DDR selbst geahndet werden müssen. Stattdessen wurden jedoch die Paragraphen des StGB der DDR, die für die Verfolgung von Nazi- und Kriegsverbrechen geschaffen worden waren, nunmehr auf Funktionäre der DDR in Anwendung gebracht. Also SED-Täter gleich Nazi-Verbrecher, Nazi-Diktatur gleich DDR-Diktatur.

Da ohnehin zwei Drittel der DDR-Bürger unter dem Generalverdacht standen, Täter oder staatstragende Mitläufer gewesen zu sein, mussten bei Bewerbungen für ein politisches Mandat oder ein öffentliches Amt Fragen nach Herkunft, Tätigkeit und Mitgliedschaft beantwortet werden. Waren die Angaben unvollständig oder erwiesen sich bei Nachprüfung als falsch, erfolgte die Suspendierung bzw. eine Verweigerung des Jobs.

So kritisierte am 7. November 2019 im *ZDF* der Bundesbeauftragte für die Stasi-Unterlagen Roland Jahn die ehemalige Eiskunstläuferin Katarina Witt, weil sie als Olympiasiegerin »ihre Erfolge mit Erich Honecker gefeiert und damit das System gestärkt« habe. Auch die Moderatorin Dunja Hayali war dieser Meinung, weshalb man »das System, den Staat und auch die Menschen, die dieses System getragen haben«, als Unrechtsstaat bezeichnen müsse. Dies auszusprechen sei »ein erster Schritt zur Aussöhnung«. Eine Aussöhnung mit wem? Mit der bundesdeutschen Justiz?

Der Strafrechtler Erich Buchholz mutmaßte in seinem 2011 verlegten Buch »DDR-Strafrecht unterm Bundesadler«: »Offenbar ist es für den bundesdeutschen Gesetzgeber und für die bundesdeutsche Justiz viel schlimmer, für die DDR gewirkt als Verbrechen im Nazi-Staat begangen zu haben.«

Der am Fritz-Bauer-Institut tätige Historiker David Johst äußerte in seinem 2014 erschienenen Aufsatz »Die Entdeckung des Unrechtsstaates«, dass die Debatte ab 1992 »eine Wiederaufnahme der Debatte nach 1945« darstelle.

Für die Gleichsetzung der DDR mit dem Faschismus steht das üble Zitat von Pastor Joachim Gauck, nachdem er Bundesbeauftragter für die Stasi-Unterlagen war und bevor er Bundespräsident (2012–2017) wurde. In einem Interview mit der Neuen Zürcher Zeitung vom 22. Mai 2010 sagte er: »Im Westen währte die braune Diktatur zwölf Jahre, im Osten aber kamen noch 44 rote Jahre dazu.«

Der Grüne Joschka Fischer, damals Umweltminister in Hessen, äußerte seine kritische Sicht auf diese Gleichsetzung von Rot gleich Braun und die Strafverfolgung von DDR-Bürgern, insbesondere der ehemaligen Mitarbeiter des MfS, in einem Gespräch mit dem *Spiegel* 1/1992. »Übertrüge man konsequent die moralischen, rechtlichen und politischen Maßstäbe der Aufarbeitung der Stasi-Vergangenheit in Ostdeutschland auf unser Rechtssystem, so blieb vom Rechtsstaat Deutschland nur ein schauriges Zerrbild.« Er hätte sechs Jahre später, als Mitglied der rot-grünen Regierungskoalition und Vize-Kanzler, gegen diese Verzerrung durchaus aktiv werden können. Derlei ist nicht bekannt.

Die DDR auf dem Vollstreckungs- und Übernahmemarkt

Das Verfahren zur Löschung einer Gesellschaft, also eines Unternehmens, heißt Vollstreckung. Das ist ein Rechtsakt, bei dem mit unterschiedlichen Maßnahmen Recht durchgesetzt wird. Die Bundesrepublik kennt die Zwangsvollstreckung, die Verwaltungsvollstreckung und die Strafvollstreckung.[239]

Mit der totalen Währungsentwertung der DDR-Mark am 1. Juli 1990 wurde das gesamte Produktivvermögen der DDR in den Unternehmensbesitz der Staatsholding Treuhandanstalt verschoben. Diese stand unter der Fachaufsicht des Bundesfinanzministeriums und wurde mit dem Vollstreckungs- und Übernahmeamt betraut. Die Treuhandanstalt wurde also nicht nur Besitzerin und Eigentümerin, sondern auch Liquidatorin des gesamten Produktiveigentums der DDR und faktisch mit der Löschung der Gesellschaft beauftragt.

Nach dem 3. Oktober 1990 rückte das Privatrecht ins Beitrittsgebiet ein. Das heißt, dass Gläubiger, also juristische Personen, kraft kapitalistischem BGB staatlich und behördlich begünstigt wurden, Privatrecht durchzusetzen. Gleichzeitig wurde die DDR als insolvente Gesellschaft aus den privatrechtlichen Verfahren ausgeschlossen. Nur wenigen Führungskräften aus vormals volkseigenen Betrieben war es möglich, etwa in *Management-Buy-in-Verfahren* das Unternehmen oder Teile davon zu erwerben, um es für die Belegschaften zu retten. Die Mehrheit der Betriebe wurde jedoch in *Management-Buy-out-Verfahren* an betriebsfremde, vornehmlich westdeutsche Manager verkauft. Bei nicht wenigen dieser Erwerber überwog das Profitinteresse, sie trieb kaum der Wunsch zur Sanierung und Fortführung des Unternehmens.

Es war ein leichtes Spiel, gegen das gesamte Land aufgrund seiner Rechts- und Schutzlosigkeit im Handumdrehen zu vollstrecken. Die Gesetzgebung des Kernstaates BRD (öffentliches Recht) ging Hand in Hand mit den Privatisierungsinteressen. Treuhandgesetz, Vermögensgesetz, Investitionsvorranggesetz und das Registerverfahrensbeschleunigungsgesetz sorgten dafür, Eigentum »rechtmäßig zurückzuführen« bzw. »geordnete Eigentumsverhältnisse wiederherzustellen«. Hinzu kamen Privatrechte, verbürgt im BGB, wie die Insolvenzordnung, das Insolvenzrecht[240], das Zivilprozessrecht[241] oder das Liquidationsrecht.

Die DDR und die Mehrheit ihrer Bevölkerung befanden sich von einem Tag auf den anderen auf dem Vollstreckungs- und Übernahmemarkt, einer Art Sklavenmarkt des modernen Investments. Dieses Thema ist bis heute nicht aufgearbeitet.

Allein die Tatsache, dass rund 250 Kilometer Treuhandakten 111 Kilometer Schriftgut des MfS gegenüberstehen, spricht Bände.

In der politischen Bildung und in der Medienarbeit stellte die BRD dadurch eine »dritte Schuld« her, die ich in der von der Bundesregierung gedeckten Vollstreckungswillkür der Treuhandanstalt sehe. Nach der »ersten Schuld« (die Mitwirkung der Deutschen an den Nazi- und Kriegsverbrechen) und der »zweiten Schuld« (»Jede zweite Schuld setzt eine erste voraus – hier: die Schuld der Deutschen unter Hitler. Die zweite Schuld: die Verdrängung und Verleugnung der ersten nach 1945.«[242]), nun also die »dritte Schuld«: die staatlich gedeckte exekutive Gewalt im Beitrittsgebiet mit all ihren sozialen Folgen.

Ich widerspreche entschieden der These, dass der Sozialismus sowjetischer Prägung die ostdeutsche Wirtschaft ruiniert und damit allein sich selbst vernichtet habe. Die gewaltsame Anpassung einer regionalen und komplementär strukturierten Wirtschaftszone durch eine bewusst inszenierte Inflation, Vollstreckung und Übernahme führte zu ihrer Implosion.

Die Behauptung von der Wettbewerbssicherung, welche mit der wirtschaftlichen Liquidierung des Ostens hergestellt werde sollte, ist nicht haltbar, denn sie euphemisiert die Vernichtung von Alternativen. Diese Rede wird vornehmlich von den Liquidatoren selbst gehalten, die ab 1990 in ihr Amt im Osten berufen und von der Bundesregierung protegiert wurden[243].

Ebenso ist die Rede von der Erblast aus vierzig Jahren Plan- und Misswirtschaft[244] zurückzuweisen, die eine Übernahme legitimieren sollte. Die Erblast der DDR hatte beispielsweise darin bestanden, etwa 98 Prozent der Reparationen infolge des nicht von ihr verursachten und geführten Krieges zahlen zu müssen, weil Westdeutschland sich dieser in Potsdam im Sommer 1945 von den Siegermächten diktierten Verpflichtung alsbald entzog. Allein die Demontagen – 668 Betriebe in den Westzonen, mehr als 3000 in der SBZ – sorgten dafür, dass etwa ein Drittel der industriellen Produktionskapazität im Osten abgebaut wurde. »Sie wirkten damit viel einschneidender als die unmittelbaren Kriegszerstörungen«, räumte die Konrad-Adenauer-Stiftung ein. »Für einen wirtschaftlichen Wettlauf mit der Bundesrepublik fehlten der DDR somit von vornherein die Voraussetzungen.«[245]

Privatisierung vor Sanierung

Die Umkehrung der ursprünglichen Treuhand-Maxime »Sanieren vor Privatisieren« eröffnete Abenteurern wie Kriminellen ungeahnte Felder. In dem Moment, wo ein Betriebs- oder Kombinatsobjekt privatisiert, d.h. von einem Investor privat erworben wurde, konnte ein Insolvenzverfahren eröffnet werden. Die Insolvenz verpflichtete den Investor gegenüber dem Unternehmen und den Belegschaften zu nichts. Sie führte lediglich zur Vollstreckung, die »Schulden« blieben beim Verkäufer – der Treuhand. Kaufen, vollstrecken, löschen: In dieser Reihenfolge machten sogenannte Investoren Bombengeschäfte und hinterließen sowohl am industriellen Grundstock als auch in Belegschaften materielle und soziale Schäden mit Folgen, die bis heute nachwirken. »Die Arbeitsverhältnisse gehen zwar weiterhin auf den Erwerber des Betriebs über, allerdings haftet dieser den Arbeitnehmern nicht für Ansprüche, die vor der Eröffnung des Insolvenzverfahrens entstanden sind. Der Insolvenzverwalter kann zudem mit den insolvenzrechtlichen Instrumentarien erheblich einfacher Personal abbauen, wenn dies zur Sanierung erforderlich ist. Wird die Firma durch den Käufer fortgeführt, gilt die gesetzliche Haftung für Altverbindlichkeiten nach der Rechtsprechung nicht. Die Haftung für rückständige Steuern des insolventen Unternehmens ist dann gesetzlich ausgeschlossen.«[246]

Noch vor der Währungsunion hatte Michael Geuenich, Mitglied des DGB-Bundesvorstandes, einen sorgsamen Umgang mit dem Produktivkapital in der DDR angemahnt und nahezu beschwörend im *Handelsblatt* am 19. Juni 1990 erklärt: »Es wäre fatal, wenn in der DDR ein ungeordneter und übertrieben ideologisch gesteuerter Privatisierungsprozess in Gang käme, von dem 80 v. H. der Arbeitsplätze betroffen wären.«

Als Rainer Maria Gohlke nach nur sieben Wochen Amtszeit wegen tiefgehender Meinungsverschiedenheiten mit der Bundesregierung im August 1990 als erster Präsident der Treuhandanstalt zurücktrat, gab er eine Erklärung ab, die aus vielerlei Gründen jahrelang vor der Öffentlichkeit geheimgehalten wurde. Ihr erster Punkt lautete: »Es gibt für mich keinen Zweifel, dass die Sanierung der DDR-Wirtschaft eine der größten Herausforderungen ist. Ich bleibe bei meiner optimistischen Auffassung, dass diese Wirtschaft aufgrund ihrer Ressourcen, insbesondere bei den vorhandenen Ingenieur- und Technikerkapazitäten, eine große Chance hat. Die immer wiederholte Auffassung, dass das nationale und internationale Interesse, sich an DDR-Firmen zu beteiligen, sie zu übernehmen oder in sie zu investieren, gering ist, teile ich nicht. Es wird Aufgabe der Treuhandanstalt sein, die Kontakte mit den vielen Interessenten und die abschlussreifen Verträge so zu kanalisieren, dass dies gesamtwirtschaftlich zum Vorteil gereicht und kein allgemeiner Ausverkauf erfolgt.«[247]

Das Gegenteil geschah. Die Volkswirtschaft eines ganzen Landes wurde privatisiert, überstürzt, nahezu fiebrig, so, als fürchtete man, dass die Russen oder die Kommunisten vor Abschluss der Wiederherstellung des Kapitalismus in Ostdeutschland wiederkehren und die Entwicklung stoppen könnten.

Im Jahr 1998 schätzte ein Untersuchungsausschuss des Bundestages den Schaden, der durch Veruntreuung, Betrug und andere kriminelle Handlungen im Zusammenhang mit der Privatisierung der DDR-Volkswirtschaft verursacht worden war, auf drei bis zehn Milliarden DM.

Ab 1993 häuften sich in den Medien Meldungen und Berichte über Betrugsfälle und Skandale. »Binnen kürzester Frist flogen damals zahlreiche betrügerische Investoren auf, die aufgekaufte Unternehmen im großen Stil ausgeplündert hatten. Zum Teil arbeiteten diese sogenannten Geschäftsleute mit den Treuhand-Privatisierern Hand in Hand. Dem Ansehen der Treuhand schadeten die Betrugsfälle erheblich.«[248] Bis heute ist das kriminelle Ausmaß des Treuhand-Handels nicht aufgearbeitet, da die Treuhand-Akten bis zum Jahr 2020 unter Verschluss sind. Die Unterlagen sollen öffentlichen Stellen des Bundes »spätestens dreißig Jahre nach ihrer Entstehung dem Bundesarchiv angeboten werden«.[249]

Derzeit liegen die Akten der Treuhand als Archivgut des Bundes bei einem Dienstleister im brandenburgischen Großbeeren: 250 000 laufende Meter, eine Papier-Menge, die 500 Lastkraftwagen füllte. Seit 2017 gibt es mehrere Forschungsprojekte zur Privatisierungsbehörde Treuhand. Diese nannte der ehemalige Vizepräsident der DDR-Staatsbank und spätere Deutschbanker Edgar Most (1940–2015) »eine einzige Schweinerei«[250].

Als Gründe für das Chaos wurden fehlende Organisationsstrukturen und Kontrollmechanismen angegeben sowie fehlendes Personal und mangelnde Kompetenz. Ende 1993 zählte die Treuhand 4839 Mitarbeiterinnen und Mitarbeiter, darunter führende Vertreter der Konzerne, Banken und Versicherungen. Die 100 Treuhanddirektoren gehörten zur Elite der bundesdeutschen Wirtschaft – kein einziger stammte aus Ostdeutschland.

Der Treuhandpräsident Detlev Karsten Rohwedder war zuvor Vorstandsvorsitzender der Hoesch AG und die ihm 1991 im Amt nachfolgende Birgit Breuel Aufsichtsrat der Preußen Elektra AG. Zum Vorstand der Treuhandanstalt gehörten Hans Krämer, Vorstandsvorsitzender der STEAG AG, Essen, Alexander Koch, Vorstandsmitglied der Vereinigten Haftpflichtversicherung V. a. G., Hero Brahms, Finanzvorstand der Hoesch AG, Klaus Schucht, Vorstandssprecher der Ruhrkohle Westfalen AG.

Ihre Partner in den zerschlagenen DDR-Kombinaten waren aus dem Westen entsandte Aufsichtsratsvorsitzende: im Stahl- und Walzwerk Brandenburg – Hans-Joachim Gottscholl, Inhaber der Gottscholl Aluminium GmbH, Präsident des Arbeitgeberverbandes Gesamtmetall; in der Halleschen Mitteldeutschen Bau AG – Günter Herion, Mitinhaber eines Bauunternehmens und Vizepräsident des Bundesverbandes der Deutschen Bauindustrie; im Eisen- und Hüttenwerk Thale – Ernst Albrecht, ehemaliger CDU-Ministerpräsident von Niedersachsen; in den Mitteldeutschen Braunkohlewerken – Klaus Murmann, Präsident der Bundesvereinigung der Deutschen Arbeitgeberverbände, um nur einige zu nennen. Der am 13. Januar 1991 vom Amt des Ministerpräsidenten Baden-Württembergs zurückgetretene Lothar Späth wurde im Juni 1991 Geschäftsführer des Rechtsnachfolgers des VEB Carl Zeiss Jena, der Jenoptik GmbH.

Die Creme de la Creme des deutschen Kapitals hatte das Geschäft der Liquidierung des Volkseigentums in der Industrie und seiner Verwertung in die eigenen Hände genommen.

Großgrundbesitzer und ihre Interessenvertreter in Politik und Wirtschaft wollten ihnen bei der Rückgewinnung der der Treuhand unterstellten riesigen Agrarflächen und Waldbestände nicht nachstehen. Nur wenige Tage nach der »Wiedervereinigung«, am 16. Oktober 1990, schrieb Bayerns Ministerpräsident Max Streibl (CSU) an den »sehr geehrten Bundesfinanzminister« und »lieben Theo« und forderte von Waigel (CSU), der Tatsache Rechnung zu tragen, »dass das Eigentum eine Grundfeste unseres Rechtsstaates und der sozialen Marktwirtschaft ist«. Unmissverständlich erklärte Streibl (1932–1998): »Ein großer Teil des bis 1949 enteigneten Vermögens unterliegt dem Zugriff der Treuhandanstalt nach Artikel 25 des Einigungsvertrages. Die Aufsicht über diese Treuhandanstalt obliegt seit 3. Oktober 1990 Dir in Deiner Funktion als Bundesminister der Finanzen. Ich bitte Dich sicherzustellen, dass die in den Jahren 1945 bis 1949 Enteigneten durch Zwischenverfügungen und Verpachtungen keinen Schaden erleiden und nicht vor vollendete Tatsachen gestellt werden.«[251]

Am 13. Mai 1993 konnte einer von Waigels Stellvertretern, der Parlamentarische Staatssekretär im Bundesfinanzministerium Jürgen Echternach, bei der Begründung des sogenannten Entschädigungs- und Ausgleichleistungsgesetzes vor dem Bundestag Vollzug melden: »Für die Opfer der Bodenreform hat die Bundesregierung außerhalb der formalen Gesetzesebene die Möglichkeit eines Rückerwerbes im Rahmen des Landerwerbs- und Siedlungsprogrammes geschaffen. Soweit der enteignete Boden noch für den Bund verfügbar ist, erhalten damit die Opfer der Bodenreform eine Chance, wieder in der angestammten Heimat als Landwirte tätig zu werden und das zu besonders günstigen Bedingungen. Wir brauchen ihren Einsatz und ihren Idealismus für den Wiederaufbau.«[252]

Und ganz nebenbei hatte damit die Bundesregierung ein Arbeitsbeschaffungsprogramm für Juristen aufgelegt. »In der Tat hat sich das Problem der Rückabwicklung des sozialistischen Volkseigentums vor allem in ein gigantisches Beschäftigungsprogramm für die deutsche Anwaltschaft verwandelt«, schrieb der Rechtswissenschaftler Filippo Ranieri 1999. »Man rechnet, dass seit 1990 etwa eine Million Antragsteller in den neuen Bundesländern 2,29 Millionen Ansprüche auf Rückgabe von Immobilien, Grundstücken und sonstigen Vermögenswerten eingereicht haben. Mitte des Jahres 1995 waren nur etwa 1,3 Millionen dieser Anträge bearbeitet. Zur selben Zeit waren von ca. 50000 Widersprüchen gegen Entscheidungen der Vermögensämter nur knapp die Hälfte, etwa 20000, überhaupt entschieden. Hunderte von Klagen waren bereits bei den ostdeutschen Verwaltungsgerichten anhängig gemacht worden. Am 21. April 1997 meldete die *Frankfurter Allgemeine Zeitung,* dass die Vermögensämter nunmehr damit rechnen, dass die Rückgabe enteigneter Immobilien in Ostdeutschland sich um mehr als ein Jahrzehnt in die nächste Generation verzögern wird.«[253]

Zur Unterstützung der Treuhand wurde im Frühjahr 1991 beim Vorstand eine »Stabsstelle für besondere Aufgaben« eingerichtet, die mit den Strafverfolgungsbehörden zusammenarbeiten sollte. Die Stabsstelle war zunächst mit nur einem Volljuristen und drei Kriminalbeamten besetzt, so dass zahlreiche »Vorgänge« liegenblieben. Sie wurde zunächst nur in Fällen von besonderer Schadenshöhe oder von persönlicher Bereicherung aktiv.[254]

Von Februar 1991 bis September 1993 ging die Stabsstelle in über 1400 Fällen dem Vorwurf strafrechtlich relevanten Verhaltens nach. In diesem Zeitraum wurden 586 Ermittlungsverfahren der staatlichen Strafverfolgungsbehörden registriert, 188 davon wurden aufgrund von Strafanzeigen der Treuhandanstalt eingeleitet.

Von diesen 586 Ermittlungsverfahren betrafen 292 Verfahren Privatisierungsvorgänge. 56 dieser Ermittlungsverfahren wurden eingestellt, in 64 Fällen liegen Urteile vor, und in sieben weiteren Fällen wurde Anklage erhoben.

Diese Zahlen gab die Bundesregierung im Januar 1994 in Beantwortung einer Kleinen Anfrage zur Privatisierungskriminalität der Treuhand heraus. Die Fragen hatte der

Bundestagsabgeordnete Fritz Schumann und die Gruppe der PDS/Linke Liste gestellt.[255]

Bis Ende 1996 wurde gegen 180 Personen Strafanzeige wegen Veruntreuung gestellt, sechs wurden verurteilt. Zwischen 1991 und 1994 wurden 1801 Fälle von Wirtschaftskriminalität im Bereich der Treuhand und 357 Aushöhlungsverfahren registriert.[256]

Neben dem eindeutig kriminellen Bereich der Aushöhlung, des Betrugs und der Bilanzfälschung gab es noch eine Grauzone, in der von der Treuhand beauftragte Unternehmensberater, Liquidatoren, Anwälte und Wirtschaftsprüfer die Ahnungslosigkeit ihrer Opfer oder die Kooperationsbereitschaft großzügiger Treuhänder ausnutzten und überzogene Honorare kassierten oder für die Treuhandanstalt oder deren Betriebe nachteilige Entscheidungen trafen.[257]

Die Betrugsfälle bei der Tätigkeit der Treuhandanstalt waren Gegenstand mehrerer Untersuchungsausschüsse des Deutschen Bundestages und betroffener Bundesländer.

Die Ostdeutschen lief völlig blind und naiv dem Westen in die Arme und waren für den Übernahmemarkt »ein gefundenes Fressen«, was zum Aufschwung West führte – statt zum versprochenen »Aufschwung Ost«.

Entschädigt wurde bis heute kein einziger Ostdeutscher, der durch die Liquidationen der Treuhandanstalt »freigesetzt«, entkoppelt, entwertet, enteignet oder verdrängt wurde.

Übersicht der von der Treuhand AG liquidierten volkseigenen Betriebe und Produktionsgenossenschaften des Handwerks

Darstellungen der Kombinats- und Betriebslandschaft der DDR sowie ihre Standorte und Belegschaften in Form von Listen oder Register sind in der Literatur kaum verfügbar. Das Forschungsfeld der Planwirtschaft in der DDR steht – im Gegensatz zur Proliferation der Marktwirtschaftsforschung in der BRD und im Westen überhaupt – immer noch am Anfang. Die nachfolgende Übersicht der volkseigenen Betriebe in der DDR besteht in ihrem Kern aus einer Liste des Wirtschaftshistorikers Martin Schramme, der diese aus diversen Quellen zusammengetragen hat.[258] Die Liste wurde revidiert und überarbeitet. Dabei konnte Zugang zu weiteren Quellen[259] gewonnen und die bereits vorhandenen Daten miteinander verglichen, berichtigt und erweitert werden. Im Zuge der Privatisierung der Kombinate und VEB durch die Treuhand AG wurden diese in ihrer Komplexität und in ihren planwirtschaftlichen Funktionen, die mit dem städtebaulichen und kulturpolitischen Charakter eng verknüpft waren, zerschlagen. Dieser Prozess der Parzellierung und Filetierung von Industriekomplexen und Regionen hat zunächst an die 14 000 Verkaufsobjekte (GmbH) hervorgebracht, die fast alle Opfer eines durch die Treuhand AG eingeleiteten Insolvenzverfahrens wurden und in Konkurs gingen. Nur in einigen wenigen Fällen wurden sie übernommen. In der Liste sind die VEB und auch die kurz nach der »Wende« parzellierten und zur GmbH umgewandelten VEB integriert. Ihre Existenz war nur von kurzer Dauer.

A

- VVB Altrohstoffe, Berlin, Thulestraße 7
- Anton Uhlmann KG Metallwaren- und Bürobedarffabrik Olbernhau/SA. (Rollen-Löscher)
- VE Außenhandelsbetrieb Industrieanlagen-Import, Berlin, Mauerstraße 83/84
- AHB Nahrung, Export-Import, Berlin
- VEB Acosta Elektromechanik, Thal, Bahnhofstraße 7 (Thüringen, acosta)
- VEB Aerosol-Automat Karl-Marx-Stadt, Altendorfer Straße 34
- agena Außenhandels-Vertretungen GmbH, Berlin, Hufelandstraße 32
- VEB »Agraria« Dresden, Kesselsdorfer Straße 116 (VEB Pharmazeutisches Kombinat)
- VEB AKTUELL Kleinlederwaren Leipzig, Klostergasse 5
- VEB Albis Magdeburg, Kieler Straße 5 (Schleifmittel)
- VEB Alpha Chemische Fabrik, Freital, Hüttenstraße 14
- VEB Altenburger Likörfabrik, Am Anger 1/2

- Altenburger Spielkartenfabrik (Polygraphische Industrie)
- VEB Altstoffhandel Gera
- VEB Alu, Potsdam-Babelsberg
- VEB Aluform Markersbach
- VEB Aluminium-Folie Merseburg (VEB Alufolie Merseburg), August-Bebel-Straße 1 (VEB Mansfeld Kombinat Wilhelm Pieck)
- VEB Aluminiumwarenfabrik Fischbach (VEB Kombinat Haushaltsgeräte Karl-Marx-Stadt)
- VEB Aluminiumwerk »Albert Zimmermann«, Lauta (VEB Mansfeld Kombinat Wilhelm Pieck)
- VEB alwo Altenburger Wollspinnerei (VEB Kombinat Wolle und Seide)
- VEB Angelgeräte Leipzig, Magdeburger Straße 4/6
- VEB Anglerbedarf Großkorbetha, Kaynaer Straße 13
- VEB Anhängerbau Arnstadt, Ichtershäuser Straße 2
- VEB Farb-Chemie Quedlinburg, Leninstraße 12 (heute Harzweg 12)
- VEB Anker-Mechanik Eisfeld
- VEB Ankerwerk Rudolstadt
- VEB Annaberger Flittererzeugnisse, Annaberg-Buchholz, Untere Badergasse 4
- VEB Annaberger Wäschewerk
- VEB Antennenwerke Bad Blankenburg (VEB Kombinat Rundfunk und Fernsehen)
- VEB APAG Aluminium-Präzisions-Armaturen-Guß, Potsdam-Babelsberg, Friesenstraße 1/3
- VEB Apart Apolda (VEB Kombinat Trikotagen Karl-Marx-Stadt)
- VEB Apogepha Dresden, Otto-Galle-Straße 27 (VEB Pharmazeutisches Kombinat)
- VEB Apoldaer Lederwarenfabrik, Bukarester Straße 13 (VEB Kombinat Lederwaren Schwerin)
- VEB Apoldaer Lederwarenfabrik, Werk II Pößneck, Hohe Straße 64 (VEB Kombinat Lederwaren Schwerin)
- VEB Apollowerk Gößnitz (VEB Kombinat Pumpen und Verdichter)
- VEB Apparate und Transportgeräte Ebersbach, Bautzener Straße 55 (ATG)
- VEB Apparate- und Chemieanlagenbau Reinsdorf (ACA, VEB Chemieanlagenbaukombinat Leipzig-Grimma)
- ARCASSO Sondermaschinen und Anlagen Dresden
- VEB Arnstädter Handschuhfabrik, Rosenstraße 19/23
- VEB AROMATIC Geschmackstoffe, Leipzig, Schreberstraße 6 (u. a. Limonadengrundstoffe)
- Aropharmwerk-Werk Riesa (VEB Arzneimittelwerk Dresden, VVB Pharmazeutische Industrie)

- VEB Arzneimittelwerk Dresden, Wilhelm-Pieck-Straße 35 (VEB Pharmazeutisches Kombinat)
- VEB Ysat Wernigerode (VEB Arzneimittelwerk Dresden)
- VEB Ascobloc-Anlagenbau Dresden, Förstereistraße 40 (VEB Kombinat NAGEMA)
- VEB Aseptur, Markneukirchen, Krumme Straße 10 (VEB Kombinat Technische Textilien)
- VEB Asglatex Ohorn, Röderstraße 15
- VEB »As« Lederwaren Magdeburg, Gerhart-Hauptmann-Straße 3 und 5
- VEB Astar Sport Dresden, Koschwitzer Straße 11
- VEB Auer Besteck- und Silberwarenwerke, Aue (VEB Kombinat Haushaltgeräte Karl-Marx-Stadt)
- VEB Auer Werkzeuge, Aue, Ernst-Thämann-Straße 64 (VEB Kombinat Umformtechnik »Herbert Warnke« Erfurt)
- VEB Auerbacher Lederwaren, Karl-Marx-Straße 67
- VEB Aufbereitung tierischer Rohstoffe Halle, Halle Saale, Reideburger Straße 1+3 (VE Kombinat Aufbereitung tierischer Rohstoffe und Pelztierproduktion)
- VEB Aufzugswerk Leipzig, Rosenowstraße 22
- VEB Augenkosmetik, Dresden, Fröbelstraße 51
- August-Bebel-Hütte Helbra
- VEB August-Bebel-Werk Zella-Mehlis, Bahnhofstraße 66 (VEB Werkzeugkombinat Schmalkalden)
- VEB Autobahnbaukombinat (ABK), Magdeburg, Agnetenstraße 14 (Kombinatsleitung)
- VEB Autogenwerk Kaltennordheim (VEB Kombinat Feinmechanische Werke Halle)
- VEB Automatik Walldorf (Betrieb des Kombinats VEB Keramische Werke Hermsdorf)
- VEB Automobilwerk Eisenach, Friedrich-Naumann-Straße (VEB IFA-Kombinat Personenkraftwagen)

B

- VEB Bäckereimaschinenbau Halle, Halle Saale (VEB Kombinat Fortschritt Landmaschinen)
- VEB Backmehlwerk Halle (Kathi)
- VEB Backwarenkombinat Halle, Halle-Neustadt, Gewerbegebiet
- VEB Bagger-, Bugsier- und Bergungsreederei, Rostock, Am Strande
- VEB Bandstahlkombinat »Hermann Matern«, Eisenhüttenstadt
- VEB Kombinat Haushaltgeräte Karl-Marx-Stadt
- VEB Bandtex Pulsnitz, Pulsnitz, Kamenzer Straße 19 (u.a. Gummibänder, Hosenträger, Strumpfhalter, Büstenhalterverschlüsse)

- VEB Bantex Pulsnitz Werk 2 Oberlichtenau, Thälmannstraße 66
- VEB Bärensiegel Berlin, Berlin-Lichtenberg, Josef-Orlopp-Straße 82
- VEB BARKAS-Werke, Karl-Marx-Stadt, Kauffahrtei 31 (VEB IFA-Kombinat Personenkraftwagen)
- VEB Bast- und Dekorationsartikel, Schlettau, Ernst-Thälmann-Straße 147b
- VEB Baumaschinen- und Ersatzteilhandel, Cossebaude bei Dresden, Breitscheidstraße 43 (BEH)
- VEB Baumechanisierung Dresden
- VEB Baumechanisierung Welzow, Spremberger Straße 70 (VEB Kombinat Baukema)
- VEB Baumschmuck Steinheid, Abteilung Schmuckwaren Lichte, Lichte
- VEB Kombinat Baumwolle, Karl-Marx-Stadt
- VEB Baumwollspinnerei und Trikotagenwerke Werdau
- VEB Baustoffmaschinen Halle, Straße der DSF 71–75 (VEB Kombinat Baukema)
- VEB Baustoffmaschinen Ludwigslust, Grandweg 8 (VEB Kombinat Baukema)
- VEB Baustoffmaschinen Magdeburg, Nachtweide 96/98 (VEB Kombinat Baukema)
- VEB Bau-Union Potsdam
- VEB Bauvibriermaschinen, Radeberg, Dresdener Straße 65 (VEB Kombinat Baukema)
- VEB Behälter- und Maschinenbau, Mittweida, Altenburger Straße 1a (VEB Kombinat Nagema)
- VEB Bekleidungs- und Handschuhfabrik Arnstadt, Pfarrhof 1
- VEB Bekleidungsfabriken Geyer, Geyer
- VEB Bekleidungskombinat Erfurt, Anger 33 (Modische Damen- und Mädchenoberbekleidung | Herzmädelbekleidung)
- VEB Bekleidungswerk Tanna
- VEB Bekleidungswerk Zwickau, Ernst-Grube-Straße 20/24 (Eldamo | modische Damenkostüme, Hosenanzüge, Röcke, Jacken)
- VEB Bekleidungswerke, Falkenstein, Friedrich-Engels-Straße 22
- VEB Bekleidungswerke HERKO, Sonneberg, Untere Marktstraße 23
- VEB Bekleidungswerke Seifhennersdorf, Nordstraße 40
- VEB Belca-Werk Dresden (vormals Balda-Werk)
- VEB Beleuchtungsglaskombinat, Görlitz, Zittauer Straße 19/23
- VEB »Bella« Schuhfabrik, Groitzsch, Alwin-Schmidt-Straße 20 (Betriebsteile Pegau, Schmölln, Altenburg und Leipzig)
- VEB BEMEFA, Karl-Marx-Stadt, Annaberger Straße 282a Bergbau-Handel, Gesellschaft für Ausfuhr und Einfuhr von Bergbauerzeugnissen mbH, Berlin, Otto-Nuschke-Straße 55

- VEB Bergbau- und Hüttenkombinat »Albert Funk«, Freiberg, Straße des Friedens 8
- Berger & Wirth Farbenfabriken Leipzig, Leipzig-Schönefeld, Waldbaurstraße 2 (einst auch Frey & Sening, Buchdruckfarben-Fabrikation)
- VEB Bergmann-Borsig Görlitzer Maschinenfabrik, Werk Berlin, Berlin-Wilhelmsruh (Betrieb des VEB Kombinat Kraftwerksanlagenbau)
- VEB Bergmann-Borsig Görlitzer Maschinenfabrik, Werk Görlitz (Betrieb des VEB Kombinat Kraftwerksanlagenbau)
- VEB Berlin-Chemie, Berlin Adlershof, Glienicker Weg 125 (VEB Pharmazeutisches Kombinat)
- VEB Berlin-Chemie, Betriebsteil Rheinsberg, Berliner Straße 50
- VEB Berlin Kosmetik, Anklamer Straße 38 (VEB Chemisches Kombinat Miltitz, produzierte unter anderem Florena)
- VEB Berliner Akkumulatoren und Elementefabrik, Wilhelminenhofstraße 68/69 (Betrieb des Kombinates VEB Fahrzeugelektrik Ruhla)
- VEB Berliner Bremsenwerk, Berlin-Lichtenberg, Hirschberger Straße 4
- VEB Berliner Damenmoden, Bedamo Berlin, Grünberger Straße 54 (Betrieb des Kombinates VEB Fahrzeugelektrik Ruhla)
- VEB Berliner Bremsenwerk, Berlin-Lichtenberg, Hirschberger Straße 4
- VEB Berliner Damenmoden, Bedamo Berlin, Grünberger Straße 54 (VEB Kombinat Oberbekleidung Berlin)
- VEB Berliner Glühlampenwerk, Berlin, Ehrenberger Straße 11/14
- VEB Berliner Kieselgutwerk, Romain-Rolland-Straße (VEB Kombinat Technisches Glas Ilmenau)
- VEB Berliner Metallhütten- und Halbzeugwerke, Berlin-Niederschöneweide, Schnellerstraße 131/134 (VEB Mansfeld Kombinat »Wilhelm Pieck«)
- VEB Berliner Reifenwerk, Berlin-Schmöckwitz
- VEB Berliner Schleifmittel, Berlin, Klement-Gottwald-Allee 262/270
- VEB Berliner TT-Bahnen, Berlin, Storkower Straße 152/156 (VVB Spielwaren)
- VEB Berliner Vergaser- und Filterwerke, Berlin, Frankfurter Allee 71 (VEB IFA-Kombinat für Nutzkraftwagen)
- VEB Werkzeugmaschinenkombinat 7. Oktober Berlin, Berlin-Mahrzahn
- VEB »Bernia«-Schuhfabrik, Bernburg, Hallesche Landstraße 105a
- VEB Besenkombinat Halle (Etama)
- VEB Betonfensterwerk Dresden, Johann-Meyer-Straße 13
- VEB Betonleichtbaukombinat, Dresden, Semperstraße 2
- VEB Betonwerke Dresden, Cossebaude, Dresdner Straße 40/42 (VEB Betonleichtbaukombinat)
- VEB BHK »Albert Funk« Freiberg (BHK = Bergbau- und Hüttenkombinat)
- VEB Bibliografisches Institut Leipzig

- VEB Biggi Waltershausen
- VEB Bijou, Gotha, Lindenauallee 2 (Bijouterie-Erzeugnisse)
- VEB Bild und Souvenir, Neugersdorf, Breitscheidstraße 17 (Betrieb für Kunstgewerbe mit geschützter Werkstatt)
- VEB Bilder und Rahmen, Crimmitschau, Leipziger Straße 44/46
- VEB Binnenfischerei Gotha
- VEB Binnenhäfen Mittelelbe Magdeburg
- VEB Blechbearbeitung Babelsberg, Potsdam-Babelsberg, Friedrich-Engels-Straße 55
- VEB Blechbearbeitungsmaschinenwerk Aue, Straße der Befreiung 63/65 (VEB Kombinat Umformtechnik »Herbert Warnke«, Erfurt)
- VEB Blechbearbeitungsmaschinenwerk Gotha, Mühlhäuser Straße 3 (VEB Kombinat Umformtechnik »Herbert Warnke«, Erfurt)
- VEB Blechblas- und Signal-Instrumenten-Fabrik, Markneukirchen, Rudolf-Breitscheid-Straße 11 (Marken: Meister Hans Hoyer, B&S und Weltklang)
- VEB Blechdruck Leipzig, Markranstädter Straße 3
- VEB Blechwalzwerk Olbernhau, Olbernhau-Grünthal (VEB Bandstahlkombinat Hermann Matern)
- VEB Bleikristall, Arnstadt, Am altem Gericht
- VEB Blütenweiß Wäscherei, Färberei, Chemische Reinigung, Berlin-Köpenick, Ottomar-Geschke-Straße 2–22
- VEB Blüthner Pianos, Leipzig, Franz-Flemming-Straße 39 (Pianofortefabrik)
- VEB Bodenbearbeitungsgeräte »Karl Marx« Leipzig
- VEB Bogenanlegerwerk Leipzig
- VEB Bootsbau »Eikboot«, Rostock, Krischanweg 8
- VEB Bootsbau Rügen, Lauterbach, Vilmitzer Weg 9
- Bootswerft Postelwitz, Bad Schandau (VEB Fahrzeugsitze, Betriebsteil Postelwitz)
- VEB Brauerei Greußen (Getränkekombinat Erfurt)
- VEB Brauerei Halle
- VEB Brauerei Torgau
- VEB Brauerei- und Kellereimaschinen, Magdeburg, Fichtestraße 29a (VEB Kombinat Nagema)
- VEB Bräunsdorfer Strumpffabrik, Karl-Marx-Stadt
- VEB Braunkohlenkombinat Bitterfeld
- VEB Braunkohlenkombinat »Gustav Subottka«, Röblingen am See
- VEB Braunkohlenkombinat Senftenberg
- VEB Braunkohlenbohrungen und Schachtbau Welzow
- VEB Breitkopf & Härtel Musikverlag, Leipzig

- VEB Brennschneidmaschinen Apolda, Erfurter Straße 15 (VEB Kombinat Feinmechanische Werke Halle)
- VEB BRIEFALUX Dresden, Reichenbachstraße 30 (Papierverarbeitungswerk, Betrieb des Kombinates Verpackung Leipzig)
- VEB Briefmarkenalben-Verlag, Aschersleben, Johannisplatz 2 (Abria)
- VEB brillant Ebersbach, Dresden, Liebstädter Straße 20
- VEB Brockhaus Verlag Leipzig
- VEB Brücol-Chemie Markkleeberg, Markleeberg-Großstädteln, Städtelner Straße 129
- VEB Brückenbau Dresden (VEB Autobahnbaukombinat Magdeburg)
- Brühlpelz VEB Leipziger Rauchwarenindustrie, Leipzig, Brühl 42/50
- BUCH-EXPORT Volkseigener Außenhandelsbetrieb der DDR, Leipzig, Leninstraße 16 (heute: Prager Straße)
- Bümag Genossenschaft des Bürsten- und Pinselmacher-Handwerks eGmbH, Stützengrün
- VEB Buntfärberei Limbach-Oberfrohna (VEB Kombinat Trikotagen Karl-Marx-Stadt)
- VEB Buntgardine Rotschau (gewirkte und gewebte rustikale Gardinenstoffe)
- VEB Buntgarnwerke Leipzig (bis 1978)
- VEB Buntpapierfabrik Flöha
- VEB Buntsocke Einsiedel, Einsiedel bei Karl-Marx-Stadt, Bergstraße
- VEB Bunttrikotagen Cellenberg (VEB Kombinat Trikotagen Karl-Marx-Stadt)
- VEB Burger Knäcke-Werke, Burg
- VEB Bürochemie Dresden, Leipziger Straße 294 (Barock)
- VEB Bürochemie Neudietendorf, Neudietendorf bei Erfurt, Kirchstraße 3
- Büromaschinen-Export GmbH Berlin, Friedrichstraße 61
- VEB Bürstengarnituren, Schönheide im Erzgebirge, Karl-Marx-Straße 42
- VEB Bürstenwerke, Schönheide im Erzgebirge (Flamingo)
- VEB Bussardchemie Radebeul, Hellerstraße 17/19

C

- VEB Campinggeräte Spora, Spora im Kreis Zeitz
- VEB Campingmöbel, Dessau, Friedhofstraße 23/24
- VEB Campingmöbel, Klingenthal (Vogtland)
- VEB Carl Zeiss Jena, Carl-Zeiss-Straße 1
- VEB Catgut, Markneukirchen, Wernitzgrüner Straße 38 (Zupf- und Streichinstrumente)
- Centrum-Warenhaus Halle, Mansfelder Straße
- VEB Certo Kamerawerk Dresden, Pirnaer Landstraße 227/229
- VEB Chamona-Wäsche Limbach-Oberfrohna

- VEB Chemieanlagenbau Erfurt-Rudisleben (VEB Chemieanlagenbaukombinat Leipzig-Grimma)
- VEB Chemieanlagenbau Staßfurt (CAS), Atzendorfer Straße 19 (VEB Chemieanlagenbaukombinat Leipzig-Grimma)
- VEB Chemie- und Tankanlagenbau Fürstenwalde, Straße der Befreiung 49 (VEB Chemieanlagenbaukombinat Leipzig-Grimma)
- VEB Chemieanlagenbaukombinat Leipzig-Grimma, Stammbetrieb, Bahnhofstraße 3/5
- Chemie-Export-Import Volkseigener Außenhandelsbetrieb der DDR, Berlin, Storkower Straße 133
- VEB Chemiefaserkombinat Schwarza »Wilhelm Pieck« (CFK), Stammbetrieb in Rudolstadt-Schwarza
- VEB Chemiefaserwerk »Friedrich Engels« Premnitz (CFK Schwarza)
- VEB Chemiefaserwerke »Herbert Warnke« Wilhelm-Pieck-Stadt Guben (CFK Schwarza)
- VEB Kunstseidewerk »Clara Zetkin« Elsterberg (CFK Schwarza)
- VEB Kunstseidewerk »Siegfried Rädel« Pirna (CFK Schwarza)
- VEB Sächsische Zellwolle Plauen (CFK Schwarza)
- VEB Spinnstoffwerk »Otto Buchwitz« Glauchau (CFK Schwarza)
- VEB Zellstoff- und Zellwollewerk Wittenberge (CFK Schwarza)
- VEB Chemiehandel Berlin, Betriebsteil Frankfurt/Oder, Karl-Marx-Straße 72b
- VEB Chemiehandel Berlin-Lichtenberg, Hauptstraße 9–13
- VEB Chemiehandel Potsdam, Betriebsteil Cottbus, Gaglowerstraße 16
- VEB Chemiehandel Potsdam, Potsdam-Babelsberg, Gartenstraße 42
- VEB Chemiehandel Schwerin, Gosewinkler Weg 35a
- VEB Chemiekombinat Bitterfeld
- VEB Chemiewerk Coswig
- VEB Chemiewerk Nünchritz (Rechtsnachfolger des VEB Fluorwerke Dohna und des Instituts für Silikon- und Fluorkarbonchemie Radebeul)
- VEB Chemiewerk Nünchritz, Betriebsteil Dohna, Weesensteiner Straße 2
  VEB Chemisch-pharmazeutische Glaswaren, Meuselbach (VEB Technisches Glas Ilmenau)
- VEB Chemisch-pharmazeutisches Werk Oranienburg, Industriestraße 1
  VEB Chemisch-technische Fabrik Magdeburg
- VEB Chemische Erzeugnisse Schkeuditz (Panol)
- VEB Chemische Fabrik Finowtal, Leninstraße 24/26
- VEB Chemische Fabrik Gotha (Gothard)
- VEB Chemische Fabrik Limbach-Oberfrohna
- VEB Chemische Fabrik Pirna-Copitz, Lohmener Straße 12 (Feuerlöschmittel)

- VEB Chemisches Kombinat Miltitz, Miltitz, Geschwister-Scholl-Straße 21 (Öle, Riech- und Geschmacksstoffe)
- VEB Chemisches Kombinat Miltitz, Betriebsteil EMA Magdeburg, Magdeburg-Sudenburg, Langer Weg 46
- VEB Chemisches Kombinat Miltitz, VEB LONDA Zentralvertrieb Haarkosmetik, Leipzig, Riemannstraße 50
- VEB Chromatron Berlin, Plönzeile 43 (VEB Kombinat Elektro-Apparate-Werke Berlin-Treptow (EAW), Chromatographen-Produktion)
- VEB Chemische und Lackfarben Döllnitz
- VEB Conform, Leipzig, Konradstraße 33c
- VEB Containerbau Leipzig, Linkelstraße 54
- VEB Cosid-Kautasit-Werke, Coswig, Rudolf-Prohazka-Straße 9 (Cosid-Brems- und Kupplungsmaterial, Kautasit-Dichtungen)
- VEB Cowaplast-Werke Coswig (VEB Kombinat Kunstleder und Pelzverarbeitung Leipzig)
- VEB Crottendorfer Metallwarenfabrik, Crottendorf (VEB Kombinat Haushaltsgeräte Karl-Marx-Stadt)
- VEB Crottendorfer Räucherartikel, Crottendorf, Annaberger Straße 183
- Centrum Warenhaus Halle/Halle-Neustadt, 4020 Halle, Mansfelder Straße
- Chemnitzer Waagenbau Merkur, Margaretenstraße 16, Karl-Marx-Stadt
- City-Werke Karl Lieberwirth Leipzig

D

- VEB Damastweberei Aue, Straße der Befreiung 16
- VEB Damenmäntel Plauen, Eugen-Fritzsch-Straße 25
- VEB Damenmoden Bretnig, Adolf-Zschiedrich-Straße 3
- VEB Dampferzeugerbau Berlin, Behrenstraße 21/22 (Leitbetrieb für Dampferzeuger, VEB Kombinat Kraftwerksanlagenbau)
- VEB Dampfkesselbau Heidenau
- VEB Datenverarbeitungszentrum Halle, Block 081, 4090 Halle-Neustadt (Betrieb des Volkseigenen Kombinates Datenverarbeitung)
- VEB Decenta, Döbeln, Rößchengrundstraße (VEB Chemisches Kombinat Miltitz)
- DEFA Außenhandel, Berlin, Milastraße 2
- VEB DEFA Studio für populärwissenschaftliche Filme Potsdam-Babelsberg
- VEB Dekostoffe Greiz, Sitz Plauen, Friedensstraße 30
- VEB Delicia, Delitzsch, Dübener Landstraße 1 (Schädlingsbekämpfungsmittel)
- demusa, Volkseigener Außenhandelsbetrieb der DDR für Musikinstrumente und Spielwaren, Berlin, Charlottenstraße 46
- VEB Dental-Chemie Hohenbocka, Hosena (VEB Pharmazeutisches Kombinat)

- VVB der Bau- und Baustoffindustrie Sachsen-Anhalt, Halle Saale, Forsterstraße 53
- VEB Derby-Kinderfahrzeuge, Erfurt-Dittelstedt, Rudolstädter Straße 121
- VEB Desco, Halle Saale, Preßlersberg 13
- VEB Dessauer Bekleidungswerk, Chaponstraße 13/17
- VEB Deutfracht/Seereederei Rostock, Leipzig, Richard-Lehmann-Straße 32
- VEB Deutrans Internationale Spedition, Filiale Leipzig
- VEB Deutrans Internationale Spedition, Generaldirektion, Berlin, Otto-Grotewohl-Straße 25
- Deutsche Außenhandelsbank AG, Berlin, Unter den Linden 24/30
- Deutsche Export- und Importgesellschaft Feinmechanik-Optik mbH, Schicklerstraße 7
- Deutsche Genußmittel GmbH Import – Export, Berlin, Kronenstraße 33
- Deutsche Handelsbank AG, Berlin, Behrenstraße 22, Leipzig, Martin-Luther-Ring 2
- Deutsche Hydrierwerke Rodleben
- Deutsche Kamera-und-ORWO-Film-Export GmbH, Berlin, Storkower Straße 120
- Deutsche Pharmazie Export- und -Import GmbH, Berlin, Ottomar-Geschke-Straße 2/22
- VEB Deutsche Pianounion Leipzig, Böhlitz-Ehrenberg (Römisch, Zimmermann)
- Deutsche Post – Hauptpostamt, Leipzig, Karl-Marx-Platz
- Deutscher Buch-Export und -Import GmbH, Leipzig, Leninstraße 16
- Deutsche Reichsbahn RBD Halle, Abteilung Reiseverkehr, Halle Saale,Ernst-Kamieth-Straße 2
- VEB Deutscher Landwirtschaftsverlag Berlin
- VEB Deutsche Schallplatten Berlin, Berlin-Johannisthal, Berliner Damm 27/31
- VEB Deutsches Hydrierwerk Rodleben, Roßau (Elbe)
- Deutsche Stahl-Metall Handelsgesellschaft mbH, Berlin, Brunnenstraße 188/190 (DSM)
- DEWAG Generaldirektion, Berlin, Rosenthaler Straße 28/31 (Agitations- und Propagandamittel)
- DEWAG Signograph Siebdruckerzeugnisse, Erzeugnisgruppenleitung Leipzig, Leipzig, Dessauer Straße 7
- Diagrammdruck, Betrieb der VOB Aufwärts Berlin, Quedlinburg, Magdeburger Straße 13 (Parteieigentum der LDPD)
- VEB Dichtungswerk, Schkölen
- Die Freie Gewerkschaft Verlagsgesellschaft m. b. H., Berlin, Chausseestraße 123–124

- VEB Dieselmotorenwerk Rostock, Schwaaner Landstraße 200 (VEB Kombinat Schiffbau)
- VEB Dieselmotorenwerk Schönebeck, Barbara-Straße 9 (VEB Kombinat Fortschritt Landmaschinen)
- VEB dkk Scharfenstein (VEB Kombinat Haushaltsgeräte) – u. a. Kühl- und Gefrierschränke
- VEB Domal Stadtilm (Haushaltpflege)
- VEB Doppel-Anker, Dresden, Schandauer Straße 46 (Kamm- und Haarschmuckfabrik)
- VEB Drahtwaren Hermsdorf, August-Bebel-Platz 3
- VEB Draht- und Seilwerk Rothenburg (VEB Qualitäts- und Edelstahl-Kombinat)
- VEB Drahtziehmaschinenwerk Grüna (Kreis Karl-Marx-Stadt)
- VEB Drechslerwaren Deutschneudorf, Talstraße 15 (expertic)
- VEB Drehmaschinenwerk Leipzig
- VEB Dresdner Bilderrahmen und Bilder, Dresden, John-Schehr-Straße 11
- VEB Dresdner Plast- und Kunstlederwaren, Merbitzer Straße 53
- VEB Dresdner Schuhfabrik, F.-C.-Weißkopf-Straße 78 (Dresden Schuh, Germina Avanti)
- VEB Dresdner Silberwaren und Metallveredlung, Blasewitzer Straße 27 (ds)
- VEB Dresdner Süßwarenfabriken »Elbflorenz«, Freiberger Straße 37
- VEB Dresola, Dresden, Altnaußlitz 11 (Einlegesohlen, Sportlederwaren usw.)
- VEB (G) Druckerei Boitzenburg, Karl-Marx-Straße 2
- Druckerei Fortschritt Erfurt, Juri-Gagarin-Ring 113/117
- VEB Druckfarben- und Lederfarbenfabrik Halle, Merseburger Straße 87 (VEB Kombinat Lacke und Farben, Druckfarben und Druckhilfsmittel für alle grafischen Verfahren, Lederdeckfarben, grafische Speziallacke)
- Druckhaus Einheit Wismar, Stalinstraße 117
- Druckhaus Freiheit Halle, Halle Saale, Straße der DSF

E

- VEB EBAWE Baustoffmaschinen, Eilenburg, Kranoldstraße 2 (VEB Kombinat Baukema Leipzig)
- VEB Edelpelz Leipzig-Schkeuditz
- VEB Edelstahlwerk »8. Mai 1945« Freital, Hüttenstraße 1
- VEB Effekten- und Tüllstickerei Plauen, Wilhelm-Pieck-Straße 68
- VEB Ehrenfriedersdorfer Posamenten, Schillerstraße 28
- VEB Eibenstocker Buntstickerei
- VEB Eichsfelder Bekleidungswerke Heiligenstadt, Heilbad Heiligenstadt, Steingraben 13

- VEB Eichsfelder Obertrikotagenwerk, Dingelstädt/Eichsfeld, Steinstraße 10 (VEB Kombinat Trikotagen Karl-Marx-Stadt)
- VEB Eichsfelder Zementwerke, Deuna (VEB Zementkombinat – ZEKOM)
- VEB Eilenburger Chemie-Werk, Ziegelstraße 2 (ECW)
- Einkaufs- und Liefergenossenschaft Holz Marienberg, Stadtmühlenstraße 6
- Einkaufs- und Liefergenossenschaft des holzverarbeitenden Handwerks eGmbH, Annaberg-Buchholz, Brauhausstraße 21/23
- Einkaufs- und Liefergenossenschaft des holzverarbeitenden Handwerks für den Kreis Heiligenstadt
- Einkaufs- und Liefergenossenschaft des Schwarz- und Weißblech-Klempner-Handwerks eGmbH »Blech-Ha-Ge«, Bernsbach (Haus- und Küchengeräte)
- Einkaufs- und Liefergenossenschaft des sitzmöbelverarbeitenden Handwerks eGmbH, Oelsa
- VEB Einlagegewebe Hainichen, Gellertstraße 90 (VEB Kombinat Technische Textilien Karl-Marx-Stadt)
- VEB Einspritzgerätewerk Aken, Köthener Chaussee 46 (VEB Kombinat für Dieselmotoren und Industrieanlagen Schwermaschinenbau Karl Liebknecht Magdeburg – SKL)
- VE Einzelhandelsbetrieb HO Eisleben, Kleine Landwehr 6
- VE Einzelhandelsbetrieb HO Halle-Neustadt, Block 515, Haus 1 und 2
- VEB Eisenbahnmodellbau Zwickau, Dr.-Friedrichs-Ring 113
- VEB Eisengießerei und Maschinenfabrik Zemag Zeitz, Schädestraße 4/5 (VEB Schwermaschinenbaukombinat TAKRAF)
- VEB Eisenhüttenkombinat »J. W. Stalin«
- VEB Eisen- und Hüttenwerke Thale, Parkstraße 1 (VEB Mansfeld Kombinat »Wilhelm Pieck«)
- VEB EKO Erstlings- und Kinderbekleidungswerk Oschatz (VEB Kombinat Trikotagen Karl-Marx-Stadt, Strickkleidung für Kinder)
- VEB Elaskonwerk Dresden, Österreicher Straße 64
- VEB Elastic-Mieder Zeulenroda, Heinrich-Heine-Straße 2 (Exzellent Mieder)
- VEB Elastik Gotha
- VEB Elastonwerk, Friedrichroda, Bahnhofstraße 36b (Kunststoff-Fabrik)
- VEB Elbe-Chemie, Dresden, Otto-Buchwitz-Straße 14
- VEB Elbenaturstein Dresden, Bremer Straße 15 (VEB Kombinat Zuschlagstoffe und Natursteine)
- Elbe-Saale-Druckerei, Betrieb des VOB Aufwärts Naumburg (Saale)
- VEB Elbewerften Boizenburg/Roßlau, Fährweg (VEB Kombinat Schiffbau)

- VEB Elbe-Werk Roßlau, Hauptstraße 117/119 (VEB Kombinat Dieselmotoren und Industrieanlagen Schwermaschinenbau Karl Liebknecht Magdeburg)
- Eldamo Bekleidungswerk Zwickau, Ernst-Grube-Straße 20/24 (VEB)
- VEB »Elefa« Erzgeb. Lederwarenfabriken, Schneeberg (VEB Kombinat Lederwaren Schwerin)
- VEB Elegant Berlin
- VEB Elektrische Haushaltgeräte, Arenshausen (AKA Electric)
- VEB Elektro-Anlagenbau Halle, 4010 Halle (Betrieb im VEB Kombinat Anlagen- und Gerätebau Halle)
- VEB Elektroanlagenbau Neustrelitz
- VEB Elektro Bad Frankenhausen, Rittergasse (VEB Metallkombinat Heldrungen)
- VEB Elektrobau, Werk II, Wohnraumuhren, Greiz, Markt 14 (ebg Wohnraumuhren)
- VEB Elektrobau Tharandt
- VEB Elektrodyn Dresden
- VEB Elektrogeräte Bad Blankenburg, Rudolstädter Straße 21 (VEB Kombinat Elektrogerätewerk Suhl)
- VEB Elektrogeräte Falkenberg, Straße der DSF 38 (VEB Kombinat Haushaltgeräte Karl-Marx-Stadt)
- VEB Elektrogeräte Leipzig, Straße der DSF 54 (VEB Kombinat Elektrogerätewerk Suhl)
- VEB Elektrogeräte Poserna, Kreis Weißenfels (EGP, VEB Kombinat Elektrogerätewerk Suhl)
- VEB Elektrogeräte Zeitz, Karl-Marx-Promenade (VEB Kombinat Elektrogerätewerk Suhl)
- VEB Elektrogerätebau Mühlhausen, Thomas-Müntzer-Straße 15 (VEB Kombinat Elektrogerätewerk Suhl)
- VEB Elektro-Haushaltgeräte Brandenburg, Packhofstraße 29/36 (VEB Kombinat Elektrogerätewerk Suhl)
- VEB Elektro-Haushaltgeräte Dresden-Süd, Budapester Straße 26 (VEB Kombinat Elektrogerätewerk Suhl)
- VEB Elektro-Industrieofenbau Römhild, Käthe-Kollwitz-Straße 10 (VEB Kombinat Lokomotivbau, Elektrotechnische Werke »Hans Beimler«)
- VEB Elektroinstallation Deutschneudorf, Deutschkatharinenberg (Betrieb des VEB Keramische Werke Hermsdorf)
- VEB Elektroinstallation Oberlind, Sonneberg, Wilhelm-Pieck-Straße 32 (VEB Kombinat Elektrogerätewerk Suhl)
- VEB Elektroinstallation Oberweimar, Steinbrückenweg 5/7 (Betrieb des VEB Keramische Werke Hermsdorf)

- VEB Elektroinstallation Ruhla, Straße der DSF 22/40 (Betrieb des VEB Keramische Werke Hermsdorf)
- VEB Elektroinstallation Sondershausen, Frankenhäuser Straße 64 (Betrieb des VEB Keramische Werke Hermsdorf)
- VEB Elektroinstallation Wismar, Erwin-Fischer-Straße (Betrieb des VEB Keramische Werke Hermsdorf)
- VEB Elektroinstallation Wittenberg, Straße der DSF 127 (Betrieb des VEB Keramische Werke Hermsdorf)
- VEB Elektrokeramik »Arthur Winzer« Berlin, Gaillardstraße 34/38 (Betrieb des VEB Keramische Werke Hermsdorf)
- VEB Elektrokeramische Werke Sonneberg, Malmerzer Straße 84 (Betrieb des VEB Keramische Werke Hermsdorf)
- VEB Elektrokohle Lichtenberg, Herzbergstraße 128/139
- VEB Elektromechanik Berlin-Kaulsdorf, Brodauer Straße 32 (VEB Kombinat Elektrogerätewerk Suhl)
- VEB Elektromechanische Werkstätten, Woltersdorf bei Berlin, Leninstraße 1/8 (Delta, elektrische Lötkolben)
- VEB Elektronik Gera, Parkstraße 3 (VEB Kombinat Elektronische Bauelemente)
- VEB Elektronische Bauelemente »Carl von Ossietzky« Teltow, Ernst-Thälmann-Straße 10 (VEB Kombinat Elektronische Bauelemente)
- VEB Elektronische Bauelemente Dorfhain, Talstraße 7 (VEB Kombinat Elektronische Bauelemente)
- VEB Elektronische Bauelemente Ruhla, Köhlergasse 16/18 (VEB Kombinat Elektronische Bauelemente)
- VEB Elektronische Geräte Burgstädt, Mittweidaer Straße 10 (VEB Kombinat Rundfunk und Fernsehen)
- VEB Elektro-Physikalische Werke Neuruppin, Neuruppin-Teskow, Industriegelände (VEB Kombinat Elektronische Bauelemente)
- VEB Elektroporzellanwerk »Margarethenhütte«, Großdubrau (Betrieb des VEB Keramische Werke Hermsdorf)
- VEB Elektroprojekt und Anlagenbau Berlin, Hirschberger Straße 4 (Stammbetrieb des VEB Kombinat Automatisierungsanlagenbau)
- VEB Elektroschaltgeräte Dresden, Franz-Lehmann-Straße 5 (Kombinat VEB Elektro-Apparate-Werke Berlin-Treptow, EAW)
- VEB Elektroschaltgeräte Görlitz, Reichenbacher Straße 53/55 (Kombinat VEB Elektro-Apparate-Werke Berlin-Treptow, EAW)
- VEB Elektroschaltgeräte Grimma, Karl-Marx-Straße 6/8 (VEB Keramische Werke Hermsdorf)
- VEB Elektroschaltgeräte Meerane, Karl-Schiefer-Straße 1 (VEB Keramische Werke Hermsdorf)

- VEB Elektroschaltgeräte Rochlitz, Sofienplatz 5/6 (Kombinat VEB Elektro-Apparate-Werke Berlin-Treptow)
- VEB Elektroschmelze Zschornewitz
- VEB Elektroschweißmaschinenwerk Aue, Oststraße 24/28 (VEB Kombinat Elektrogerätewerk Suhl)
- VEB Elektrotechnik und Gerätebau Magdeburg, Westring 36/40 (EGEM, Kombinat VEB Narva)
- VEB Elektrotechnik und Gerätebau Magdeburg, Betrieb III Halberstadt, Schützenstraße 9 (EGEM, Kombinat VEB Narva)
- VEB Elektrotechnik Eisenach, Altstadtstraße 27 (Kombinat Sternradio Berlin)
- Elektrotechnik Export-Import, Volkseigener Außenhandelsbetrieb der DDR, Berlin, Chausseestraße 111/112
- VEB Elektrotechnische Geräte Böhlitz-Ehrenberg, Rudolf-Hartig-Straße 6 (Betrieb des VEB Keramische Werke Hermsdorf)
- VEB Elektro- und Metallwaren Zeitz, Günter-Mayr-Straße 44 (VEB Kombinat Elektrogerätewerk Suhl)
- VEB Elektrowärme Altenburg, Karl-Liebknecht-Straße 1 (VEB Kombinat Elektrogerätewerk Suhl)
- VEB Elektrowärme Döbeln FB III, Straße der Befreiung 9 (VEB Kombinat Elektrogerätewerk Suhl)
- VEB Elektrowärme Karl-Marx-Stadt, Thieckstraße 2 (VEB Kombinat Elektrogerätewerk Suhl)
- VEB Elektrowärme Sörnewitz, Köhlerstraße 22 (VEB Kombinat Elektrogerätewerk Suhl)
- VEB Elektrowärme Falkenstein, Auerbacher Straße 15 (VEB Kombinat Elektrogerätewerk Suhl)
- VEB Elektrowärme Ulico, Siegfriedstraße 202
- VEB Elektrowerkzeuge Sebnitz, Rosenstraße 6 (VEB Werkzeugkombinat Schmalkalden)
- VEB Elfe Berliner Schokoladenwerk, Gustav-Adolf-Straße 131
- VEB Elgawa Plauen, Hammerstraße 55 (Elektronenblitzgeräte)
- VEB Elite-Diamant Karl-Marx-Stadt, Straße der Freundschaft 6 (Kombinat Textima, Strickmaschinen und Fahrräder)
- VEB ELKO Dresden, Kötzschenbroder Straße 9 (VEB Kombinat Elektrogerätewerk Suhl)
- VEB Elmera Elektromechanische Reparaturwerkstatt, Sömmerda, Leubinger Straße 15 (VEB Kombinat Elektrogerätewerk Suhl)
- VEB ELPRO Halle, Trothaer Straße 36 (VEB Kombinat Nagema, Infrarot-Grillgeräte, Würstchenwärmer)
- VEB ELSTAWA Steinbach (VEB Kombinat Haushaltgeräte)
- VEB Elstermode Elsterwerda

- VEB Emhage, Berlin
- VEB Energie Torgau, Güterbahnhofstraße 4 (Prüffix, Kontaktprüfgeräte)
- VEB Energiekombinat Berlin, Littenstraße 109
- VEB Energiekombinat Cottbus, Thiemstraße 136
- VEB Energiekombinat Dresden, Hahnebergstraße
- VEB Energiekombinat Erfurt, Schmerborner Straße 30
- VEB Energiekombinat Frankfurt / Oder, Wilhelm-Pieck-Straße 133
- VEB Energiekombinat Gera, Rudolstädter Straße
- VEB Energiekombinat Halle, Thälmannplatz 3 (Riebeckplatz)
- VEB Energiekombinat Karl-Marx-Stadt (heute: Chemnitz)
- VEB Energiekombinat Leipzig, Dr.-Kurt-Fischer-Straße 2
- VEB Energiekombinat Magdeburg, Wehrstedter Straße 48
- VEB Energiekombinat Neubrandenburg, Ihlenfelder Straße 88
- VEB Energiekombinat Rostock, Bleicherstraße 1
- VEB Energiekombinat Schwerin, Obolsitenring 40
- VEB Energiekombinat Suhl, Bernhardstraße 6
- VEB Entstaubungstechnik »Edgar Andre« Magdeburg
- VEB EPISAN Zeulenroda, Untere Haardt (Seifenfabrik / Herstellung von Fest- und Flüssigseifen, Episan = eingetrageneWortmarke seit 1960 / VEB Chemisches Kombinat Miltitz)
- VEB Erdbau Magdeburg, Ohrestraße (VEB Autobahnbaukombinat Magdeburg)
- VEB Erdöl- und Erdgaserkundung Mittenwalde
- VEB Erfurter Blumensamen
- VEB Erfurter Malzwerke, Iderhoffstraße 3
- Erfurter Mälzerei- und Speicherbau, Sorbenweg 7/9 (Kombinat Fortschritt Landmaschinen Neustadt in Sachsen)
- VEB Erfurter Ölmühle
- VEB Ernst Thälmann Polygraphischer Großbetrieb Saalfeld, Werk III:Etama, Erfurt, Melchendorfer Straße 1 (VEB Kombinat Verpackung Leipzig)
- VEB Ernst Thälmann Polygraphischer Großbetrieb, Saalfeld, Werk Gothadruck, Gotha, Oststraße 51 (VEB Kombinat Verpackung Leipzig)
- VEB Erste Maschinenfabrik Karl-Marx-Stadt, Kurt-Berthel-Straße 58/60 (Kombinat Textima)
- Erste Uhrenproduktionsgenossenschaft der DDR, Halle, Hermann-Kussek-Straße 1a
- Erzeugnisgruppe Besen-Bürsten-Pinsel, Schönheide, Ernst-Thälmann-Straße 174

- Erzeugnisgruppe Flurförderzeuge, Leitbetrieb VEB Verlade- und Transportanlagen Leipzig »Paul Fröhlich«, Leipzig, Lützowstraße 34 (Betrieb des VEB Schwermaschinenbaukombinat TAKRAF Leipzig)
- Erzeugnisgruppe Kleinhebezeuge, Winden und Lastaufnahmemittel, Leitbetrieb VEB Hebezeuge Suhl, Suhl, Am Sehmar 1 (VEB Schwermaschinenbaukombinat TAKRAF Leipzig)
- Erzeugnisgruppe Netz- und Seilereierzeugnisse im Leitbetrieb des VEB Vereinigte Netz- und Seilwerke Heidenau
- Erzeugnisgruppe »Polyester« (GUP), Leitbetrieb VEB Sprela-Werke Spremberg, Betrieb Plastverarbeitungswerk Staaken
- Erzeugnisgruppe »Siebdruck«, Leitbetrieb DEWAG Signograph Siebdruckerzeugnisse, Leipzig, Dessauer Straße 7
- VEB Erzgebirgische Festartikel, Karl-Marx-Stadt, Ottostraße 12
- VEB Erzgebirgische Pinselfabrik, Schönheide (Hirschpinsel)
- VEB Erzgebirgische Schnitzerei, Grünhainichen, Alte Leitstraße 3
- VEB Erzgebirgische Volkskunst Seiffen, Kurort Seiffen
- VEB Erzgebirgisches Pappen- und Kartonagenwerk Raschau
- VEB Esparma Magdeburg, Chemisch-pharmazeutischen Fabrik, Lutherstraße 1/2
- VEB Essig- und Senffabrik Halle, Glauchaer Straße 25/26
- VEB Estrüso Thum, Strumpffabrik, Platz des Friedens 3
- VEB ETUIS-Kartonagen, Ilmenau, Sophienstraße 2/3
- Eulenspiegel Verlag Berlin
- VEB Exportbrauerei Sternburg Lützschena-Leipzig (Pils und Porter Export, VEB Getränkekombinat Leipzig)
- Exportgemeinschaft Knopfexport, Leitbetrieb VEB Galfütex Schmölln, Altenburger Straße
- Exportkontor Handwerkzeuge, Steinbach-Hallenberg, Hauptstraße 123
- Export-Verkaufsgemeinschaft Klebstoffe und Kitte der DDR, Leitbetrieb: VEB Vereinigte Klebstoffwerke Pirna (VEB Vereinigte Klebstoffwerke Pirna – Pirna-Rottwerndorf, VEB Schuhchemie Erfurt, Mittelhäuser Straße 65
- Expovita, Leipzig, Petersstraße 39/41
- Exquisit-Generaldirektion, Leipzig, Käthe-Kollwitz-Straße 60
- VEB Elektromotorenwerk Dessau
- VEB Elektromotorenwerk Dresden
- VEB Elektromotorenwerk Dresden, Werk Zittau
- VEB Elektromotorenwerk Großhain
- VEB Elektromotorenwerk Grühain
- VEB Elektromotorenwerk Oschersleben
- VEB Elektromotorenwerk Wernigerode

- VEB Elektromotorenwerke Thurm
- VEB Eisenhammerwerk Dresden-Dölzschen, Freital
- VEB Eisenwerk Arnstadt

F

- VEB Fachbuchverlag Leipzig
- Fachhandelsorganisation für Waren des täglichen Bedarfs (WtB), Leipzig, Münzgasse
- VEB F.A. Brockhaus Verlag Leipzig
- VEB Fahlberg-List Magdeburg (Chemische und pharmazeutische Fabriken im VEB Kombinat Agrochemie Piesteritz)
- VEB Fahrgastschifffahrt Berlin, Berlin-Treptow
- VEB Fahrzeugausrüstung Berlin (VEB Kombinat Schienenfahrzeugbau)
- VEB Fahrzeugbau Egeln
- VEB Fahrzeugelektrik Karl-Marx-Stadt, Friedrich-Engels-Straße 83
- VEB Fahrzeugelektrik Pirna, Birkwitzer Straße 79
- VEB Fahrzeugheizungen Kirchberg, Bahnhofstraße 26
- VEB Fahrzeugsitze (VEB Kombinat Schienenfahrzeugbau, Betriebsteil Bootswerft Postelwitz, Bad Schandau)
- VEB Fahrzeugwerk »Ernst Thälmann« Lübtheen (IFA-Kombinat Spezialaufbauten und Anhänger)
- VEB Fahrzeugwerk Olbernhau (IFA-Kombinat Personenkraftwagen)
- VEB Fahrzeugwerk Treuenbrietzen, Hans-Grade-Weg 55 (IFA-Kombinat Spezialaufbauten und Anhänger)
- VEB Fahrzeugwerk Waltershausen, Industriestraße (IFA-Kombinat Nutzwagen)
- VEB Fahrzeug- und Jagdwaffenwerk Ernst Thälmann Suhl, IFA Kombinat für Zweiradfahrzeuge, Suhl
- VEB »Falken«-Registraturen Peitz, Am Bahnhof 5
- VEB Falz- und Heftmaschinenwerk Leipzig, Karl-Heine-Straße 107–111
- VEB FAMOS Leipziger Stempelwarenfabrik, Eilenburger Straße 55
- VEB Farb-Chemie, Quedlinburg, Leninstraße 12 (Anilinfarben)
- VEB Farbenfabrik Halle-Ammendorf
- VEB Farben- und Lackfabrik Leipzig, Franz-Flemming-Straße 15 (VEB Kombinat Lacke und Farben)
- VEB Farbenglaswerk Lauscha, Straße des Friedens 39
- VEB Farbenglaswerk Weißwasser, Krumme Straße 17/29 (VEB Flachglaskombinat Torgau)
- VEB Favorit, Taucha, Weststraße 9 (VEB Kombinat Technische Textilien Karl-Marx-Stadt)
- VEB Federnwerk, Zittau
- VEB Feilenfabrik Sangerhausen

- VEB Feinchemie Sebnitz, Höhenweg 9
- VEB Feingerätebau Drebach
- VEB Feinpapierfabriken Neu-Kaliß
  (Werk Hohenofen; u. a. Herstellung von feinem Transparentpapier)
- VEB Feinstrickwäsche Plauen, Annenstraße 26/28
  (VEB Kombinat Trikotagen Karl-Marx-Stadt)
- VEB Feintechnik Eisfeld, Seeweg 4
- VEB Feintuch Finsterwalde, Brunnenstraße 9
  (VEB Kombinat Haushaltsgeräte Karl-Marx-Stadt)
- VEB Feinwäsche »Bruno Freitag«, Limbach-Oberfrohna, Südstraße 8
  (VEB Kombinat Trikotagen Karl-Marx-Stadt)
- VEB Feinwerktechnik, Dresden, Hölderlinstraße 9
  (VEB Kombinat Mikroelektronik)
- VEB Feinwerktechnik Leipzig, Karl-Liebknecht-Straße 11 (Hema)
- VEB FERGUNA-Leuchten, Annaberg-Buchholz
- VEB Fernsehgerätewerk Staßfurt
- VEB Fernsehkolbenwerk Friedrichshain
  (VEB Kombinat Technisches Glas Ilmenau)
- VEB Ferrolegierungswerk Lippendorf
- VEB Fertighausbau, Wittenberge
- VEB Fettchemie Karl-Marx-Stadt
- VEB Feuerfestwerk Meißen
  (Leitbetrieb im VEB Rohrkombinat Stahl- und Walzwerk Riesa)
- VEB Feuerfestwerke Wetro
- VEB Feuerlöschgerätewerk Apolda
  (VEB Kombinat Fortschritt Landmaschinen)
- VEB Feuerlöschgerätewerk Görlitz
  (IFA-Kombinat Spezialaufbauten und Anhänger)
- VEB Feuerlöschgerätewerk Jöhstadt (VEB Pumpen und Verdichter)
- VEB Feuerlöschgerätewerk Luckenwalde
  (IFA-Kombinat Spezialaufbauten und Anhänger)
- VEB Feuerlöschgerätewerk Neuruppin
- VEB Feuerungsbau Erfurt-Bischleben
- VEB Feuerzeugfabrik Elgersburg
- VEB Feuma Gößnitz (VEB Kombinat Nagema)
- VEB Filmfabrik Wolfen (Fotochemisches Kombinat)
- VEB Fischfang Rostock
- VEB Fischfang Saßnitz
- VEB Fischkombinat Rostock
- VEB Fischkombinat Saßnitz
- VEB Fischverarbeitung Barth
- VEB Fischverarbeitung Schwaan

- VEB Fischwerk Saßnitz
- VEB Flachglaskombinat Torgau
- VEB Flachglaswerk Aken (VEB Flachglaskombinat Torgau)
- VEB Flachglaswerk Uhsmannsdorf (VEB Flachglaskombinat Torgau)
- VEB Flaschengas-Gerätewerk, Elterlein
- VEB Fleischereimaschinen Arnstadt (VEB Kombinat Nagema)
- VEB Fleischkombinat Berlin
- VEB Fleischkombinat Erfurt
- VEB Fleischkombinat Magdeburg, Betriebe in Magdeburg, Burg, Zerbst, Halberstadt, Wernigerode, Staßfurt, Stendal und Salzwedel
- VEB Fleischverarbeitungsbetrieb Meißen (mit Betriebsteil in Weinböhla)
- VEB Fliesenwerk Kurt Bürger (VEB Kombinat Fliesen- und Sanitärkeramik, Boitzenburg)
- VEB FLORENA Waldheim (VEB Chemisches Kombinat Miltitz)
- VEB Fluat-Werk Leipzig
- VEB Flugzeugwerft Dresden
- VEB Folienverarbeitung Annaberg
- VEB FOLIMAT Leipzig (Kunststofferzeugnisse)
- VEB Förderanlagen »7. Oktober« Magdeburg (VEB Schwermaschinenbaukombinat TAKRAF)
- VEB Förderanlagen und Kranbau Köthen (VEB Schwermaschinenbaukombinat TAKRAF)
- VEB Formaplast Sohland (VEB Kombinat Plast- und Elastverarbeitung)
- VEB Format Bad Frankenhausen (Knöpfe)
- VEB Formenbau Schwarzenberg (VEB Kombinat Umformtechnik Herbert Warnke Erfurt)
- VEB Förster-Pianos Löbau
- VEB Forster Tuchfabriken, Forst
- VEB Forster Web- und Strickwaren, Forst
- Fortschritt Landmaschinen Export-Import, VE AHB der DDR, Berlin
- VEB Kombinat Fortschritt, Landmaschinen, Neustadt
- FORUM Handelsgesellschaft mbH, Berlin
- Fotoalben Torgau, Betrieb der VOB Aufwärts Berlin
- VEB Fotochemisches Kombinat Wolfen (VEB Filmfabrik Wolfen)
- VEB Fotochemische Werke Berlin (Kombinatsbetrieb des VEB Filmfabrik Wolfen)
- VEB Foto-Graphika, Leipzig
- VEB Fotokinoverlag Halle (1957–1964)
- VEB Foto-Kino-Zubehör, Mulda
- VEB Fotolaborgeräte Dresden
- VEB Fotopapierwerk Dresden (Kombinatsbetrieb des VEB Filmfabrik Wolfen)

- VEB Fotopapierwerk Wernigerode
  (Kombinatsbetrieb des VEB Filmfabrik Wolfen)
- Franz Kühnel KG Spezialbetrieb für Hygienebekleidung, Karl-Marx-Stadt
- VEB Freiberger Asbest-, Glaswollspinnerei und Weberei
  (VEB Kombinat Glasseide Oschatz)
- VEB Freiberger Präzisionsmechanik
- VEB Freiberger Zellstoff- und Papierfabriken zu Weißenborn
- VEB Freizeitbekleidung (VEB Kombinat Trikotagen Karl-Marx-Stadt)
- VEB Freizeitmode Neugersdorf
- VEB Friedensbrücke, Börnichen (Leitbetrieb der Verkaufsgemeinschaft
  der Erzeugnisgruppe Raum- und Tafelschmuck)
- VEB Friedrich Fröbel, Werdau
- VEB Frisierhauben, Scheibenberg
- VEB FROTTANA Großschönau (Erzeugnisgruppenbetriebe:
  VEB Vereinigte Frottierwebereien – Oberoderwitz,
  VEB FROTTEX Oberlausitzer Frottiertextilien – Berthelsdorf,
  VEB Taschentücher und Frottiererzeugnisse Oppach)
- FRUCHTIMEX, Außenhandelsgesellschaft mbH für Obst,
  Gemüse undSpeisekartoffeln, Berlin, Schicklerstraße 7
- VEB Funkgehäuseindustrie Tharandt
- VEB Funk- und Fernmelde-Anlagenbau Berlin
  (VEB Kombinat Nachrichtenelektronik)
- VEB Funkwerkstätten Bernburg (VEB Kombinat Rundfunk und Fernsehen)
- VEB Fachanstalt für Gießereiwesen Coswig, Coswig
- VEB Feingußwerk Lobenstein
- VEB Farb-Chemie Quedlinburg, Leninstraße 12

G

- VEB Gablona, Neuheim (moderne Bijouterie und Raumschmuck)
- VEB Gablona, Werk II, Luckenwalde
- VEB Galfütex Schmölln (VEB Kombinat Plast- und Elastverarbeitung)
- VEB Galvanotechnik Leipzig
- VEB Gardinenwerk Eisleben
- VEB Gartengeräte, Herges-Hallenberg
- VEB Gartenwerkzeugfabrik Bautzen
- VEB Gärungschemie Dessau (VEB Kombinat Agrochemie Piesteritz)
- VEB Gaselan Fürstenwalde, Trebuser Straße 49
- VEB Gasgerätewerk Dessau
- VEB Gaskombinat »Fritz Selbmann« Schwarze Pumpe
- VEB Gas- und Heizgerätewerk Mägdesprung
  (VEB Kombinat Haushaltgeräte Karl-Marx-Stadt)

- VEB Geflügelwirtschaft Bezirk Halle, 4700 Sangerhausen (Betriebsteile in der Straße der Jugend 45, Sangerhausen und Merziener Straße 107, Köthen)
- VEB Geithainer Emaillierwerk (VEB Kombinat Haushaltgeräte)
- VEB Gelatine- und Leimwerke, An der Hämertschen Chaussee, 3504 Tangermünde (Betrieb im VEB Fotochemisches Kombinat Wolfen, Werk Tangermünde)
- VEB Gelatinewerk Calbe (Kombinatsbetrieb des VEB Filmfabrik Wolfen)
- VEB Gelenkwellenwerk Stadtilm (VEB IFA-Kombinat für Nutzkraftwagen)
- Genossenschaft der Drechsler, Bildhauer, Holz- und Spielwarenhersteller eGmbH ,Seiffen (DREGENO)
- Genußmittel Import-Export, Volkseigener Außenhandelsbetrieb der Deutschen Demokratischen Republik
- VEB Kombinat Geodäsie und Kartographie, Berlin
- VEB Geodäsie und Kartographie Halle
- VEB Geophysik Leipzig
- VEB Geraer Kompressorenwerk (GKW, VEB Kombinat Pumpen und Verdichter)
- VEB GERANA Kosmetik, Gera (VEB Chemisches Kombinat Miltitz)
- VEB Geräte und Apparatebau, Wefensleben
- VEB Gerätebau Brieselang (VEB Kombinat Elektro-Apparate-Werke Berlin-Treptow)
- VEB Gerätebau Limbach-Oberfrohna (VEB Kombinat Rundfunk und Fernsehen)
- VEB Geräte- und Pumpenbau Merbelsrod (VEB Chemieanlagenbaukombinat Leipzig-Grimma)
- VEB Geräte- und Regler-Werke Teltow (VEB Kombinat Automatisierungsanlagenbau)
- VEB Geri-Kleidung, Geringswalde
- VEB Germania Karl-Marx-Stadt, Apparate für die Chemische Industrie (VEB Chemieanlagenbaukombinat Leipzig-Grimma)
- VEB Germaplast, Halle (Saale), Falterweg 4, Plasterzeugnisse
- Gesellschaft für Ausfuhr und Einfuhr von Bergbauerzeugnissen mbH, Berlin,Otto-Nuschke-Straße 55 (Bergbau-Handel)
- VEB Getränkebetrieb Alsleben
- VEB Getränkekombinat Berlin, Stammbetrieb
- VEB Getränkekombinat Cottbus
- VEB Getränkekombinat Dessau (VEB Brauerei Dessau, Stammbetrieb)
- VEB Getränkekombinat Dresden
- VEB Getränkekombinat Erfurt
- VEB Getränkekombinat Frankfurt / Oder
- VEB Getränkekombinat Gera

— VEB Getränkekombinat Hanseat Rostock
— VEB Getränkekombinat Karl-Marx-Stadt
— VEB Getränkekombinat Leipzig
— VEB Getränkekombinat Magdeburg
— VEB Getränkekombinat »Rennsteig« Stammbetrieb Meiningen
— VEB Getränkekombinat Neubrandenburg
— VEB Getränkekombinat Potsdam
— VEB Getränkekombinat Schwerin
— VEB Getränkeproduktion Jüterbog
— VEB Getränkeproduktion Luckenwalde
— VEB Getränkeproduktion Nauen
— VEB Getreidewirtschaft Halle
— VEB Getriebe Ohorn (VEB Kombinat Getriebe und Kupplungen)
— VEB Getriebefabrik Coswig (VEB Kombinat Getriebe und Kupplungen)
— VEB Getriebewerk Gotha (VEB Kombinat Getriebe und Kupplungen)
— VEB Getriebewerk Penig (VEB Kombinat Getriebe und Kupplungen)
— VEB Getriebewerk Wernigerode (VEB Kombinat Getriebe und Kupplungen)
— VEB Getriebewerke Leipzig (VEB Kombinat Getriebe und Kupplungen)
— VEB Gewebeausrüstungsmaschinen Karl-Marx-Stadt (Gewama, Textima)
— VEB Gewürze Gera
— VEB Gewürzmühle Leipzig-Markranstädt
— VEB Gießerei und Ofenbau, Königshütte
— Glas Keramik Volkseigener Außenhandelsbetrieb der DDR, Berlin, Kronenstraße 19/19a
— VEB Glaskunst, Lauscha
— VEB Glastechnik Lommatzsch (Fotozusatzgeräte wie Lichtfilter sowie Lesegläser)
— VEB Glasverarbeitung Neuhaus (VEB Kombinat Technisches Glas Ilmenau)
— VEB Glasverarbeitungswerk Cursdorf
— VEB Glaswerk Altenfeld (VEB Kombinat Technisches Glas Ilmenau)
— VEB Glaswerk Annahütte (VEB Kombinat Lausitzer Glas)
— VEB Glaswerk Döbern (VEB Kombinat Lausitzer Glas)
— VEB Glaswerk Freital
— VEB Glaswerk Gräfenroda (VEB Kombinat Technisches Glas Ilmenau)
— VEB Glaswerk Großbreitenbach
— VEB Glaswerk Harz-Kristall, Derenburg
— VEB Glaswerk Hasselbach (VEB Kombinat Glasseide Oschatz)
— VEB Glaswerk Olbernhau (VEB Kombinat Lausitzer Glas)
— VEB Glaswerk Schmiedefeld (VEB Kombinat Technisches Glas Ilmenau)
— VEB Glaswerk Schönborn (VEB Kombinat Lausitzer Glas)
— VEB Glaswerk Schwepnitz

- VEB Globus-Werke, Leipzig
- VEB Gobelin- und Mokettweberei, Karl-Marx-Stadt
- VEB Goldon, Markneukirchen (Raumschmuck, Kerzenständer, Windleuchten, Kunstgewerbliches)
- VEB Goldon Musikspielwaren, Markneukirchen
- VEB Gold- und Silberschmiede Köthen
- VEB Görlitzer Schmuck- und Silberwaren-Industrie – Exportgemeinschaft für echten Schmuck, Görlitz
- VEB Görlitzer Süßwarenfabrik, Görlitz (Spezial-Drageefabrikation, Kaugummi)
- VEB Gothaer Kunststoff-Verarbeitung, Gotha (u. a. Plastespielzeug / Formo-Plastebausteine)
- VEB Gothania Schlauchweberei und Gummiwerk Hörselgau, Fröttstädt
- VEB Gräfenroda-Keramik, Gräfenroda (VEB Kombinat Feinkeramik Kahla)
- VEB Gräfenroda-Keramik, Betriebsteil Gotha
- Grafischer Großbetrieb Sachsendruck Plauen
- Grafischer Spezialbetrieb Saalfeld (Betrieb der VOB Aufwärts)
- VEB Gravo-Druck, Halle Saale, Offsetgroßdruckerei, Betriebsteil I: Ludwig-Wucherer-Straße 44, Betriebsteil II: Thomasiusstraße 33, Betriebsteil III: Dessauer Straße 211, Betriebsteil IV: Geiststraße 22 (Offsetgroßdruckerei und Kartonagenverarbeitung, erst VVB VerpackungLeipzig, dann VEB Kombinat Verpackung Leipzig)
- VEB Greifswalder Brauerei
- VEB GREIKA Weberei und Veredlung, Greiz (VEB Kombinat Wolle und Seide)
- VEB Großbäckerei Halle-Neustadt, Versorgungsgebiet
- VEB Großbäckerei Union Karl-Marx-Stadt
- VEB Großdrehmaschinenbau 8. Mai Karl-Marx-Stadt (VEB Werkzeugmaschinenkombinat 7. Oktober Berlin)
- VEB Großküchenmaschinen Lipsia (VEB Kombinat Nagema)
- VEB Großmontagen, Berlin, Fischerstraße 26/27
- VEB Großwaagen Berlin (VEB Kombinat Nagema)
- VEB Grubenlampen- und Akkumulatorenwerke Zwickau, Reichenbacher Straße 62/68 (Betrieb des VEB Kombinat Fahrzeugelektrik Ruhla)
- VEB(K) Grünanlagen Halle-Neustadt
- VEB Grundstoffchemie Velten
- VEB Gubener Wolle, Wilhelm-Pieck-Stadt Guben
- VEB Gummiwerk Ballenstedt (VEB Kombinat Plast- und Elastverarbeitung)
- VEB Gummiwerk »Elbe« Wittenberg, Lutherstadt Wittenberg-Piesteritz (VEB Kombinat Plast- und Elastverarbeitung)

- VEB Gummiwerk John Schehr, Schönebeck
  (VEB Kombinat Schuhe, führend in der Herstellung von Sportschuhen mit textilem Oberteil und vulkanisierter Gummisohle)
- VEB Gummiwerk Berlin (VEB Kombinat Plast- und Elastverarbeitung)VEB Gummiwerk Thüringen Waltershausen, Pneumant – Autoschläuche, Druckschläuche, Haushaltsartikel aus Polystyrol usw.
  (VEB Kombinat Plast- und Elastverarbeitung)
- VEB Guß- und Farbenglaswerke, Pirna (VEB Flachglaskombinat Torgau)
- VEB Gustav Fischer Verlag Jena
- VEB Gemüsekombinat Wollup
- VEB Gießerei und Maschinenbau Ferdinand Kunert, Schmiedeberg
- VEB Gießerei und Maschinenbau Bernsdorf, Bernsdorf
- VVB Guß- und Schmiedeerzeugnisse, Leipzig, Weichelstraße
- Konsum Großbäckerei Elsterwerda

H

- VEB Haar- und Augenkosmetik Dresden (regard)
- VEB Haarkunst Wernesgrün
- VEB Haarmoden, Leinefelde
- VEB Halbmond-Teppiche, Oelsnitz, Wurzener Teppich WTF, Thüringer Teppiche (VE Kombinat Deko)
- VEB Halbzeugwerk Auerhammer (VEB Bergbau- und Hüttenkombinat Albert Funk)
- VEB Halloren Schokoladenfabrik, Halle Saale, Straße der Deutsch-Sowjetischen Freundschaft (Gelee-Fabrikate, Pralinen)
- VEB Handklöppelspitze, Schwarzenberg
- VEB Handposamenten, Annaberg Buchholz
- VEB Handwerberei »Heimkultur«, Bülow
- VEB Handwerkzeuge Steinbach-Hallenberg, Altersbach, Hauptstraße 39a
- VEB Hansa-Getränke Stendal
- VEB Hartmetallwerk Immelborn (VEB Werkzeugkombinat Schmalkalden)
- VEB Hartmetallwerkzeuge Schmalkalden
- VEB Harzer Gipswerke, Rottleberode (VEB Zement Kombinat)
- VEB Harzer Kalk- und Zementwerke Rübeland (VEB Zement Kombinat)
- VEB Harzer Likörfabrik, Nordhausen
- VEB Harzer Schmuck
- VEB Harzer Uhren Gernrode
- VEB Harzleim Dresden
- VEB Haushaltgeräte Gotha, VEB Technische Werkstätten
- VEB Haushaltgeräte Weißenfels
  (VEB Kombinat Haushaltgeräte Karl-Marx-Stadt)
- VEB Hausschuhfabrik Frankenberg (VEB Kombinat Schuhe)

- VEB Hausschuhfabrik Werk Hundshübel
- VEB Hausschuhwerk Zschortau
- VEB haweba Hallesche Werkstätten für Webereierzeugnisse
- VEB HAZET Zwickau (Kombinat baukema)
- VEB Hebebühnen, Lunzenau
- VEB Hebewerkzeuge Königsbrück
- VEB Heimatkunst Grünhainichen
- Heim-Electric Export-Import Volkseigener Außenhandelsbetrieb der DDR, Berlin, Luisenstraße 46
- VEB Heimschuh (VEB Kombinat Schuhe)
- VEB Heimtextilien Lichtenstein
- VEB Heimtextilien Wittenberge
- VEB HEMA-Werke, Luisenthal (VEB Schwermaschinenbaukombinat TAKRAF)
- VEB Henneberg-Porzellan Ilmenau, seit 1777 (Kombinat Feinkeramik Kahla)
- VEB HERBACIN Wutha
- VEB HERMES Grafischer Spezialbetrieb, Halle Saale, Dessauer Straße 211(VEB Kombinat Zellstoff und Papier Heidenau)
- VEB Herrenbekleidung Fortschritt, Berlin-Lichtenberg (VEB Kombinat Oberbekleidung Berlin)
- VEB Herrenkonfektion, Helbra
- VEB Herrenkonfektion und Textilveredlung, Großröhrsdorf
- VEB Herrenmode Dresden
- VEB Herrenmode Eisleben
- VEB Herrenmoden Erfurt
- VEB Herrenstrümpfe Oberlungwitz, Hohenstein-Ernsttahl
- VEB Hochfrequenzwerk Meuselwitz (VEB Kombinat Rundfunk und Fernsehen)
- VEB Holz, Naumburg
- Holz und Papier, Export-Import, volkseigener Außenhandelsbetrieb der DDR, Berlin, Krausenstraße 35/36
- VEB Holz- und Kulturartikel Seiffen
- VEB Holzbauelemente Gehren
- VEB Holzindustrie Halberstadt
- VEB Holzkombinat Thüringer Wald, Großbreitenbach
- VEB Holzkunst Dresden
- VEB Holzkunst Rhön, Kaltennordheim
- VEB Holz- und Hirschhornschnitzerei, Trusetal
- VEB Holzspielwaren, Körner
- VEB Holzverarbeitung, Erfurt (Leistenfabrik)
- VEB Holzverarbeitungswerke Ohrdruf

- VEB Holzwaren, Gahlenz
- VEB Holz- und Drechslerwaren Rothenthal
- VEB Holzwerk und Parkettfabrik, Wittenhagen
- Homanit-Druck Kurt Güther Greiz (Betrieb mit staatlicher Beteiligung)
- VEB HOMESA, Halle Saale (Werkstätten für kunstgewerbliche Handsägearbeiten)
- Hotel Metropol, Berlin, 13-Geschosser, 1975–77 errichtetes Interhotel
- VEB Hundesportartikel, Kaltensundheim
- VEB Hutkombinat Guben, Stammbetrieb
- VEB Hutmoden Luckenwalde (VEB Hutkombinat Guben)
- VEB Hüte und Mützen Berlin
- VEB Hydraulik-Maschinen Strausberg
- VEB Hydrierwerk Zeitz (VEB Petrolchemisches Kombinat Schwedt)
- VEB Habrinol Gießereichemie Halle, Halle Saale, Böllberger Weg 130
- VEB Harzleim Dresden – Böcklinstraße 5

I

- VEB IFA-Automobilwerke Ludwigsfelde
- VEB IFA-Karosseriewerke Dresden (IFA-Kombinat Personenkraftwagen)
- VEB IFA-Motorenwerke Nordhausen (IFA-Kombinat Nutzkraftwagen)
- VEB Imprägtuch Markranstädt Leipzig, Chemische Fabrik (Rufil – Polier- und Putztücher aus Malimo)
- IMPULSA Elsterwerda, Betrieb Anlagenbau (VEB Kombinat Fortschritt, Landmaschinen)
- VEB Inducal Göllingen (VEM, Induktionserwärmungsanlagen)
- VEB Industriebürsten Berlin (INDUBU, technische Bürsten und Pinsel)
- VEB Industriedüsen Hinsdorf (VEB Kombinat Feinmechanische Werke Halle)
- VEB Industriemontagen Merseburg (VEB Chemieanlagenbaukombinat Leipzig-Grimma)
- VEB Industrieofen- und Anlagenbau Güntersberge (VEB Lokomotivbau Elektrotechnische Werke Hans Beimler)
- VEB Industrieprojektierung Dessau (VEB IPRO Dessau)
- Industrie- und Handelsbank der DDR (IHB)
- VEB Industriewerk Halle-Nord (IW), Halle Saale, Wilhelm-Busch-Straße 36 (VEB Kombinat baukema, Mitglied des Warenzeichenverbandes Bau-, Baustoff- und Keramikmaschinen e. V.)
- VEB INEX BERLIN, Köpenicker Straße 126 (Industrieanlagen-Export)
- VEB Infrarotanlagen Oranienburg, Sachsenhausener Straße 22
- VEB Ingenieurbetrieb Plast- und Elastverarbeitung, Halle Saale, Große Ulrichstraße 16 (VEB Kombinat Plast- und Elastverarbeitung)

- VEB Innendekorationsbeschläge, Moritzburg (VEB Kombinat Haushaltsgeräte Karl-Marx-Stadt)
- VEB Innenprojekt Halle, Generallieferant Bildungseinrichtungen, Halle Saale, Thälmannplatz 5
- Institut für die Lederverarbeitende Industrie, Weißenfels
- Institut für grafische Technik Leipzig
- Institut für Impfstoffe, Dessau, Jahnstraße 8 (VEB Pharmazeutisches Kombinat)
- Institut für Leichtbau und ökonomische Verwendung von Werkstoffen, Dresden, Karl-Marx-Straße
- Intercontrol GmbH Deutsche Warenkontrollgesellschaft, Berlin, Clara-Zetkin-Straße 112/114
- Interdruck Leipzig, Grafischer Großbetrieb, Leipzig, Straße der Befreiung
- Interflug – Fluggesellschaft der DDR, Berlin-Schönefeld
- Interhotel Stadt Halle, Thälmannplatz, 4020 Halle (Slogan: »Garantiert vorbildliche Gastlichkeit«)
- intermed-export-import, Volkseigener Außenhandelsbetrieb der DDR, Berlin
- VEB intermod Lederwarenfabrik, Bautzen (VEB Kombinat Lederwaren Schwerin)
- Interpelz Deutsche Rauchwaren Export- und Import-GmbH, Leipzig, Brühl 42–50
- Interpelz Export-Import-GmbH, Häute, Rauchwaren, Leder, Lederwaren, Schuhe, Leipzig, Nikolaistraße 15/25
- Interport Industrievertretungen, Berlin
- interscola – Unterrichtsmittel und Ausstattungen für Bildungseinrichtungen
- interver GmbH, Internationales Handelszentrum Friedrichstraße, Berlin
- Interwerbung GmbH, Gesellschaft für Werbung und Auslandsmessen der DDR, Berlin, Hermann-Duncker-Straße 89 (1970: Tucholskystraße 40)
- Intrac Handelsgesellschaft mbH, Berlin-Pankow, Schönholzer Straße 10/11
- INVEST EXPORT, Volkseigener Außenhandelsbetrieb der DDR, Berlin, Taubenstraße 7/9
- VEB Isis-Chemie Zwickau (VEB Pharmazeutisches Kombinat)
- isocommerz GmbH, Berlin-Buch, Lindenberger Weg 70 (Zweigstelle in Dresden, kerntechnische Materialien und Geräte)
- VEB ISOKO Schmiedefeld, Schmiedefeld am Rennsteig
- VEB ISOLA Rudolstadt, Verkaufsgemeinschaft Isolierflasche und -gefäße
- VEB Isolierungen Zwenkau

J

- VEB Jenaer Glaswerk Schott & Gen. Jena (Glaswerk Jena)
- VEB Jenapharm, Jena (VEB Pharmazeutisches Kombinat)
- VEB Jenapharm, Ankerwerk Rudolstadt (VEB Pharmazeutisches Kombinat)
- VEB Jenapharm, Betriebsteil Gotha (VEB Pharmazeutisches Kombinat)
- VEB Jenapharm, Laborchemie Apolda (VEB Pharmazeutisches Kombinat)
- VEB Jenapharm, Leuchtstoffwerk Bad Liebenstein (VEB Pharmazeutisches Kombinat)
- VEB Jenapharm, Serumwerk Bernburg (VEB Pharmazeutisches Kombinat)
- VEB Jugendmode Roßwein
- VEB Junkalor Dessau, Dessau, Altener Straße 43 (VEB Kombinat Elektro-Apparate-Werke Berlin-Treptow, Vereinigung Volkseigener Betriebe Automatisierungsgeräte)
- H. F. Jütte, Graphische Kunstanstalt, Leipzig
- VEB Juwel, Görlitz (Emaillierter Raum- und Tafelschmuck)

K

- VEB Kaffee Halle (VENAG)
- VEB Kali-Chemie, Stammbetrieb des VEB Kombinat Lacke und Farben (Lacufa), Berlin-Niederschöneweide
- VEB Kali-Chemie, Werk 4 Farbenfabrik Nerchau
- VEB Kältetechnik, Haldensleben
- VEB Käsefabrik Sangerhausen, Dr.-Wilhelm-Külz-Straße
- VEB Käsewerk Vahldorf
- VEB Kaltwalzwerk Oranienburg (VEB Bandstahlkombinat Hermann Matern, nach 1989 von Krupp gekauft und geschlossen)
- VEB Kamenzer Spielwaren, Kamenz
- VEB Kamerafabrik Freital (Kleinbildkamera Beirette 24x36 mm)
- VEB Kamera-Werke Niedersedlitz
- VVB Kammgarn- und Streichgarn-Spinnereien Gera, Wiesenstraße 105
- Karl-Marx-Werk, Graphischer Großbetrieb, Pößneck (KMW, Teil des Thüringer Volksverlags Weimar, ging aus dem 1891 gegr. Vogel-Verlag hervor)
- VEB Karosserie- und Fahrzeugbau Halle, Halle Saale, Straße der DSF 86 (Kafa)
- VEB Karosseriewerk Aschersleben (IFA-Kombinat Spezialaufbauten und Anhänger)
- VEB Karosseriewerk Erfurt (IFA-Kombinat Spezialaufbauten und Anhänger)
- Kartonagenfabrik Felix Fuchs, Dresden, Görlitzer Straße 22
- VEB Kartonagenmaschinenwerk Kama, Dresden, Blasewitzer Straße 21–25

- VEB (K) Kartonagen und Bürobedarf Karl-Marx-Stadt
- VEB Kartonpapiere Nerchau
- VEB Keramik, Schwerin (VEB Kombinat Haushaltgeräte Karl-Marx-Stadt)
- VEB Keramik Coswig (Mehrzweckgeschirr)
- VEB Keramische Werke Haldensleben (Zierkeramik, Steingut für Wirtschaftszwecke)
- VEB Keramische Werke Hermsdorf (Kombinat VEB Keramische Werke Hermsdorf, KWH)
- VEB Ketten- und Nagelwerk Weißenfels
- VEB Kinderbekleidung Sehma
- VEB Kindermöbel Waldkirchen (VEB Vereinigte Holzindustrie Marienberg)
- VEB Kindermoden Aschersleben (KIMO)
- VEB Kinderschuhfabrik Hundshübel
- VEB Kinderstrumpfwerk Klaffenbach (Esda)
- VEB Klappmöbelfabrik Bad Suderode
- VEB Kleiderbügelwerk, Gießübel
- VEB Kleiderwerk »Elegant«
- VE (B) Kleiderwerk Wernigerode
- VEB Kleiderwerke Greifswald
- VEB Kleiderwerke Güstrow
- VEB Kleinbehälterglas Ernsttal/Piesau
- VEB Kleinlederwaren, Eisfeld (Lederwarenfabrik)
- VEB Kleinmetallwaren Pappenheim
- VEB Klement-Gottwald-Werke, KGW, Schwerin (VEB Kombinat Schiffbau)
- VEB Klingenthaler Harmonikawerke
- VEB Kochanlagenbau Stolpen (VEB Kombinat Nagema)
- VEB Kofferfabrik Kindelbrück (VEB Kombinat Lederwaren Schwerin)
- VEB Kofferfabrik Müllrose
- VEB Kofferfabrik Reuterstadt Stavenhagen
- VEB Kohlehandel Halle
- KOIMPEX Handelsgesellschaft mbH für Konsumgüteraustausch
- Kolibri, Bad Gottleuba (Mappen, Schnellhefter, Kalender)
- VEB Kolloid-Chemie Leipzig
- VEB Kombinat Agrochemie Piesteritz
- VEB Kombinat Anlagenbau Braunkohle
- VEB Kombinat Automatisierungsanlagenbau, Berlin
- VEB Kombinat Bauelemente und Faserbaustoffe, Leipzig
- VEB Kombinat baukema, Leipzig
- VEB Kombinat Bau- und Grobkeramik, Halle Saale, Burgstraße 38
- VEB Kombinat Behälter- und Verpackungsglas, Bernsdorf
- VEB Kombinat Bekleidungswerke »herdas«, Greiz
- VEB Kombinat Chemische Werke Buna, Schkopau

- VEB Kombinat Chemische Werke Buna, Plastverarbeitung Ammendorf, Halle Saale, Schachtstraße 11
- VEB Kombinat Deko Plauen
- VEB Kombinat DEUTRANS Internationale Spedition
- VEB Kombinat Elektro-Apparate-Werke Berlin-Treptow (EAW)
- VEB Kombinat Elektroenergie-Anlagenbau, Halle Saale, Thälmannplatz 1
- VEB Kombinat Elektroenergie-Anlagenbau, Leipzig (VEM)
- VEB Kombinat Elektrogerätewerk Suhl
- VEB Kombinat Elektromaschinenbau Elektromotorenwerk Grünhain (VEM)
- VEB Kombinat Elektromaschinenbau, Dresden
- VEB Elektromaschinenbau Sachsenwerk, Dresden
- VEB Elektromotorenwerk Hartha, Hartha
- VEB Elbtalwerk Heidenau
- VEB Finsterwalder Maschinen-, Aggregate- und Generatorenwerk, Finsterwalde
- VEB Kombinat Elektronische Bauelemente, Teltow
- VEB Kombinat Erdöl-Erdgas, Gommern
- VEB Kombinat Fahrzeugelektrik Ruhla, Ruhla
- VEB Kombinat Feinkeramik Kahla, Kahla
- VEB Kombinat Feinmechanische Werke Halle, Halle Saale, Rudolf-Breitscheid-Straße 71
- VEB Kombinat Fortschritt Landmaschinen, Anlagenbau Dresden
- VEB Kombinat Fortschritt Landmaschinen, Betrieb Anlagenbau IMPULSA, Betriebsbereich Fahrzeugwerk Annaburg
- VEB Kombinat Fortschritt Landmaschinen, Betrieb Anlagenbau Impulsa Elsterwerda, Betriebsbereich Stanzila Dresden
- VEB Kombinat Fortschritt Landmaschinen, Neustadt in Sachsen, Betrieb Anlagenbau Impulsa Elsterwerda
- VEB Kombinat Fortschritt Landmaschinen, Neustadt in Sachsen, Betrieb Anlagenbau Petkus Wutha
- VEB Kombinat Fortschritt Landmaschinen, Neustadt in Sachsen, Betrieb Bäckereimaschinenbau Halle, Halle Saale, Reideburger Straße 51/53 (Vollautomatische Teigteil- und -wirkmaschinen, Bearbeitungsanlage für Brötchenteige)
- VEB Kombinat Fortschritt Landmaschinen, Neustadt in Sachsen, Betrieb Bodenbearbeitungsgeräte, Leipzig
- VEB Kombinat Fortschritt Landmaschinen, Neustadt in Sachsen, Betrieb Dämpferbau Lommatzsch
- VEB Kombinat Fortschritt Landmaschinen, Neustadt in Sachsen, Betrieb Dieselmotorenwerk Schönebeck

- VEB Kombinat Fortschritt Landmaschinen, Neustadt in Sachsen, Betrieb Erntemaschinen Neustadt
- VEB Kombinat Fortschritt Landmaschinen, Neustadt in Sachsen, Betrieb Hydrauflex Plauen
- VEB Kombinat Fortschritt Landmaschinen, Neustadt in Sachsen, Betrieb Kyffhäuserhütte Artern
- VEB Kombinat Fortschritt Landmaschinen, Neustadt in Sachsen, Betrieb Landmaschinen Freiberg
- VEB Kombinat Fortschritt Landmaschinen, Neustadt in Sachsen, Betrieb Landmaschinenbau Bernburg
- VEB Kombinat Fortschritt Landmaschinen, Neustadt in Sachsen, Betrieb Landmaschinenbau Falkensee
- VEB Kombinat Fortschritt Landmaschinen, Neustadt in Sachsen, Betrieb Landmaschinenbau Güstrow
- VEB Kombinat Fortschritt Landmaschinen, Neustadt in Sachsen, Betrieb Landmaschinenbau Halberstadt
- VEB Kombinat Fortschritt Landmaschinen, Neustadt in Sachsen, Betrieb Landmaschinenbau »Rotes Banner«, Döbeln
- VEB Kombinat Fortschritt Landmaschinen, Neustadt in Sachsen, Betrieb 3: Landmaschinenbau Torgau
- VEB Kombinat Fortschritt Landmaschinen, Neustadt in Sachsen, Leitbetrieb Weimar-Werke
- VEB Kombinat Fortschritt Landmaschinen, Neustadt in Sachsen, Betrieb Mälzerei- und Speicherbau Erfurt
- VEB Kombinat Fortschritt Landmaschinen, Neustadt in Sachsen, Betrieb Maschinenbau Dargun
- VEB Kombinat Fortschritt Landmaschinen, Neustadt in Sachsen, Betrieb Maschinen- und Mühlenbau Wittenberg
- VEB Kombinat Fortschritt Landmaschinen, Neustadt in Sachsen, Betrieb Metallschlauchwerk Zwickau
- VEB Kombinat Fortschritt Landmaschinen, Neustadt in Sachsen, Betrieb Meteor-Werk, Zella-Melis
- VEB Kombinat Fortschritt Landmaschinen, Neustadt in Sachsen, Betrieb Ölheizgerätewerk Neubrandenburg, Werk I Ückermünde (Schiffslaternen, Sportbootlaternen)
- VEB Kombinat Fortschritt Landmaschinen, Neustadt in Sachsen, Betrieb Traktorenwerk Schönebeck
- VEB Kombinat Geologische Forschung und Erkundung, Halle Saale, Köthener Straße 34
- VEB Kombinat Getriebe und Kupplungen, Magdeburg
- VEB Kombinat Gießereianlagenbau und Gußerzeugnisse (GISAG), Leipzig

- VEB Kombinat Gießereianlagenbau und Gußerzeugnisse (GISAG), Betrieb Stahlgießerei Elstertal Silbitz
- VEB Kombinat Glasseide Oschatz, Stammbetrieb
- VEB Kombinat Handelstechnik, Berlin, Clara-Zetkin-Straße 103
- VEB Kombinat Haushaltgeräte Karl-Marx-Stadt
- VEB Kombinat Holzspielwaren VERO Olbernhau, Stammbetrieb Olbernhau, Betrieb Pobershau, Betrieb Schneeberg
- VEB Kombinat Industriewaren Rathenow
- VEB Kombinat Kabelwerk Oberspree (KWO) Wilhelm Pieck, Berlin, Stammbetrieb (Betriebe in Schwerin, Köpenick, Adlershof, Schönow, Beelitz, Kranichfeld, Plauen, Schlettau, Meißen, Niederoderwitz | 1990 Verhandlungen mit Siemens – Schwerin und Meißen 1991 zu 100 Prozent übernommen | 1993 Kauf weiterer Kombinatsteile durch BICC)
- VEB Kombinat Kali, Sondershausen
- VEB Kombinat Keramische Werke Hermsdorf (KWH)
- VEB Kombinat Kinderfahrzeuge ZEKIWA Zeitz
- VEB Kombinat Kinderfahrzeuge ZEKIWA Zeitz, Betrieb Mühlhausen
- VEB Kombinat Kraftverkehr Leipzig, Betrieb VEB Deutsche Spedition
- VEB Kombinat Kraftwerksanlagenbau, Berlin
- VEB Kombinat Kunstleder und Pelzverarbeitung, Leipzig
- VEB Kombinat Lacke und Farben, Berlin
- VEB Kombinat Lausitzer Glas, Weißwasser
- VEB Kombinat Lederwaren Schwerin
- VEB Kombinat Lokomotivbau, Elektrotechnische Werke Hans Beimler (LEW), Henningsdorf
- VEB Kombinat Lokomotivbau, Elektrotechnische Werke Hans Beimler, VEB Isokond Isolierstoff- und Kondensatorenwerk
- VEB Kombinat Lokomotivbau, Elektrotechnische Werke Hans Beimler, VEB Schichtpreßstoffwerk Bernau
- VEB Kombinat Luft- und Kältetechnik, Dresden (ILKA)
- VEB Kombinat Medizin- und Labortechnik Leipzig (Stammbetrieb)
- VEB Kombinat Mikroelektronik, Erfurt
- VEB Kombinat Nachrichtenelektronik, Leipzig
- VEB Kombinat Nagema, Verpackungsmaschinen, Schokoladenmaschinen, Getränkemaschinen, Wägetechnik
- VEB Kombinat NARVA Rosa Luxemburg, Berlin
- VEB Kombinat Oberbekleidung Berlin, Berlin-Lichtenberg
- VEB Kombinat Obst- und Gemüseverarbeitung OGIS Zeitz
- VEB Kombinat Öl und Margarine Magdeburg
- VEB Kombinat OSTRA-Hydraulik, Leipzig
- VEB Kombinat PENTACON Dresden

- VEB Kombinat PIKO Sonneberg, Betrieb Sonneberg
- VEB Kombinat PIKO Sonneberg, Betrieb VEB PIKO Elektrik Meiningen
- VEB Kombinat PIKO Sonneberg, Betrieb VEB Piko-Mechanik Eisfeld
- VEB Kombinat Plast- und Elastverarbeitung, Berlin-Weißensee
- VEB Kombinat PLASTICART, Annaberg-Buchholz
- VEB Kombinat Polygraph »Werner Lamberz« Leipzig
- VEB Kombinat Präcitronic Dresden
- VEB Propangeräte Potsdam
- VEB Kombinat Pumpen und Verdichter, Halle Saale, Turmstraße 94/96
- VEB Kombinat Puppen und Plüschspielwaren »sonni« Sonneberg
- VEB Kombinat Robotron, Dresden, Grunaer Straße 2
- VEB Kombinat Rundfunk und Fernsehen, Staßfurt
- VEB Kombinat Schienenfahrzeuge, Berlin-Lichtenberg
- VEB Kombinat Schiffbau, Rostock, Doberaner Straße 110/111
- VEB Kombinat Schuhe
- VEB Kombinat Seeverkehr und Hafenwirtschaft-Deutfracht/Seereederei, Rostock-Überseehafen
- VEB Kombinat Solidor, Heilbad Heiligenstadt
  (Betriebe: VEB Vereinigte Metallwarenfabriken Breitungen,
  VEB Nadelwerklchtershausen, VEB Reißverschlußwerk Rathenow,
  VEB Solidor Dresden, VEB Reißverschlußwerk Bahratal)
- VEB Kombinat Sportgeräte Schmalkalden (Germina)
- VEB Kombinat Sportgeräte Schmalkalden, Betrieb 2 Trusetal / Rambach
- VEB Kombinat Sportgeräte Schmalkalden, Stammbetrieb 3 Geschwenda
- VEB Kombinat Sportgeräte Schmalkalden, Stammbetrieb Bereich 15, Niederwiesa
- VEB Kombinat Tabak, Berlin
- VEB Kombinat Technische Textilien, Karl-Marx-Stadt
- VEB Kombinat Technisches Glas, Ilmenau
- VEB Kombinat Technisches Glas, Kombinatsleitung Ilmenau
- VEB Kombinat Textilreinigung Halle, Stammbetrieb VEB Textilreinigung Halle, Industriestraße 1
- VEB Kombinat Textima, Karl-Marx-Stadt
- VEB Kombinat Trikotagen Karl-Marx-Stadt
- VEB Kombinat Umformtechnik Herbert Warnke Erfurt (Trusioma)
- VEB Kombinat Verpackung Leipzig, Lessingstraße 22 (Briefumschläge, Faltschachteln, Kartonagen, Beutel usw.)
- VEB Kombinat Wälzlager und Normteile, Karl-Marx-Stadt, Reichenhainer Straße 31/33
- VEB Kombinat Wassertechnik und Projektierung Wasserwirtschaft, Dieselstraße 15b
- VEB Kombinat Wolle und Seide, Meerane, Leipziger Straße 32/34

- VEB Kombinat Zellstoff und Papier, Beschaffung und Absatz, Heidenau
- VEB Kombinat Zentraler Industrieanlagenbau der Metallurgie Berlin
- VEB Kombinat Zuschlagstoffe und Natursteine Dresden
- VEB Kombinat Chemieanlagen Dresden, Betrieb im VEB Chemieanlagenbaukombinat Leipzig-Grimma
- VEB Kombinat Kondensatorenwerk Görlitz »Wilhelm Pieck«, Betrieb im Kombinat VEB Elektronische Bauelemente
- VEB Kompressorenbau Bannewitz, Betrieb im Kombinat für Dieselmotoren und Industrieanlagen Schwermaschinenbau Karl Liebknecht, Magdeburg
- VEB Kohlehandel Halle (Saale), Betriebsteil Halle, 4012 Halle, Leipziger Chaussee
- VEB KOMET Eier-Teigwaren und Speiseeispulverfabrik, Großpostwitz
- VEB (K) Kommunale Wohnungsverwaltung Halle
- VEB (K) Kommunale Wohnungsverwaltung Halle-Neustadt
- VEB Komprimate Magdeburg
- VEB Konfektion Großröhrsdorf (Bademoden)
- VEB Konfektion Plauen
- Kongreß-Verlag Berlin, Thälmannplatz 8/9
- Konsum-Backwarenkombinat Halle, Halle Saale
- Konsum-Brauerei Weimar-Ehringsdorf
- Konsum-Bürstenfabrik Stützengrün
- Konsum-Nährmittelwerke Erfurt
- Konsum-Schokoladenfabrik »KONSÜ« Tangermünde
- KONSUM Seifenwerk Riesa
- KONTAKTA-Außenhandels-Vertretungen GmbH, Berlin, Pankower Straße 2
- VEB Kontaktbauelemente Luckenwalde, Betrieb im Kombinat VEB Elektronische Bauelemente
- VEB Kontaktbauelemente und Spezialmaschinenbau Gornsdorf, Betrieb im Kombinat VEB Elektronische Bauelemente
- VEB KONTEX, Blankenstein (Blusenfabrik)
- VEB Kösener Mühlenwerke
- VEB Kösener Spielzeug, Bad Kösen, Rudelsburgpromenade 22
- VEB KOSORA, Dresden, Reisstraße 40
- VEB Köstritzer Schwarzbierbrauerei, Bad Köstritz und Gera
- VEB Kraftfuttermischwerk Eberswalde, Britzer Straße
- VEB Kraftfuttermischwerk Fürstenberg/Havel
- VEB Kraftfuttermischwerk Ketzin
- VEB Kraftfuttermischwerk Teltow
- VEB Kraftfuttermischwerk Halle-Trotha, Brachwitzer Straße 24 (KGW Halle)

- VEB Kraftfahrzeugwerk »Ernst Grube« Werdau, Betrieb des IFA-Kombinates Spezialaufbauten und Anhänger
- VEB Kraftfahrzeugzubehörwerk Magdeburg (Katalyt)
- VEB Kraftfahrzeugzubehörwerke Dresden (VEB IFA-Kombinat Nutzkraftwagen)
- VEB Kraftfahrzeugzubehörwerke Meißen (VEB IFA-Kombinat Nutzkraftwagen)
- VEB Kraftmeßgeräte Bermbach (OHO)
- VEB Kraftverkehr Bautzen, Dr-Peter-Jordan-Straße 45
- VEB Kraftverkehr Halle
- VEB Kraftwerk »Elbe« Vockerode
- VEB Kranbau Eberswalde (VEB Schwermaschinenbaukombinat TAKRAF)
- VEB Kranbau Wittenberg, Wittenberg (VEB Schwermaschinenbaukombinat TAKRAF)
- VEB »Kranich«-Schuhfabrik, Eppendorf (VEB Kombinat Schuhe)
- VEB Kratzenfabrik, Mittweida (VEB Textima- und Spezialdraht)
- VEB Kreidewerk Rügen, Klementelvitz (VEB Zement Kombinat, ZEKOM)
- VEB Kristalleuchte, Ebersbach
- VEB Kristiania, Weißenfels (Germina)
- VEB Kühlanlagenbau Dresden
- VEB Kühlanlagenbau Dresden, Betriebsteil Halle, Straße der DSF 36
- VEB Kühlautomat, Berlin (VEB Kombinat Schiffbau)
- VEB Kühlerbau Freiberg
- VEB Kühlmöbelwerk Erfurt (VEB Kombinat Haushaltsgeräte Karl-Marx-Stadt)
- VEB Kulturpark Berlin
- VEB Kulturwaren, Pappenheim
- Kunst und Antiquitäten GmbH
- VOB Kunst- und Verlagsbuchbinderei, Leipzig (VEB Versteigerungshaus / Gebrauchtwarenhaus Leipzig)
- VEB Kunstblume Sebnitz, Weberstraße 2 / 4 (u. a. Konfetti)
- VEB Kunstgewerbe, Pappenheim
- VEB Kunstgewerbe Deutschneudorf
- VEB Kunstgewerbe Venusberg
- VEB Kunstgewerbe-Werkstätte, Olbernhau
- VEB Kunstglas Gehren
- VEB Kunstleder Borsdorf (VEB Kombinat Kunstleder und Pelzverarbeitung Leipzig, Zweigwerk: VEB Dermatoid Eilenburg, Gambiten für Galanteriewaren)
- VEB Kunstleder Borsdorf, Werk Dermatoid Eilenburg (VEB Kombinat Kunstleder und Pelzverarbeitung Leipzig)
- VEB Künstlerfarbenfabrik Friedersdorf

— VEB Künstlerpuppen Dresden
— VEB Kunstseidenwerk »Clara Zetkin« Elsterberg
— VEB Kunstseidenwerk »Siegfried Rädel« Pirna
— VEB Kunstseidenwerk Premnitz
— VEB Elastonwerk, Friedrichroda (Kunststoff-Fabrik)
— VEB Kunststoffverarbeitungsindustrie, Sebnitz (Kunstharzerzeugnisse)
— VEB Kunstwerkstatt Zipfelhaus, Auerbach
— VEB Kupferkesselwerk Allstedt (KKW)
— VEB Kupferwerk Allstedt
— VEB Kupplungs- und Triebwerksbau Dresden
— VVB Kautas, Leipzig, Pfaffendorfer Straße 33(VVB der Kautschuk- und Asbest-Industrie)
— VVB Konfektion, Berlin, Grüneberger Straße 54
— VVB Kühl- und Lagerwirtschaft, Berlin, Neue Grünstraße 17
— VEB Kolloid-Chemie Leipzig – Angerstraße 26 / 28
— VEB Kosmetik Kombinat Berlin

L

— VEB Labortechnik Apolda
— VEB Lackfabrik Berlin (VEB Kombinat Lacke und Farben, Lacufa)
— VEB Lackfabrik Eisenach (VEB Kombinat Lacke und Farben, Lacufa)
— VEB Lackfabrik Köthen (VEB Kombinat Lacke und Farben, Lacufa)
— Lackfabrik Mölkau, Leipzig (Industrie-Lacke)
— VEB Lackfabrik Oberlichtenau (VEB Kombinat Lacke und Farben, Lacufa)
— VEB Lackfabrik Zeitz (VEB Kombinat Lacke und Farben, Lacufa)
— VEB Lackharz Zwickau (VEB Kombinat Lacke und Farben, Lacufa)
— VEB Lack- und Druckfarben Berlin, Berlin-Weißensee, Goethestraße 50–54
— VEB Lack- und Druckfarbenfabrik Coswig, Fabrikstraße 28
— Lago Genossenschaft des Schmalkalder Werkzeug- und Kleineisenhandwerks eGmbH, Steinbach-Hallenberg
— VEB Landesdruckerei Sachsen, Fritz-Heckert-Platz 10, Dresden
— VEB Landkartenverlag 102 Berlin
— VEB Landmaschinenbau Bernburg
— VEB Landtechnisches Instandsetzungswerk Gardelegen, Stendaler Straße 149
— VEB Landtechnisches Instandsetzungswerk Halle, Leninallee 265 (LIW)
— Lastkraftwagenwerke ROBUR
— VEB Lauschaglas, Betriebsteil Modeschmuck Lauscha
— VEB Lausitzer Glas, Weißwasser
— VEB Lautex Neugersdorf
— VEB Lederfabrik Hirschberg
— VEB Lederfabrik Hirschberg, Werk Lederfaserwerk Siebenlehn

- VEB Lederfabrik Stadtilm
- VEB Lederfabrik Zug
- VEB Lederhandschuhe Grimma
- VEB Leder- und Plastverarbeitungswerke Dresden (VEB Kombinat Lederwaren Schwerin)
- VEB Lederwaren, Köthen
- VEB Lederwaren Halle, Halle / Saale, Marx-Engels-Platz 22 (Aktentaschen und Geschäftsmappen)
- VEB Lederwaren »Ostseestrand«, Ribnitz-Damgarten-OstVEB Lederwaren Pappenheim, Pappenheim
- VEB Lederwaren Schwerin (VEB Kombinat Lederwaren Schwerin)
- VEB Lederwaren Wittenberg
- VEB Leder- und Segeltuchwaren, Leppersdorf
- VEB Lederwarenfabrik Coswig
- VEB Lederwarenfabrik Mühlhausen (VEB Kombinat Lederwaren Schwerin)
- VEB Lederwarenfabrik Sangerhausen
- VEB Lederwarenfabrik Zeitz
- VEB Lederwerk »August Apfelbaum« (VEB Kombinat Kunstleder und Pelzverarbeitung Leipzig)
- VEB Lehrgeräte und Reparaturwerk Mittenwalde
- VEB Leichtbauelemente Magdeburg
- VEB Leichtmetallwerk Rackwitz (VEB Mansfeld Kombinat Wilhelm Pieck)
- VEB Leimfabrik Tangermünde, An der Hämertschen Chaussee (LFT)
- VEB Leipziger Baumwollspinnerei, Leipzig, Spinnereistraße 7
- VEB Leipziger Bekleidungswerke »vestis«, Leipzig
- VEB Leipziger Faltbootbau, Leipzig (LFB Stern)
- VEB Leipziger Herrenmode, Leipzig
- VEB Leipziger Rauchwarenindustrie (Brühlpelz)
- VEB Leipziger Süßwarenbetriebe, Leipzig, Pittlerstraße 33 (Goldeck, Empor)
- VEB Leipziger Wollgarnfabrik (1970)
- VEB Leipziger Wollkämmerei
- VEB Leistenfabrik Rudolstadt (leifa), Rudolstadt, An der Rinne 3
- VEB LETEX Wallhausen, Wallhausen (Anglerhocker, Anglermützen, Anglerreisetaschen)
- VEB Leuchtenbau Meerane
- VEB Leuchtenbau Radeberg
- VEB Leuchtenbau Zwickau
- VEB Leuchtenschmuck Leipzig
- VEB Leuchtenzubehör Marienberg
- VEB Leuchtstoffwerk Bad Liebenstein
- VEB Leuna-Werke »Walter Ulbricht«

- VEB Lichtensteiner Herrenkonfektion Lichtenstein
- VEB Lichtensteiner Möbelstoffweberei, Lichtenstein
- VEB Licht- und Sonnenschutzanlagen, Neukirchen
- VEB Li-iL Werk Arzneibäder Dresden (Medizinische Bäder, Spezial-Einreibungen)
- VEB Likörfabrik Zahna (Bezirk Halle/Saale)
- LIMEX GmbH, Außenhandelsunternehmen der DDR, Berlin, Schicklerstraße 5 / 7
- VEB Linoleumwerk Kohlmühle, Likolit (VEB Kombinat Kunstleder und Pelzverarbeitung Leipzig)
- VEB Lokomotiv-Elektrowerk »Hans Beimler«, Henningsdorf
- VEB Londa Rothenkirchen, Zentralvertrieb Haarkosmetik (VEB Chemisches Kombinat Miltitz, Haarkosmetik Leipzig, Florena)
- VEB Lößnitzer Bekleidungswerke
- VEB Kombinat Oberbekleidung Lößnitz
- VEB Lötgeräte Dresden
- VEB Ludwig Wagner KG, Leipzig, Philipp-Müller-Straße 46 / Zschochersche Straße (Schriftgießerei und Messinglinienfabrik)
- VEB Luwal Luckenwalde
- VVB Leichtchemie, Berlin-Köpenick, Annenallee 9

M

- VEB Mädchenbekleidung und Tapisserie, Neugersdorf, Rudolf-Breitscheid-Straße 37
- VEB Märkische Öl- und Fettwerke Wittenberge
- VEB Magdeburger Armaturenwerke »Karl Marx« (MAW), Armaturenkombinat
- VEB Magdeburger Damenmoden (madamo)
- VEB Magnesitwerk Aken, Dessauer Landstraße 61
- VEB Magnetbandfabrik Dessau, Kochstedter Kreisstraße (Kombinatsbetrieb des VEB Filmfabrik Wolfen)
- VEB »Maja«-Bekleidungswerk Bad Langensalza
- VEB Majoranwerk Aschersleben, Geschwister-Scholl-Straße 101
- VEB MALITEX, Hohenstein-Ernstthal (VEB Kombinat Baumwolle)
- VEB Maniküre und Werkzeuge, Steinbach-Hallenberg
- VEB Mansfeld Industrieanlagen Dresden, Julian-Grimeau-Allee 25 / Ostra-Allee (VEB Mansfeld-Kombinat Wilhelm Pieck)
- VEB Mansfeld-Kombinat »Wilhelm Pieck«, Lutherstadt Eisleben, Markt 57
- VEB Mantissa (u.a Plasterechenschieber Mono Rietz)
- VEB Maschinenbau Burg (VEB Kombinat Nagema)
- VEB Maschinenbau Halberstadt

- VEB Maschinenbau »Karl Marx« Babelsberg (VEB Schwermaschinenbaukombinat TAKRAF)
- VEB (B) Maschinenbau Neuruppin (u. a. Gurtbandförderer)
- VEB Maschinen- und Apparatebau Grimma
- VEB Maschinen- und Apparatebau Schkeuditz (MAB, VEB Kombinat Luft- und Kältetechnik)
- VEB Maschinen- und Dampfkesselbau Gera (Kombinat Nagema)
- Maschinen-Export Volkseigener Außenhandelsbetrieb der DDR, Berlin, Mohrenstraße 61
- VEB Maschinenfabrik Halle, Stalinallee 154, später Leninallee (Kombinat Luft- und Kältetechnik)
- VEB Maschinenfabrik Heidenau (Kombinat Nagema)
- VEB Maschinenfabrik »John Schehr« Meuselwitz (VEB Werkzeugmaschinenkombinat »Fritz Heckert«)
- VEB Maschinenfabrik und Eisengießerei Dessau (ASUG, VEB Kombinat Getriebe und Kupplungen)
- VEB Maschinenfabrik und Eisengießerei Wurzen (VEB Chemieanlagenbaukombinat Leipzig-Grimma)
- VEB Mathias-Thesen-Werft, Wismar (MTW, VEB Kombinat Schiffbau)
- VEB Maxhütte Unterwellenborn (VEB Qualitäts- und Edelstahl-Kombinat)
- VEB Mechanik Ehrenfriedersdorf (Venusberg, Bohr- und Schleifmaschinen u. a.)
- VEB Mechanik, Schmierungstechnik, Karl-Marx-Stadt (Triomed Mechanik)
- VEB Mechanische Spielwaren, Brandenburg (Havel)
- VEB Mechanische Weberei Zittau »Frida Hockauf« (größte Weberei der DDR, seit 1956 VEB Textilkombinat Zittau)
- VEB Mechanische Werkstätten Wurzen
- VEB Mecklenburger Käsewerk Hagenow (mekaha)
- VEB Mehlsilo und Fördertechnik Zeitz, Naumburger Straße 42
- VEB Mehrschicht-Sicherheitsglas Potsdam-Babelsberg (Theraflex)
- VEB Meißner Bleikristall (VEB Kombinat Lausitzer Glas)
- VEB Meißner Schuhfabrik
- VEB Messelektronik Berlin, Neue Bahnhofstraße 9–17
- VEB Messerfabrik, Steinbach (VEB Kombinat Haushaltgeräte Karl-Marx-Stadt)
- VEB Messerschmiede Leegebruch (VEB Kombinat Haushaltgeräte Karl-Marx-Stadt)
- VEB Meßgerätewerk Ballenstedt, Marienstraße 24
- VEB Meßgerätewerk Beierfeld (VEB Kombinat Elektro-Apparate-Werke, EAW)
- VEB Meßgerätewerk »Erich Weinert« Magdeburg (VEB Kombinat Elektro-Apparate-Werke, EAW)

- VEB Meßgerätewerk Zwönitz (VEB Kombinat Nachrichtenelektronik)
- VEB Meßtechnik Mellenbach
  (VEB Kombinat Elektro-Apparate-Werke Berlin-Treptow, EAW)
- VEB Metall Quedlinburg
- VEB (K) Metallbau und Labormöbelwerk Apolda (MLW)
- VEB Metallbehälterbau, Bernsbach
- VEB Metallbaukombinat Heldrungen
- VEB Metalldrücker, Halle Saale, Posthornstraße 1
- VEB Metalleichtbaukombinat, Leipzig
- VEB Metalleichtbaukombinat, Werk Berlin
- VEB Metalleichtbaukombinat, Werk Blankenburg
- VEB Metalleichtbaukombinat, Werk Calbe
- VEB Metalleichtbaukombinat, Werk Dresden
- VEB Metalleichtbaukombinat, Werk Halle, Halle / Saale, Grenzstraße 17
- VEB Metalleichtbaukombinat, Werk Industriemontagen Leipzig
- VEB Metalleichtbaukombinat, Werk Miesky
- VEB Metalleichtbaukombinat, Werk Plauen
- VEB Metalleichtbaukombinat, Werk Ruhland
- VEB Metallgußwerk Leipzig
- VEB Metallschlauchwerk Zwickau
  (VEB Kombinat Fortschritt Landmaschinen)
- VEB Metallstanzwerk, Schwarzenberg
  (Mesta, Skibindungen, Skisicherheitsbindungen)
- Metallurgiehandel Volkseigener Außen- und Binnenhandelsbetrieb
- VEB Metallverarbeitung Brotterode, MVB, Brotterode, Steinbachstraße 1
  (VEB Werkzeugkombinat Schmalkalden)
- VEB Metallwaren »Blitz«, Dessau, Junkersstraße 11
- VEB Metallwaren, Bad Gottleuba
- VEB Metallwaren, Güstrow, Falkenflucht 23
- VEB Metallwaren Hainwalde, Talstraße 246
- VEB Metallwaren Naumburg, Linsenberg (mewa)
- VEB Metallwaren »Rennsteig«, Altersbach
- VEB Metallwaren Schmerbach, Thälmannstraße 1
- VEB Metallwaren- und Gerätefabrik Halle, Halle Saale,
  Huttenstraße 56–57
- VEB Metall- und Lackierwaren, Beierfeld/Erzgebirge
  (VEB Kombinat Haushaltgeräte Karl-Marx-Stadt)
- VEB Metallwarenfabrik Beierfeld, FROWO, Spezialbetrieb für Kinefilm-
  dosen (VEB Kombinat Haushaltgeräte Karl-Marx-Stadt)
- VEB Metallwerk Mühlhausen, Herrenstraße 24
- VEB Metallwerk – Lehrgerätebau, Mühlhausen, Wagenstedter Straße 3
- VEB Metallwerk Mühlhausen (MWM), Kilianstraße 12 / 13

- VEB Metallwerke Allstedt, Fleckenweg 3 (VEB Kombinat Nagema)
- METAMA Außenhandelsvertretungen GmbH, Berlin, Prenzlauer Allee 225
- VEB Mertik Quedlinburg (VEB Kombinat Elektro-Apparate-Werke, EAW
- VEB Metaplast, Quedlinburg (Plasthaushaltswaren, Zulieferteile aus Duro- und Thermoplaste)
- VEB Miederwerk Pausa, Neumarkt 4a
- VEB Mifa-Werk Sangerhausen, Kyselhäuserstraße 23 (IFA-Kombinat für Zweiradfahrzeuge)
- »Migma«-Musikinstrumenten-Handwerker-Genossenschaft eGmbH, Markneukirchen, August-Bebel-Straße
- VEB Mikrofontechnik Gefell (Betrieb des VEB Kombinat Elektroanlagen- und Gerätebau Greiz)
- VEB Mikromat Dresden, Mügelner Straße 20 (VEB Werkzeugmaschinenbaukombinat »Fritz Heckert«)
- VEB Mikrosa Leipzig, Saarländer Straße 20 (VEB Werkzeugmaschinenkombinat 7. Oktober Berlin)
- Militärkartographischer Dienst, Halle
- VEB Militärverlag der DDR, Berlin
- VEB Milchhof Berlin
- VEB Mineralölwerk Lützkendorf
- VEB Milchzuckerwerk, Laage, Bahnhofstraße 14
- VEB Mitteldeutsche Kammgarnspinnerei
- VEB Mitteldeutsche Kunstanstalt, Heidenau (Sachsen), Ernst-Thälmann-Straße 21 (Reproduktion, Offsetdruck, Buchdruck, Kartonagen, Prägerei, Stahlstich)
- VEB MLW Anlagenbau Dresden, Großenhainer Straße 99 (VEB Kombinat Medizin- und Labortechnik Leipzig)
- VEB MLW Dentalfabrik Treffurt, Friedrich-Ebert-Straße 28 (VEB Kombinat Medizin- und Labortechnik Leipzig)
- VEB MLW Injecta Steinach (VEB Kombinat Medizin- und Labortechnik Leipzig)
- VEB MLW Keradenta-Werk Radeberg (VEB Kombinat Medizin- und Labortechnik Leipzig)
- VEB MLW Labortechnik Ilmenau (VEB Kombinat Medizin- und Labortechnik Leipzig)
- VEB MLW Medizinische Geräte Berlin (VEB Kombinat Medizin- und Labortechnik Leipzig)
- VEB MLW Medizinmechanik Suhl (VEB Kombinat Medizin- und Labortechnik Leipzig)
- VEB MLW Medizinplaste Lichtenberg (VEB Kombinat Medizin- und Labortechnik Leipzig)

- VEB MLW Polyplast Halberstadt, Arvid-Harnack-Straße 1 (VEB Kombinat Medizin- und Labortechnik Leipzig)
- VEB MLW Prüfgeräte-Werk Medingen, Sitz Freital (VEB Kombinat Medizin- und Labortechnik Leipzig)
- VEB MLW Zentrifugenbau Engelsdorf (VEB Kombinat Medizin- und Labortechnik Leipzig)
- VEB Möbelbau Schkeuditz, Betrieb des VEB Möbelkombinat Eisenberg, 7144 Schkeuditz, Freirodaer Weg 9–11
- VEB Möbelfolie Biesenthal
- VEB Möbelkombinat Parat, 1040 Berlin, Brunnenstraße
- VEB Möbelstoff- und Plüschwerke (VEB Kombinat Deco)
- VEB Möbelstoffweberei, Hammerbrücke
- VEB Möbelstoff- und Plüschwerke Hohenstein-Ernstthal (VEB Kombinat Deko)
- VEB Möbelwerk Probstzella (VEB Möbelkombinat Zeulenroda-Triebes)
- VEB Möbelwerke Halle
- VEB Modas, Zwickau (Schuhfabrik)
- VEB Modechic (VEB Kombinat Trikotagen Karl-Marx-Stadt)
- VEB Modedruck Gera, Gera
- VEB Modedruck Gera, Walzengravierwerk Frankenberg
- VEB Modehaus Altenburg (Herstellung eleganter Damenbekleidung)
- VEB Modell- und Formenbau Dessau (VEB Kombinat Umformtechnik Herbert Warnke Erfurt)
- VEB Modellspielwaren, Halle Saale, Ludwig-Wucherer-Straße 37 (SIBA Modelle)
- VEB Modellspielwaren Köthen
- VEB Modellspielwaren Marienberg
- VEB Modern, Apolda (VEB Kombinat Trikotagen Karl-Marx-Stadt)
- moderna VEB Textil-Lederwaren-Werke, Annaberg-Buchholz
- VEB Modestrumpf Oberlungwitz (Oka)
- VEB Modetreff, Arnstadt
- VEB Modische Herrenbekleidung, Seifhennersdorf
- VEB Modische Wäsche Burgstädt (VEB Kombinat Trikotagen Karl-Marx-Stadt)
- VEB Modische Wäsche Plauen (VEB Kombinat Trikotagen Karl-Marx-Stadt)
- VEB Modul Zahnschneidemaschinenfabrik Karl-Marx-Stadt
- VEB Molkerei Halberstadt BT Harzer Käsefabrik Harsleben
- VEB Molkerei und Dauermilchwerk Schwerin
- Molkerei- und Laborbedarf, Rangsdorf
- VEB Motorenwerke Cunewalde (IFA-Kombinat Nutzkraftwagen)
- VEB Motorradwerk Zschopau (IFA-Kombinat für Zweiradfahrzeuge Suhl)

- VEB Möve-Werk Mühlhausen, Langensalzaer Straße 1 (IFA-Kombinat Nutzkraftwagen)
- VEB Möwe Teigwarenwerk Waren, Waren (MOEWE, Marke seit 1956), Nachfolger
- VEB Müfa Berlin
- Mühlenbau Dresden (Kombinat Fortschritt Landmaschinen)
- Mühlenbau Wittenberg (Kombinat Fortschritt Landmaschinen)
- Mühlenbau Weißenberg (Kombinat Fortschritt Landmaschinen)
- VEB Mühlhäuser Strickmoden, Friedrich-Engels-Straße 21 (VEB Kombinat Trikotagen Karl-Marx-Stadt)
- VEB Münze der DDR, Berlin, Molkenmarkt 1 /3
- VEB Musikelektronik Klingenthal
- VEB Musikinstrumentenbau, Markneukirchen (Musima, Adler, Heinrich, Herwiga, BB)
- VEB Muster- und Vorrichtungsbau Biesdorf, Berlin, Birkenallee 3 / 13 (VEB Kombinat Plast- und Elastverarbeitung, Sprela, Sportausrüstungen aus GFK)
- VVB Musikinstrumente und Kulturwaren, Plauen, Engelstraße
- Konsum Mühlen- und Teigwarenbetrieb Magdeburg

N

- VEB Nadel- und Platinenfabrik, Kombinat Textima, Karl-Marx-Stadt, Waplerstraße 1
- VEB Nadelwerk Ichtershausen (VEB Kombinat Solidor)
- VEB Nagelschmiede, Oberschönau, Ernst-Thämannstraße 28 (nageno)
- VEB Nähmaschinenwerk »Veritas« Wittenberge, Bad Wilsnacker Straße 48 (Kombinat Textima, Marken Veritas und Naumann)
- VEB Nähmaschinenwerke Altenburg, Käthe-Kollwitz-Straße 44 (Kombinat Textima)
- VEB Nähmaschinenteilwerke Dresden, Barbarastraße 43 (Kombinat Textima)
- VEB Nährmittelwerk Colditz
- VEB Nährmittelwerk Halle / Saale (NAKA)
- Nahrung Export-Import, VE Außenhandelsbetrieb der Landwirtschaft und Nahrungsgüterwirtschaft der DDR, Berlin, Schicklerstraße 7
- VEB Nahrungsgütermaschinenbau Neubrandenburg (VEB Kombinat Nagema, u. a. Fleischereimaschinen)
- VEB Nahrungsmittelkombinat »Albert Kuntz«, Wurzen
- VEB Nahrungsmittelkombinat Auerbach, Dr. Wilhelm-Külz-Straße 21 (Suppina und Exzellent, kochfertige Gerichte)
- VEB Nahrungsmittelwerk Aktivist Berlin
- VEB Kombinat Nahrungsmittel und Kaffee Halle (NAKA)

- VEB Nähwirkmaschinenbau »Malimo« Karl-Marx-Stadt, Annaberger Straße 97 / 99 (Kombinat Textima)
- VEB NARVA Brand-Erbisdorf
- VEB NARVA Rosa Luxemburg, Berliner Glühlampenwerk, Ehrenbergstraße 11 / 14 (Kombinat VEB NARVA)
- VEB NARVA Rosa Luxemburg, Glühlampenwerk Oberweißbach (Kombinat VEB NARVA)
- VEB NARVA Rosa Luxemburg, Glühlampenwerk Plauen, Dimitroffstraße 32 (Kombinat VEB NARVA)
- VEB NARVA Rosa Luxemburg, Lampenschirme Mittweida, Plan 6 (Kombinat VEB NARVA)
- VEB NARVA Rosa Luxemburg, Leuchtenbau Arnsdorf, Kleinwolmersdorfer Straße 16 (Kombinat VEB NARVA)
- VEB NARVA Rosa Luxemburg, Leuchtenbau Deutschneudorf, Deutschkatharinenberg (Kombinat VEB NARVA)
- VEB NARVA Rosa Luxemburg, Leuchtenbau Leipzig, Riesaer Straße 64 (Kombinat VEB NARVA)
- VEB NARVA Rosa Luxemburg, Leuchtenbau Lengefeld, Augustusburger Straeße 13 (Kombinat VEB NARVA)
- VEB NARVA Rosa Luxemburg, Leuchten- und Leuchtstofflampenwerk Brand-Erbisdorf, Leipzig, Hainstraße 3
- VEB NARVA Rosa Luxemburg, Taschenlampenwerk Arnstadt Artas, Stadtilmer Straße 39 (Kombinat VEB NARVA)
- VEB NARVA Rosa Luxemburg und AKA Leuchtenbau Berlin, Storkower Straße 113 (Kombinat VEB NARVA)
- VEB Natursteinwerk Koschenberg
- VEB Neontechnik Halle, Hordorfer Straße 4a
- VEB Neptunwerft Rostock
- VEB Netzbau Bestensee, Hauptstraße 3
- VEB Netze Annaberg-Buchholz, Johannisgasse 5
- VEB Niles Preßluftwerkzeuge, Berlin-Pankow, Hadlichstraße 19 (VEB Werkzeugkombinat Schmalkalden)
- VEB Nordbrand Nordhausen, Karl-Marx-Straße 25 (gegr. 1949)
- VEB Norddeutsche Volltuchwerke Malchow
- VEB Nordholz Nordhausen
- VEB Nossener Schuhfabrik
- VEB Nougat- und Marzipanfabrik, Schmalkalden, Am alten Graben
- VEB Numerik »Karl Marxquot« Karl-Marx-Stadt, Bornaer Straße 205 (VEB Kombinat Elektroenergieanlagenbau, VEM)

O

- VEB Obererzgebirgische Posamenten- und Effektenwerke, Annaberg-Buchholz, Bahnhofstraße 1a
- VEB Oberlausitzer Ballfabrik Steinigtwolmsdorf
- VEB Oberlausitzer Feinpapierfabrik Bad Muskau (VEB Kombinat Zellstoff und Papier)
- VEB Obertrikotagen »Mülana« (VEB Kombinat Trikotagen Karl-Marx-Stadt)
- VEB Obst- und Gemüsekonserven Gera
- VEB Ofenwerk, Könnern, Martha-Brautzsch-Straße 4 (VEB Kombinat Haushaltgeräte Karl-Marx-Stadt)
- VEB Ölfeuerungsbau, Karl-Marx-Stadt, Zwickauer Straße 394
- VEB Optima Großdruckerei und Papierverarbeitungswerke, Aschersleben, Wilhelmstraße 21 / 30 (polygraphische Industrie, VEB Kombinat Verpackung Leipzig)
- VEB Orbitaplast, Weißandt-Gölzau, Leninstraße
- VEB Ofenbau und Metallwarenwerk Doberlug-Kirchhain
- VEB Oria-Kleidung, Neustadt, Ernst-Thälmann-Straße 1
- VEB Ostsee-Schmuck, Ribnitz-Damgarten-West, Körkwitzer Weg 42
- VEB »Otto Buchwitz« Starkstromanlagenbau Dresden (VEM, VEB Kombinat Elektroenergieanlagenbau)
- VEB »Otto Grotewohl« Böhlen (VEB Petrolchemisches Kombinat Schwedt)
- VEB Obst- und Zuckerverarbeitung Tangermünde
- VEB Opew DDR-9300 Annaberg-Buchholz 1
- LPG Obst- und Gemüseproduktion »Karl Liebknecht« Halle-Peißen

P

- VEB Pakitt Dresden, Tolkewitzer Straße 4
- VEB Pametall Pausa, Gartenstraße 19 (Aluminiumgeschirr)
- VEB Papierfabrik Antonsthal
- VEB Papierfabrik Dreiwerden
- VEB Papierfabrik Gölzen
- VEB Papierfabrik Greiz (1591 Göltzsch, VEB Kombinat Zellstoff und Papier Heidenau)
- VEB Papierfabrik Hainsberg
- VEB Papierfabrik Kriebstein
- VEB Papierfabrik Limmritz-Steina, Kreis Döbeln (ehemals Papierfabrik Limmritz-Steina AG)
- VEB Papierfabrik Neu Kaliß (VEB Kombinat Zellstoff und Papier Heidenau)
- VEB Papierfabrik Schwedt
- VEB Papierfabrik Wolfswinkel (VEB Kombinat Zellstoff und Papier Heidenau)

- VEB Papierfabriken Heiligenstadt, Heipa (VEB Kombinat Zellstoff und Papier Heidenau)
- VEB Papierfabriken Penig (VEB Kombinat Zellstoff und Papier Heidenau)
- VEB Papiermaschinenwerke Freiberg
- VEB Papierverarbeitung, Ohrdruf
- VEB Papierverarbeitungswerk Torgau, Naundorfer Straße 11 (VEB Kombinat Verpackung Leipzig)
- VEB Papierverarbeitungswerk Zittau (Leitbetrieb der Erzeugnisgruppe Textil- und Industriehülsen aus Papier und Plast)
- VEB Papierwarenfabrik Grimma, Leipziger Straße 29 (Dekorations- und Scherzartikel aus Papier)
- VEB Papier- und Kartonfabrik Schwedt (VEB Kombinat Zellstoff und Papier Heidenau, Schwedtpapier)
- VEB Patina Halle, Halle Saale, Reideburger Straße 27 (VEB Chemisches Kombinat Miltitz, Seifenfabrik Halle)
- Pentacon Dresden Kamera- und Kinowerke, Dresden, Schandauer Straße 76 (Betrieb des VEB Kombinat Carl Zeiss Jena)
- VEB Perfekt Berlin, Heinrich-Roller-Straße 16 / 17
- VEB Petkus Wutha (VEB Kombinat Fortschritt Landmaschinen)
- VEB Petrolchemisches Kombinat Schwedt
- VEB Pflanzenfettkombinat Velten
- VEB Pharmaglaswerk Neuhaus (VEB Kombinat Technisches Glas Ilmenau)
- VEB Pharmamed, Naumburg, Weimarer Straße 46
- VEB Pharmasan oHG, Halle Saale, Am Mühlholz 2
- Pharma VVB Vasenol-Werk Leipzig
- VEB Pharmazeutika Jena
- VEB Pharmazeutika Königsee
- VEB Pharmazeutisches Werk Halle, Halle Saale (VEB Arzneimittelwerk Dresden, VEB Pharmazeutisches Kombinat)
- VEB Pharmazeutisches Werk Magdeburg
- VEB Pharmazeutisches Werk Meuselbach (VEB Arzneimittelwerk Dresden)
- VEB Philopharm Quedlinburg, Vor dem Gröperntor 20 (VEB Arzneimittelwerk Dresden)
- VEB Phonotechnik Zittau, Rathenaustraße 9 (VEB Rundfunk und Fernsehen)
- VEB Phonotechnik Zittau, Betriebsteil Prina (VEB Rundfunk und Fernsehen)
- VEB Piko Sonneberg (Spielwaren)
- VEB Piko Sonneberg, Werk Halle, Ludwig-Wucherer-Str. 40
- VEB Pianofortefabrik »Alexander Herrmann Modelle«, Sangerhausen, Juri-Gagarin-Straße
- VEB Pinsel und Bürsten Meiningen, Untermaßfeld-Meiningen

- VEB Pirol Lößnitz (VEB Kombinat Verpackung Leipzig)
- VEB »Plakotex« Fehrbellin, Werk Schwerin
- Planet Verlag, Berlin
- VEB »Planet« Wäschekonfektion, Eppendorf
- VEB Plasta Kunstharz- und Preßmassefabrik Erkner (VEB Kombinat Plast- und Elastverarbeitung)
- VEB Plasta Kunstharz- und Preßmassefabrik Espenhain (VEB Kombinat Plast- und Elastverarbeitung)
- VEB Plasta-Werke Sonneberg (VEB Kombinat Plast- und Elastverarbeitung)
- VEB Plastbelag Dessau, Ebertallee 209, PVC-Fußbodenbelag (VEB Kunstleder und Pelzverarbeitung Leipzig)
- VEB Plastbeschichtung und Konfektion Technischer Textilien Fehrbellin (VEB Kombinat Technische Textilien Karl-Marx-Stadt)
- VEB Plaste Annaberg-Buchholz
- VEB Plaste, Struth-Helmersdorf
- VEB Plaste Wolkenstein (VEB Kombinat Plast- und Elastverarbeitung)
- VEB Plast-Elektronik Kamenz, Stiftstraße 2 (VEB Kombinat Elektronische Bauelemente)
- VEB Plasterzeugnisse Gotha, Hospitalgasse 1
- VEB Plasterzeugnisse Königstein, Bielatalstraße 63
- VEB Plaste-Verarbeitung Zerbst
- VEB Plastex, Annaberg-Buchholz
- VOB Plastic, Erfurt, Brühler Hohlweg 26
- VEB Plastic, Pößneck, Saalfelder Straße 24
- VEB Plastica Plastspielwaren und Plasterzeugnisse, Bad Kösen, Berbigstraße 2 (u. a. Pebe-Bausteine/«DDR-Lego«)
- VEB Plastina Erfurt, Tiergartenstraße 2 (VEB Kombinat Plast- und Elastverarbeitung)
- VEB Plastimat Oranienburg
- VEB Plastmaschinenwerk Freital, Hüttenstraße 14 (Trusioma, VEB Kombinat Umformtechnik »Herbert Warnke«)
- VEB Plastmaschinenwerk Schwerin, Hagenower Landstraße (Trusioma, VEB Kombinat Umformtechnik »Herbert Warnke«)
- VEB Plastmaschinenwerk Wiehe, Dorndorfer Straße 3 (Trusioma, VEB Kombinat Umformtechnik »Herbert Warnke«)
- VEB Plastolit Radebeul, Seestraße 2 / 4
- VEB Plastspielwaren Tabarz, Langenhainer Straße 26
- VEB Plast- und Holzspielwarenwerke, Steinach, Räumstraße 10 (Plano)
- VEB Plasttechnik Greiz, Plauensche Straße 40 / 42 (Trusioma, VEB Kombinat Umformtechnik »Herbert Warnke«)
- VEB Plastverarbeitung Ruhla, Leninstraße 34 / 42

- VEB Kombinat Plast- und Elastverarbeitung, Berlin-Weißensee
- VEB Plast- und Holzverarbeitung, Grabow, Steindamm 45
- VEB Plast- und Metallverarbeitung, Werdau, Leninplatz 4 / 6
- VEB Plastverarbeitungswerk Motzen
  (VEB Kombinat Sprela-Werke Spremberg)
- VEB Plastverarbeitungswerk Schwerin
  (VEB Kombinat Plast- und Elastverarbeitung)
- VEB Plastverarbeitungswerk Staaken, Nennhauser Damm
  (VEB Kombinat Sprela-Werke Spremberg)
- VEB Plattenwerk »Max Dietel«, Meißen, Neumarkt 5
  (VEB Plattenwerke Meißen, Betrieb im VEB Kombinat Fliesen- und Sanitärkeramik Boizenburg)
- VEB Plauener Damenkonfektion, Plauen, Ricarda-Huch-Straße 1
  (VEB Vogtländisches Bekleidungswerk Reichenbach)
- VEB Plauener Gardine, Plauen, Hammerstraße 60 (VEB Kombinat Deko)
- VEB Plauener Gardinenwerk Zwickau
- VEB Plauener Spitze, Plauen, Hammerstraße 60 (VEB Kombinat Deko)
- VEB Plüsch- und Stoffspielwarenfabrik Gehren, Dimitroffstraße 6 / 8
  (VEB Kombinat Puppen und Plüschtierwaren Sonni)
- VEB »Plüti«, Sonneberg, Juri-Gagarin-Straße 8
- VEB Polar, Karl-Marx-Stadt, Oberfrohnaer Straße 84
  (VEB Kombinat Trikotagen Karl-Marx-Stadt)
- VEB Polstermöbel Parat, Brunnenstraße 181, Berlin
- VEB Polychemie, Werk I, Limbach-Oberfrohna 2, Werk II Velten bei Berlin
- VEB Polychemie Ledertechnisches Büro, Leipzig, Philipp-Müller-Straße
- VEB Polygraph, Druckmaschinenwerk PLAMAG Plauen,
  Pausaer Straße 284
- VEB Polygraph Druckmaschinenwerke Leipzig, Wachsmuthstraße 4
- Polygraph-Export GmbH, Friedrichstraße 61
  (Export polygraphischer Maschinen und Anlagen)
- VEB Polygraph Feuerlöschgerätewerk, Apolda, Auenstraße 9
- VEB Polygraph, Reprotechnik Leipzig, Georg-Schwarz-Straße 185
- VEB Polygraph Zentrales Projektierungsbüro Leipzig, Salomonstraße 18b
- VEB Polymer, Pößneck, Ernst-Thälmann-Straße 63 / 65
- VEB Polypack Dresden, Riesaer Straße 7
  (VEB Kombinat Verpackung Leipzig)
- VEB Polypack Dresden, Werk III Frauenstein, Dippoldiswalde,
  Bahnhofstraße 26 (VEB Kombinat Verpackung Leipzig)
- VEB Polystrick Apolda, Dr.-Külz-Straße 4
- VEB Polytechnik, Karl-Marx-Straße, Melanchthonstraße 4 / 8
- VEB Polytronic, Saalfeld, Grobenstraße 12
- VEB Porzellanmanufaktur Plauen

- VEB Porzellanwerk, Königsee
- VEB Porzellanwerk Auma, Triptiser Straße 22
  (VEB Kombinat Keramische Werke Hermsdorf)
- VEB Porzellanwerk Veilsdorf
  (VEB Kombinat Keramische Werke Hermsdorf)
- VEB Porzellanwerk »Weimar-Porzellan«
  (VEB Kombinat Feinkeramik Kahla)
- VEB Postreiter-Verlag Halle
- VEB Pößnecker Außenleuchten, Pößneck, Rosa-Luxemburg-Straße 7
- VEB Pößnecker Spannwerkzeuge, Pößneck, Saalfelder Straße 9
- VEB Präcitronic, Dresden Fetscherstraße 72
- VEB Prägeschriften und Gravuren, Magdeburg, Weidenstraße 6 / 7
- VEB Prämewa, Markneukirchen, Bienengarten 6
- VEB Präzisionsdrehmaschinen Leipzig, Oststraße 49
- VEB Präzisions-Werkzeugfabrik Schmölln, PWS
  (VEB Werkzeugkombinat Schmalkalden)
- VEB Prefo Dresden
- VEB Pressenbau Dessau
  (VEB Kombinat Umformtechnik »Herbert Warnke« Erfurt)
- VEB Preßspan- und Spezialpappenwerke Zwönitz, Werk Maternfabrik Thalheim (VEB Kombinat Zellstoff und Papier Heidenau)
- VEB Pressspan- und Spezialpappenwerke Zwönitz
- VEB Preßwerk Ottendorf-Okrilla
  (VEB Kombinat Plast- und Elastverarbeitung)
- VEB Preß- und Schmiedewerke »Einheit«, Brand-Erbisdorf
  (VEK Kombinat Getriebe und Kupplungen)
- VEB Press- und Spritzwerk Suhl
- Produktionsgenossenschaft Drechslerwerkstätten, Olbernhau, Freiberger Straße 85 (Edel- und Teakholzerzeugnisse)
- Produktionsgenossenschaft für Erzgebirgisches Spitzenklöppeln Raschau, Straße des Friedens 10a
- Produktionsgenossenschaft des Kunsthandwerks Bürgel, Hintergasse 19
- Produktionsgenossenschaft Schneeberger Klöppelspitze, Schneeberg
- Produktionsgenossenschaft Seiffener Volkskunst, Seiffen, Bahnhofstraße 12
- VEB Propangeräte Potsdam, Fritz-Zubeil-Straße 17
- VEB Pumpen- und Verdichteranlagen Leipzig (VEB Kombinat Pumpen und Verdichter)
- VEB Pumpenbau, Diethensdorf
- VEB Pumpenfabrik Oschersleben (VEB Kombinat Pumpen und Verdichter)
- VEB Pumpenfabrik Salzwedel (VEB Kombinat Pumpen und Verdichter)
- VEB Pumpen- und Elektrodienst Dargun, Bahnhofstraße 3

- VEB Pumpenwerk Erfurt (VEB Kombinat Pumpen und Verdichter)
- VEB Pumpenwerke Halle, Halle / Saale (VEB Kombinat Pumpen und Verdichter, Stammbetrieb)
- VEB Pumpen- und Gebläsewerk Leipzig (VEB Kombinat Pumpen und Verdichter)
- VEB Puppenfabrik, Elsterwerda, Ackerstraße 26 (Puppen und Babys aus Weichplaste)
- VEB Puppenfabrik biggi Waltershausen, August-Bebel-Straße 2 / 4
- VEB Puppenfabrik Ernstroda
- VEB Puppenfabrik Königsee, Lindenstraße 9 (Spielwaren Sonneberg)
- VEB Puppenfabrik Lichte
- VEB »Puppenspiele Oberlind«, Friedrich-Engels-Straße 23
- VEB Puppenwerk Görzke, Chausseestraße 90
- VEB Pyrotechnik Silberhütte (VEB Synthesewerk Schwarzheide)

Q

- VEB Qualitäts- und Edelstahlkombinat
- VEB Quintett-Moden Glauchau, Friedrich-Engels-Straße (Mantelkonfektion)

R

- VEB Radeberger Exportbierbrauerei, Radeberg, Dresdener Straße 2
- VEB Radebeuler Maschinenfabrik
- VEB Rafena Werke (vormals VEB Sachsenwerk Radeberg)
- VEB Ratesba Halle
- VEB Rathenower Optische Werke, Rathenow
- VEB Rationalisierung Halle, Halle Saale, Straße der DSF 86a
- VEB Rationalisierung Vakuumtechnik Sangerhausen (Vacuumtechnik, VEB Chemieanlagenbaukombinat)
- VEB Rationalisierung der Werkzeugindustrie Schmölln, Sommeritzer Straße 41 / 45 (VEB Werkzeugkombinat Schmalkalden)
- VEB Rationalisierung und Projektierung Berlin
- VEB Rationalisierungsbetrieb Freiberg
- VEB Rationalisierungswerk Berlin, Berlin-Niederschönhausen (VEB Qualitäts- und Edelstahlkombinat)
- VEB Ratio Stahlbau Halle, Angerstraße 5 (RSH)
- VEB Ratsdruckerei Dresden, Grafischer Großbetrieb, Kipsdorfer Straße 93, Dresden
- VEB Raucherutensilien Leipzig, Seeburgstraße 51
- VEB Raumgestaltung, Cottbus, Berliner Straße 24
- VEB Raumleuchte Zeulenroda (Kombinat VEB NARVA)
- VEB Raumschmuck Hammerleubsdorf

- VEB Raumschmuck Olbernhau, Blumenauer Straße 82
- VEB Raum- und Tafelschmuck Leipzig, Kohlgartenstraße 57 / 59
- VEB Raumtextilien Braunsdorf
- VEB RAW Delitzsch
- VEB RAWEMA Karl-Marx-Stadt, Straße der Nationen 12 (VEB Werkzeugmaschinenkombinat Fritz Heckert)
- VEB Reflekta-Kamerawerk Tharandt, VEB Regenerierung, Halle Saale, Julius-Ebeling-Straße 9
- VEB Regen- und Sportbekleidung Rodewisch
- VEB Reglerwerk Dresden (Kombinat VEB Elektro-Apparate-Werke Berlin-Treptow)
- VEB Reichenbacher Tapisserie, Obere Dunkelgasse 7
- VEB Reifenkombinat Fürstenwalde (PNEUMANT)
- VEB Reifenwerk Dresden, Mannheimer Straße
- VEB Reifenwerk Heidenau, Hauptstraße 52
- VEB Reifenwerk Riesa, Gröba, Paul-Greifzu-Straße 20
- VEB Reise-Plastik Freital, Güterstraße 4
- VEB Reißverschlußwerk Rathenow, Mühlendamm 4 (VEB Kombinat Solidor)
- VEB Rekord-Spielwarenwerk, Kleinhartmannsdorf (u. a. Puppen und Puppenstubenmöbel)
- VEB Relaistechnik Großbreitenbach-Ilmenau (Kombinat VEB Elektro-Apparate-Werke Berlin-Treptow)
- VEB Renak-Werke, Reichenbach, Dammsteinstraße 9 (IFA-Kombinat Personenkraftwagen, Autoteile)
- VEB Reprotechnik Leipzig, Georg-Schwarz-Straße 185
- VEB Rhönglaswerk Dermbach, Wiesenthaler Straße 4 (VEB Kombinat Technisches Glas Ilmenau)
- VEB Rhönkunst, Empfertshausen / Rhön
- VEB Rhönwerkstätten, Klings/Rhön
- VEB riled Lederwaren, Ribnitz-Damgarten-Ost, Richtenberger Straße 11
- VEB Kombinat Robotron, Dresden
- VEB Robotron Buchungsmaschinenwerk Karl-Marx-Stadt, Annaberger Straße 93VEB Robotron Büromaschinenwerk Sömmerda (Büroma)
- VEB Robotron-Elektronik Zella-Mehlis, Straße der Antifa 63 / 66
- VEB Robotron Export-Import, VE AHB der DDR, Berlin, Friedrichstraße 61
- VEB Robotron Meßelektronik »Otto Schön« Dresden
- VEB Robotron Meß- und Zeichengerätebau Bad Liebenwerda, Südring 6
- VEB Robotron Schreibmaschinenwerk Dresden, Hamburger Straße 19
- VEB Robotron, Secura-Werke Berlin, Chausseestraße 42
- VEB Robur-Werke Lastkraftwagen, Motoren, Zittau (VEB IFA-Kombinat Nutzkraftwagen)

- VEB Rockmoden, Haldensleben, Neuhaldenslebener Straße 99
- Röbel & Fiedler Chemische Fabrik KG, Leipzig, Angerstraße 26–28
- VEB Rohrkombinat Stahl- und Walzwerk Riesa
- VEB Rohrleitungen und Isolierungen Leipzig, Hohmannstraße 1 (Leitbetrieb des VEB Kombinat Kraftwerksanlagenbau)
- VEB Rohr- und Kaltwalzwerk Karl-Marx-Stadt, Julian-Marchlewski-Straße 291 (Bernsdorfer Straße)
- VEB Rohrwerke Bitterfeld
- VEB Roland-Kinderkleidung, Calbe209 / Saale, Tuchmacherstraße 55/57
- VEB Rosinol Leipzig, Waldstraße 23
- Rosodont-Werke Waldheim (Zahnpasta)
- VEB Rostocker Brauerei
- VEB Rotkäppchen-Sektkellerei Freyburg/Unstrut
- VEB Rotpunkt Zeulenroda (VEB Kombinat Plast- und Elastverarbeitung, Handschuhe aus Gummi)
- VEB Rundfunktechnik REMA, Stollberg (REMA Stollberg)
- VEB Rundstab- und Sportgerätewerk Dömitz an der Elbe (Grenzregion zu BRD, u. a. Schlittenfertigung)

S

- VEB Saalfelder Hebezeugbau, Straße der Freiheit 1 (VEB Schwermaschinenbaukombinat TAKRAF)
- VEB Saat- und Pflanzgut, Quedlinburg, Ethel- und Julius-Rosenberg-Straße 21
- VEB Sachsenring Automobilwerke, Zwickau (VEB IFA-Kombinat Personenkraftwagen)
- VEB Sächsische Feuerlöschgerätefabrik und Eisengießerei, Döbeln (Spritzenfabrik, VVB GUS)
- VEB Sächsische Glasfaserindustrie Sebnitz, Promenade 1 (VEB Kombinat Plast- und Elastverarbeitung Berlin)
- VEB Sächsische Porzellan-Manufaktur Dresden, Freital, Bachstraße 16 (Zier- und Luxusporzellane)
- VEB Sächsische Schlossfabrik Pegau
- VEB Sächsische Sportboot- und Wetterschutzbekleidungsfabrik Großschönau / Sachsen
- VEB Sächsische Zellwolle Plauen (VEB Chemiefaserwerk Schwarza »Wilhelm Pieck«)
- VEB Sächsisches Metallwerk
- VEB Sächsisches Serumwerk Dresden, Herbert-Bochow-Straße 40 (VEB Pharmazeutisches Kombinat)
- VEB Sägenfabrik Schmalkalden, Herrentälchen 8 (VEB Werkzeugkombinat Schmalkalden)

- VEB SALZENIA Gartengeräte-Metallwaren, Schönebeck, Görtzker Straße 3
- VEB SANAR Deutsche Armaturenfabrik Leipzig, Leipzig, Heinrichstraße 35
- VEB Sanitärporzellan Dresden
- VEB Sanitas-Miederfabrik Zwickau, Crimmitschauer Straße 90 (VEB Kombinat Trikotagen Karl-Marx-Stadt)
- VVB SAPOTEX Persil-Werk Genthin
- VEB Sattler- und Lederwaren »LEWA«, Schwerin-Görries, Rogahner Straße 11
- VEB Sattler- und Lederwarenfabrik Siebenbrunn, Markneukirchen-Siebenbrunn (VEB Kombinat Lederwaren Schwerin, Schonbezüge und Fußmatten für Fahrzeuge)
- VEB Sauerstoff- und Azetylenwerk Erfurt
- VEB Schachtbau Nordhausen (VEB Mansfeld Kombinat Wilhelm Pieck)
- VEB Schaltelektronik Oppach (VEB Kombinat Elektro-Apparate-Werke Berlin-Treptow)
- VEB Schamottewerk Bad Freienwalde, Weg an der Bahn
- VEB Schamottewerk Wetro (Neschwitz, Sachsen)
- VEB Schär- und Spulmaschinenbau Burgstädt, Kombinat Textima, Mittweidaer Straße 1
- VEB Scharnierwerke Zeitz, Bachstraße 2
- VEB Schiffsanlagenbau Barth, Barth (VEB Kombinat Schiffbau)
- VEB Schiffsarmaturen- und Leuchtenbau Finow (VEB Kombinat Keramische Werke Hermsdorf)
- Schiffscommerz, Außenhandelsbetrieb des VEB Kombinat Schiffbau, Rostock, Bad Doberaner Straße 44/47
- VEB Schiffselektronik, Rostock-Schutow
- VEB Schiffsmaklerei, Rostock, Strandstraße 86
- VEB Schiffsversorgung, Rostock, Überseehafen
- VEB Schiffswerft Berlin, Berlin-Köpenick
- VEB Schiffswerft Neptun, Rostock, NW (VEB Kombinat Schiffbau)
- VEB Schiffswerft Oderberg, SWO (VEB Kombinat Schiffbau)
- VEB Schiffswerft Rechlin, SR (VEB Kombinat Schiffbau)
- VEB Schilkin, Berlin-Kaulsdorf (Weinbrennerei und Spirituosenherstellung)
- VEB Schirmfabrik Karl-Marx-Stadt, Zwickauer Straße 456 (SKM)
- VEB Schlachthof-Ausrüstung, Magdeburg (VEB Kombinat Nagema)
- VEB Schlacht- und Verarbeitungsbetrieb Dessau, Schlachthofstraße 12 (VEB Kombinat Fleischwirtschaft des Bezirkes Halle)
- VEB Schlacht- und Verarbeitungsbetrieb Halle, Halle / Saale, Freiimfelder Straße 42, Betriebsteil in Eisleben, Steinkopfstraße 9 (VEB Kombinat Fleischwirtschaft des Bezirkes Halle)
- VEB Schlagwerkzeuge, Unterschönau, Hauptstraße 55a

- VEB Schleif- und Peltierelemente, Stangengrün (VEB Bürstenwerk Schönheide)
- VEB Schleifkörper-Union Dresden (VEB Werkzeugmaschinenkombinat »7. Oktober« Berlin
- VEB Schleifmaschinenwerk Karl-Marx-Stadt (VEB Werkzeugmaschinenkombinat »7. Oktober« Berlin)
- VEB Schleifmittel Neustadt am Rennsteig
- Schleizer Alben, Buchbinderei und Druckerei, Baumgasse 2
- VEB Schloma Halle
- VEB Schloß- und Metallwarenfabrik Brandenburg, Neustädter Wassertorstraße 17
- VEB Schlotheimer Lederwaren, Bahnhofstraße
- Schmiedicke H. C. (VOB), Leipzig, Talstraße (Kunstverlag)
- VEB Schmiergerätewerk »Saxonia« Schwarzenberg, Robert-Koch-Straße 8
- VEB Schmöllner Schuhfabrik
- VEB Schmuckwaren, Gröbzig bei Köthen, Mühlbreite 6
- VEB Schmuckwaren, Waltershausen, Ohrdrufer Straße 8
- VEB Schmuckwaren Lichte (VEB Baumschmuck Steinheid)
- VEB Schnittwerkzeuge und Metallwarenfabrik Klingenthal, Leninstraße 23 f (VEB Kombinat Haushaltgeräte Karl-Marx-Stadt)
- VEB Schokomasch Wernigerode, Georgii-Straße (Schokoladenmaschinen, 1920 als Lauenstein & Co. KG, seit 1990 Chocotech Wernigerode GmbH)
- VEB Schott & Gen., Jenaer Glaswerk, Jena (VEB Jenaer Glaswerk Schott & Gen. Jena)
- VEB Schreibfedernfabrik Berlin
- VEB Schreibgeräte, Betriebsteil »Cleo«, Bad Wilsnack, An der Wassermühle 1
- VEB Schreibgeräte, Betriebsteil HEIKO Wernigerode, Weinbergstraße (Füllhalter, Betrieb im VEB Kombinat Musikinstrumente Markneukirchen / Klingenthal)
- VEB Schreibgeräte, Betriebsteil Garant Leipzig, Talstraße 7
- VEB Schreibgeräte, Betriebsteil Schreibfedernwerk Berlin, Boxhagener Straße 76/78
- VEB Schreibgeräte Markant, Singwitz-Bautzen
- Schreibgeräte Markant, Betriebsteil Dresden, Pillnitzer Landstraße 148
- VEB Schuhchemie Erfurt, Mittelhäuser Straße 65 (Klebstoffe und Kitte)
- VEB Schuhchemie Mölkau, Industriestraße 18/20 (Klebstoffe und Kitte)
- VEB Schuh-Design Weißenfels
- VEB Schuhfabrik »Banner des Friedens«, Weißenfels, Markwerbener Straße 24 (VEB Kombinat Schuhe)
- VEB Schuhfabrik »Banner des Friedens«, Werk Naumburg, Rosa-Luxemburg-Straße 24 (VEB Kombinat Schuhe)

- VEB Schuhfabrik »Banner des Friedens«, Werk Weida, Geraer Landstraße 15 (VEB Kombinat Schuhe)
- VEB Schuhfabrik »Goldpunkt« Berlin, Erich-Weinert-Straße 141/145 (VEB Kombinat Schuhe)
- VEB Schuhfabrik »Granit Storkow« (VEB Kombinat Schuhe)
- VEB Schuhfabrik »Granit Storkow«, Werk Schmöllner Schuhfabrik, Schmölln (VEB Kombinat Schuhe)
- VEB Schuhfabrik »Kranich«, Eppendorf, Freiberger Straße 6 (VEB Kombinat Schuhe)
- VEB Schuhfabrik Lößnitz (VEB Kombinat Schuhe)
- VEB Schuhfabrik Meißen (VEB Kombinat Schuhe)
- VEB Schuhfabrik Meißen, Werk »terra« Roßwein, Bahndammstraße 4/6 (VEB Kombinat Schuhe) VEB Schuhfabrik MODAS, Zwickau (VEB Kombinat Schuhe)
- VEB Schuhfabrik »Panther« Ehrenfriedersdorf, Straße des Fortschritts 7 (VEB Kombinat Schuhe)
- VEB Schuhfabrik »Paul Schäfer«, Erfurt (VEB Kombinat Schuhe)
- VEB Schuhfabrik »Pionier« Freiberg, Frauensteiner Straße 51 (VEB Kombinat Schuhe)
- VEB Schuhfabrik Radebeul, Gartenstraße 70/72 (VEB Kombinat Schuhe)
- VEB Schuhfabrik »Roter Stern«, Burg, Magdeburger Chaussee (VEB Kombinat Schuhe)
- VEB Schuhfabrik Seifhennersdorf, Werk »Trabant« Löbau, Handwerkerstraße 13/15 (VEB Kombinat Schuhe)
- VEB Schuhfabrik Seifhennersdorf, Werk »Trumpf« Seifhennersdorf, August-Hoffmann-Straße 10 (VEB Kombinat Schuhe)
- VEB Schuhfabrik Zwönitz, Bahnhofstraße 65 (VEB Kombinat Schuhe)
- VEB Schuhfabrik Zwönitz, Werk Schuhfabrik Meerane, Straße der DSF 51/53 (VEB Kombinat Schuhe)
- VEB Schuhmaschinenbau »Compart« Weißenfels, Markwerbener Straße
- VEB Schuhpflegemittel Dresden, Augsburger Straße 1a
- VEB Schulmöbel, Herrnburg
- VEB Schulmöbel, Stützengrün, Auerbacher Straße 39
- VEB Schulmöbel Wurzen, Albert-Kuntz-Straße 26
- VEB Gaskombinat Schwarze Pumpe
- VEB Schwarzhammermühle (VEB Kombinat Verpackung Leipzig)
- VEB Schweißtechnik Finsterwalde (VEB Mansfeld Kombinat »Wilhelm Pieck«)
- VEB Schwermaschinenbau »Karl Liebknecht« Magdeburg, Kombinat für Dieselmotoren und Industrieanlagen
- VEB Schwermaschinenbau NOBAS Nordhausen, Rothenburgstraße 13/14 (VEB Kombinat Baukema)

- VEB Schwermaschinenbau S. M. Kirow Leipzig, Naumburger Straße 28 (VEB Schwermaschinenbaukombinat TAKRAF)
- VEB Schwermaschinenbau-Kombinat »Ernst Thälmann« Magdeburg (SKET), Magdeburg-Buckau, Marienstraße
- VEB Schwermaschinenbaukombinat TAKRAF, Stammbetrieb, Leipzig, Barfußgäßchen 12
- VEB Schwermaschinenbaukombinat TAKRAF, Stammbetrieb, Betrieb für Anlagenbau und Rationalisierung, Seeburgstraße 14/20
- VEB Schwerter Emaillierwerke Lauter (VEB Kombinat Haushaltsgeräte Karl-Marx-Stadt)
- VEB Seehäfen, Rostock, Wismar, Stralsund, Leipzig, Richard-Lehmann-Straße 32
- VEB Sekundärrohstofferfassung Halle, Sitz: Zeitz (SERO, Betrieb im VE Kombinat Sekundärrohstofferfassung)
- VEB Signalgerätebau, Pouch, Nordstraße 3a (SIGEBA)
- VEB Silikatrohstoff-Kombinat Kemmlitz (Kaolinwerke Kemmlitz)
- VEB Silikatwerk Brandis, Betrieb 1
- VEB Silikatwerk Brandis, Betrieb 3, Bad Lausick
- VEB Silikatwerk Brandis, Betrieb 4, Colditz, Leisniger Straße 5/7 (Femawerk)
- VEB Silikatwerk Brandis, Betrieb 5, Dommitzsch (Tonwerke)
- VEAB Silobetrieb Halle-Trotha
- VEB SIMETO Klingenthal, Lindenstraße 8
- VEB Sinfonia, Markneukirchen
- VEB Sitzendorfer Porzellan-Manufaktur, Rudolstadt, Breitscheidstraße 3
- VEB Sitzmöbelwerke Waldheim
- VEB SKE Bad Berka (Käsewerk)
- VEB Skiproduktion Großfurra
- S. M. Kirow-Werk Leipzig
- VEB Sockenwerk »EXPORSO«, Brünlos (Herrensocken, Kindersöckchen)
- VEB Sodawerke »Karl Marx« Bernburg
- VEB Solidor Dresden, Industriegelände, Straße G (VEB Kombinat Solidor)
- VEB Solidor Heiligenstadt, Betriebsteil Pulsnitz, Siegesbergstraße 175
- VEB Solidus, Dresden, Dohnaer Straße 67
- VEB »Souvenir«, Tabarz, Zimmerbergstraße (Modeschmuck, Souvenirs)
- VEB Spannwerkzeuge Zeulenroda, Pausaer Straße 69
- VEB Speisenproduktionsbetrieb Halle (SPB), Magdeburger Chaussee
- VEB Spezialapparatebau (VEB Kombinat Nagema)
- VEB Spezialbaukombinat Magdeburg, Kombinatsleitung, Otto-von-Guericke-Straße 27/28
- VEB Spezialchemie Leipzig, Angerstraße 32
- VEB Spezialelektrowerkzeug, Neustadt, Promenadenweg 4

- VEB Spezialfahrzeugwerk Berlin-Adlershof, Otto-Franke-Straße 77/97 (VEB IFA-Kombinat Spezialaufbauten und Anhänger)
- VEB Spezialfarben Oranienburg, Walter-Küchenmeister-Straße 12 (VEB Kombinat Lacke und Farben, phorolux, oracal, mikrolux)
- VEB Spezialglaswerk »Einheit«, Weißwasser, Straße der Einheit (VEB Kombinat Technisches Glas Ilmenau)
- VEB Spezialleuchtenbau Wurzen, Badergraben 16 (VEB NARVA)
- VEB Spezialmaschinenbau Eisenach, Eichrodter Weg 132/144 (Kombinat Textima, Spezima)
- VEB Spezialmaschinenfabrik Karl-Marx-Stadt
- VEB Spezialnähmaschine, Pleißa, Hohensteiner Straße 5
- VEB Spezialnähmaschinenwerk Limbach, Limbach-Oberfrohna, Pestalozzistraße 5 (Kombinat Textima)
- Spezialpapierfabrik Niederschlag, Niederschlag (VEB Freiberger Zellstoff- und Papierfabriken zu Weißenborn)
- VEB Spezialpapier- und Pappenfabrik Greiz-Lehnamühle
- VEB Spezialskiwerkstätten Klingenthal, Schneckenstein
- VEB Spezialsportschuhe Hohenleuben, Reichenfels 9
- VEB Spezialwerkstätten Klingenthal, Betriebsteil Tennisschläger, Markneukirchen
- VEB Spezial-Werkzeugfabrik Zella-Mehlis, Straße der Antifa 42a (VEB Werkzeugkombinat Schmalkalden)
- VEB Spezialwiderstände Dresden, Schlüterstraße 29 (VEB Kombinat Elektronische Bauelemente)
- Spielewerk Karl-Marx-Stadt, Lutherstraße 56 (SPIKA – Kombinatsbetrieb im VEB Verpackungsmittelkombinat Ehrenfriedersdorf)
- VEB Spiel- und Festartikel Leipzig, Brühl 74
- VEB Spielwaren, Effelder
- VEB Spielwaren, Weinböhla, Ernst-Thälmann-Straße 31
- VEB Spielwaren Großräschen, Konrad-Blenkle-Straße 14
- VEB Spielwaren Waltershausen, Brühl 12
- VEB Spielwaren-Mechanik, Pfaffschwende
- VEB Spielwarengroßhandel, Olbernhau, Krankenhausstraße 3
- VEB Spielzeug Rauenstein, Reitgasse 10
- VEB Spielzeughaus Grünhainichen, Lengenfelder Straße 7
- VEB »Spielzeugland«, Mengersgereuth-Hämmern, Fabrikweg 4/6
- VEB Spindelfabrik Hartha, Sonnenstraße 31 (VEB Kombinat Textima)
- VEB Spindel- und Spinnflügelfabrik Neudorf (VEB Kombinat Textima)
- VEB Spindeldüsenfabrik Gröbzig, Hallesche Straße 49
- VEB Spinnereimaschinenbau Karl-Marx-Stadt, Altchemnitzer Straße 27 (VEB Kombinat Textima)

- VEB Spinn- und Zwirnereimaschinenbau Karl-Marx-Stadt, Lärchenstraße 8 (VEB Kombinat Textima)
- VEB Spinnstoffwerk Otto Buchwitz Glauchau
- VEB Spitze Bekleidung, Pausa, Nordstraße 23
- VEB Spitzen-Export Plauen, Julius-Fučik-Straße 10
- VEB Spitzenziertücher, Hundshübel
- VEB Sponeta Schlotheim, Straße des Aufbaus (Sportnetze)
- VEB Sportbandagen, Saalburg
- VEB Sportbekleidung Karl-Marx-Stadt, Uhlestraße 34
- VEB Sportgeräte, Großnaundorf
- VEB Sportgeräte, Liebenstein
- VEB Sportgeräte, Gräfenhain
- VEB Sportgerätewerk, Karl-Marx-Stadt, Werner-Seelenbinder-Straße 5 (Turntex)
- VEB Sportschuhfabrik Ilmia, Stadtilm, Teichgartenstraße 14
- VEB Sportschuhfabrik Neuruppin, Seeufer 16
- VEB Sporttrikot, Limbach-Oberfrohna, Helenenstraße 17
- VEB Sporttrikotagen Karl-Marx-Stadt, Clausstraße 6
- VEB Sporttrikotagen Taura (VEB Kombinat Trikotagen Karl-Marx-Stadt)
- VEB Sprela-Werke Spremberg, Gartenstraße 12/13 (VEB Kombinat Plast- und Elastverarbeitung)
- VEB Sprengstoffwerk, Schönebeck, Magdeburger Straße 241
- VEB SPRIO Holzhausen (VEB Kombinat Orsta-Hydraulik)
- VEB Spulenkörper Sonneberg, Köppelsdorfer Straße 33
- VEB Spulenkörper, Abteilung Lehrmittel, Sonneberg, Wilhelm-Pieck-Straße 13
- VEB Staatliche Porzellanmanufaktur, Meißen, Leninstraße 9
- VEB Staatlicher Forstwirtschaftsbetrieb Sondershausen
- Staatlicher Kunsthandel der DDR, Betrieb für Keramik Waldenburg, Töpferstraße 8/9
- Staatlicher Kunsthandel der DDR, VEH Bildende Kunst und Antiquitäten, Berlin, Thälmannplatz 1/3
- Staatliches Amt für Technische Überwachung, Berlin, Leipziger Straße 5/7
- Staatliches Getränkekontor, Berlin, Friedenstraße 89 (Lizenzbüro der Gärungs- und Getränkeindustrie der DDR)
- Staatliches Institut für Immunpräparate und Nährmedien, Berlin-Weißensee, Klement-Gottwald-Allee 317/321
- Staatliches Lederkontor Weißenfels, Naumburger Straße 75
- Staatliches Maschinen-Kontor, Berlin, Platz vor dem neuen Tor 1
- Staatliches Textil-Kontor, Karl-Marx-Stadt, August-Bebel-Straße 11/13
- Staatsbank der DDR, Leipzig, Martin-Luther-Ring 2
- Staatsverlag der DDR

- VEB Staatszirkus der DDR, VEB Zentral-Zirkus (Aeros, Berolina, Busch)
- VEB Stahlbrückenbau Könnern
- VEB Stahlmöbelbau Haldensleben, Wedringer Straße 8
- VEB Stahlkassettenbau, Bernsbach (VEB Kombinat Haushaltsgeräte Karl-Marx-Stadt)
- VEB Stahl- und Industriemöbelwerke »Altmark« STIMA, Stendal, Lüderitzer Straße 102
- VEB Stahlrohrmöbel Rotta
- VEB Stahl- und Apparatebau Genthin
- VEB Stahl- und Brückenbau Bernburg (Autobahnbaukombinat)
- VEB Stahl- und Kältetechnik Haldensleben, Hafenstraße 8 (Betrieb des VEB Unitas Magdeburg)
- VEB Stahlwarenfabrik Benshausen (VEB Kombinat Haushaltsgeräte Karl-Marx-Stadt)
- VEB Stahl- und Walzwerk Brandenburg, Straße der Aktivisten (VEB Qualitäts- und Edelstahl-Kombinat)
- VEB Stahl- und Walzwerk Gröditz
- VEB Stahl- und Walzwerk »Wilhelm Florin« Hennigsdorf, Veltener Straße (VEB Qualitäts- und Edelstahl-Kombinat)
- VEB Stahl- und Walzwerk Riesa
- VEB Stanzbleche, Berlin, Grünberger Straße 50 (VEB Kombinat Nagema)
- Stanzila Dresden (VEB Kombinat Fortschritt Landmaschinen)
- VEB Stanz- und Emaillierwerk, Großenhain, Riesaer Straße 50
- VEB Stanz- und Emaillierwerk Prettin / Elbe, Axiener Straße 1 (VEB Kombinat Haushaltgeräte Karl-Marx-Stadt)
- VEB Starkstrom-Anlagenbau Cottbus, Briesmannstraße 2 (VEB Kombinat Elektroprojekt und Anlagenbau Berlin)
- VEB Starkstrom-Anlagenbau Leipzig-Halle, Halle, Humboldtstraße 2a (VEB Kombinat Elektroenergie-Anlagenbau)
- VEB Starkstrom-Anlagenbau Magdeburg, Blankenburger Straße 58/70 (VEB Kombinat Elektroenergie-Anlagenbau)
- VEB STATRON, Fürstenwalde, Ehrenfried-Jopp-Straße 59
- VEB Steingutfabrik Rheinsberg (Tee- und Kaffeegeschirre)
- VEB Steingutfabrik Strehla, Oppitzscherweg 18 (Strehla-Keramik)
- VEB Steingutfabrik Elsterwerda, Saathainer Straße 5 (Kombinat Feinkeramik Kahla)
- VEB Steingutfabrik Torgau, Hafenstraße 2/4 (Kombinat Feinkeramik Kahla)
- VEB Steingutwerk Krauschwitz (VEB Keramische Werke Hermsdorf)
- VEB Steingutwerk Wallhausen
- VEB Steppdeckenfabrik Waldenburg, Bahnhofstraße 23
- VEB Steremat »Hermann Schlimme« Berlin, Storkower Straße 115

- VEB Stern-Drahtverarbeitung, Herrnhut (Oberlausitz), Oderwitzer Straße 160b
- VEB Stern-Radio Berlin, Berlin-Weißensee, Liebermannstraße 75 (VEB Kombinat Rundfunk und Fernsehen)
- VEB Stern-Radio Sonneberg (VEB Kombinat Rundfunk und Fernsehen | Radiogeräte Bobby, Erfurt, Sekretär)
- VEB Stickperle, Falkenstein, Gartenstraße 67/69
- VEB Stickstoffwerk Piesteritz, Wittenberg (Stammbetrieb des VEB Kombinat Agrochemie)
- VEB Strandmoden, Jahnsbach
- VEB Straßen-, Brücken- und Tiefbaukombinat Halle, Berliner Straße 239, 4020 Halle
- VEB Straßenbau Weimar (VEB Autobahnbaukombinat Magdeburg)
- VEB Straßenbau Potsdam (VEB Autobahnbaukombinat Magdeburg)
- VEB Strick-Bandagen Zeulenroda
- VEB Strickermann Apolda, Herderstraße 41 (VEB Kombinat Trikotagen Karl-Marx-Stadt)
- VEB Strickmaschinenbau Karl-Marx-Stadt, Paul-Gruner-Straße 72b (Kombinat Textima)
- VEB Strickmoden Bad Frankenhausen
- VEB Strickwaren Oberlungwitz (VEB Kombinat Trikotagen Karl-Marx-Stadt)
- VEB Strickwaren »Stola«, Jahnsdorf, Stollberger Straße 13 (VEB Kombinat Trikotagen Karl-Marx-Stadt)
- VEB Strickwarenfabriken »Aktivist«, Zwickau, Heine-Straße 5 (VEB Kombinat Trikotagen Karl-Marx-Stadt)
- VEB Strömungsmaschinen, Pirna (VEB Kombinat Kraftwerksanlagenbau)
- VEB Strumpfkombinat Esda Thalheim, Betrieb VEB Feinstrumpfwerke Esda Thalheim, Thalheim / Erzgebirge
- VEB Strumpfkombinat Esda Thalheim, Betrieb VEB »Gelkida« Gelenauer Kinder- und Damenstrumpfwerke, Gelenau
- VEB Strumpfkombinat Esda Thalheim, Betrieb VEB Strumpfwerke »Max Roscher«, Gornau
- VEB Strumpfkombinat Esda Thalheim, Betrieb VEB Thüringer Strumpfwarenfabrik Diedorf
- VEB Strumpfwaren und Sportbekleidung Karl-Marx-Stadt, Am Walkgraben 29
- VEB Strumpfwerk Zschopau, Auenstraße 2 (VEB Strumpfkombinat Esda Thalheim)
- VEB Strumpf- und Plastwerk Burkhardtsdorf, August-Bebel-Straße 67 (URSUS Erzeugnisse, Weich-PVC-Figuren)

- VEB Studiotechnik Berlin, Rungestraße 25/27 (VEB Kombinat Nachrichtenelektronik)
- VEB Süßwarenfabrik Bodeta, Oschersleben
- VEB Süßwarenfabrik »Halloren«, Halle/Saale
- VEB Synthesewerk Schwarzheide
- VEB Schuhchemie Mölkau – Industriestraße 18/20,
- VVB Schnittholz und Holzwaren, Berlin, Prenzlauer Allee 233
- VVB Spielwaren, Sonneberg
- VVB Süß- und Dauerbackwaren-Industrie, Halle Saale
- VEB Stahlgießerei Karl-Marx-Stadt
- PGH, später VEB Sticktex, Eibenstock
- SGB Sportartikel Halle (Importleitstelle Leipzig, Alte Straße 15–17)

T

- VEB Tabakkontor, Dresden, Weißeritzstraße 3 (VE Kombinat Tabak Berlin)
- VEB Tachometerwellen- und Maschinenbau, Leipzig, Claußbruchstraße 1/7
- VEB TACTON Weißenfels, Am Bad 1 (Schlaginstrumente jeder Art)
- VEB Tafelgeräte Dessau, Robert-Bosch-Straße 59 (VEB Kombinat Haushaltsgeräte Karl-Marx-Stadt)
- VEB Tafelgeräte Karl-Marx-Stadt, Beckerstraße 15 (SONNAU, VEB Kombinat Haushaltsgeräte Karl-Marx-Stadt)
- VEB Tapetenfabrik Coswig, Rudolf-Prohazka-Straße 9 (VEB Kombinat Verpackung Leipzig)
- VEB Tapisserie, Leipzig, Nonnenstraße 17/21
- VEB Tapisserie Crimmitschau, Bahnhofstraße 8
- VEB Täschnerwaren, Erfurt, Gotthardtstraße 24
- VEB Täschnerwaren Annaberg, Annaberg-Buchholz 2, Karl-Liebknecht-Straße 9/11
- VEB Taxi Berlin, Persiusstraße 7–8
- VEB Technische Bürsten, Spremberg, Muskauer Straße 71
- VEB Technische Filze Wurzen, Crostigall 51 (VEB Kombinat Technische Textilien Karl-Marx-Stadt)
- VEB Technische Gase Leipzig, Schönauer Straße 111
- VEB Technische Gebäudeausrüstung Halle, Böllberger Weg 179 (VEB TGA Halle)
- VEB Technische Gebäudeausrüstung Karl-Marx-Stadt, Betriebsteil Elektrowärme Schlettau, Kleine Sehma 47b (TGA)
- VEB Technische Gebäudeausrüstung Magdeburg (fertigte Nasszellen für Neubauten)
- VEB Technische Textilien, Schlotheim, Weinberg 20

- VEB Kombinat Technische Textilien, Karl-Marx-Stadt, Straße der Nationen 88/90
- VEB Technische Textilien Meerane (VEB Kombinat Technische Textilien Karl-Marx-Stadt)
- VEB Technische Textilien Reichenbach (VEB Kombinat Technische Textilien)
- VEB Technische Werkstätten, Gotha, Friemarer Straße 40
- VEB Technische Werkstätten Berlin, Berlin, Linienstraße 214
- VEB Kombinat Technisches Glas Ilmenau
- Technocommerz VE Außenhandelsbetrieb der DDR, Berlin, Mittelstraße 25
- VEB teltomat Werk für Straßenbaumaschinen, Teltow, Ruhlsdorfer Straße (VEB Kombinat Baukema)
- VEB Teppichwerk Nord Malchow
- VEB Textilbedarf Gera, Zwötzener Straße 4 (Kombinat Textima)
- VEB Textil- und Veredlungsbetrieb Neugersdorf, Nordstraße 2 (VE Kombinat Technische Textilien Karl-Marx-Stadt)
- Textilcommerz Volkseigener Außenhandelsbetrieb der DDR, Berlin, Behrenstraße 46
- VEB Textile Verpackungsmittel Weida (VEB Kombinat Technische Textilien Karl-Marx-Stadt)
- VEB Textilkombinat Cottbus, Klosterstraße 71
- VEB Textil-Lederwarenwerke, Annaberg-Buchholz (moderna Lederwaren)
- VEB Textilmaschinenbau Apolda, August-Bebel-Straße 18 (Kombinat Textima)
- VEB Textilmaschinenbau Aue
- VEB Textilmaschinenbau Gera, Tschaikowskistraße 37
- VEB Textilmaschinenbau Großenhain
- VEB Textilmaschinenbau Güsten, Amesdorfer Straße (VEB Kombinat Textima)
- VEB Textilmaschinenbau Neugersdorf (VEB Kombinat Textima)
- VEB Textilmaschinenzubehör Zittau
- VEB Textilmode, Apolda, Leninstraße 12 (VEB Kombinat Trikotagen Karl-Marx-Stadt)
- VEB Textilreinigung Bernburg
- VEB Textil- und Plastverpackung, Dresden, Coswiger Straße 6 (VEB Kombinat Technische Textilien Karl-Marx-Stadt)
- Textilvertretungen GmbH, Berlin, Rosenthaler Straße 72a
- VEB Textilwerke »Clara Zetkin«, Burgstädt, Karl-Marx-Straße 92 (VEB Kombinat Trikotagen Karl-Marx-Stadt, Damennachtwäsche, Graziella)
- VEB Textilwerke Mülsen (VEB Kombinat Wolle und Seide)
- VEB Textilwerke Palla Glauchau, Otto-Schimmel-Straße 8

- VEB Textima Teilefertigung Niederwürschnitz
- VEB Textima- und Spezialdraht Mittweida, Leipziger Straße 38 (Kombinat Textima)
- VEB Textimaprojekt, Kombinat Textima, Karl-Marx-Stadt, Treffurthstraße 17
- VEB Textima Spinnereimaschinenbau Leisnig
- VEB Thermometerwerk Geraberg (TWG), Geraberg, Elgersburger Straße (VEB Kombinat Technisches Glas Ilmenau)
- VEB Thermos Langewiese (VEB Kombinat Technisches Glas Ilmenau)
- VEB (B) Thüringer Früchteverwertungs-Kombinat
- VEB Thüringer Glaskunst Neuhaus, Neuhaus am Rennweg, Sonneberger Straße 150
- VEB Thüringer Glasschmuck, Lauscha, Obermühle 1
- VEB Thüringer Kleiderwerk, Gotha, Reinhardsbrunner Straße 31
- VEB Thüringer Kofferfabriken Geraberg / Geschwenda, Geraberg, Leninecke 1
- VEB Thüringer Lebkuchen-Fabrik, Zella-Mehlis, Beethovenstraße 18
- VEB Thüringer Obertrikotagen Apolda, Buttstädter Straße 50 (VEB Kombinat Trikotagen Karl-Marx-Stadt)
- VEB Thüringer Schokoladenwerke, Saalfeld (Fusionsprodukt aus dem 1955 gegründeten Mauxion-Nachfolger VEB Rotstern Schokoladenwerk und dem 1966 einverleibten Unternehmen Berggold)
- VEB (K) Thüringer Wein- und Mostkelterei, Greußen
- VEB Thuringia Sonneberg, Edelhof 5 (Kombinat für Glas- und Keramikmaschinenbau)
- VEB Töpferhof Römhild, Römhild
- VEB Tourist-Verlag, Berlin, Neue Grünstraße 17
- VEB Transformatorenwerk »Karl Liebknecht«, Berlin-Oberschöneweide, Wilhelminenhofstraße 83/85
(VEB Kombinat Elektroenergieanlagenbau)
- VEB Transformatoren- und Röntgenwerk »Hermann Matern«, Dresden, Overbeckstraße 48
(TUR Dresden, VEB Kombinat Elektroenergieanlagenbau)
- transinter Außenhandelsvertretungen und Internationale Kooperation GmbH, Berlin, Internationales Handelszentrum, Friedrichstraße
- VEB Transportanlagen und Montagen Landsberg
- VEB Transportgerätebau Döschwitz, Döschwitz-Hollsteitz (Flurförderzeuge)
- VEB Transportgummi Bad Blankenburg, Rudolstädter Straße 23 (VEB Gummikombinat Thüringen Waltershausen, Pneumant)
- Transportmaschinen Export-Import Volkseigener Außenhandelsbetrieb der DDR, Berlin, Johannes-Dieckmann-Straße 11/13

- transpress VEB Verlag für Verkehrswesen, Berlin, Französische Straße 13/14
- VEB Treff-Modelle Berlin, Greifswalder Straße 212/213 (VEB Kombinat Oberbekleidung Berlin)
- »Tribüne« Verlag und Druckerei des FDGB Berlin, Am Treptower Park 28/30
- VEB Trikotagenwerk Crimmitschau, Amselstraße 19 (Ceriwa poro, VEB Kombinat Trikotagen Karl-Marx-Stadt)
- VEB Trikotagenwerk Doppelmoppel, Köthensdorf / Kreis Karl-Marx-Stadt (VEB Kombinat Trikotagen Karl-Marx-Stadt)
- VEB Trikotagenwerk Hohenstein-Ernstthal, Am Bahnhof 3 (VEB Kombinat Trikotagen Karl-Marx-Stadt)
- VEB Trikotagenwerk »Spree«, Lübben, Karl-Marx-Straße 1 (VEB Kombinat Trikotagen Karl-Marx-Stadt)
- VEB Trikotagen- und Handschuhwerk, Burgstädt, Clara-Zetkin-Straße 3 (VEB Kombinat Trikotagen Karl-Marx-Stadt)
- VEB TRIKOTEX Wittgensdorf (VEB Kombinat Trikotagen Karl-Marx-Stadt)
- VEB Trisola Steinach (VEB Glasseide Oschatz)
- VEB Trommelfell Altenburg, Mozartstraße 8 (VEB Kombinat Kunstleder und Fellverarbeitung Leipzig)
- VEB Typoart Dresden
- VVB Tierzucht, Paretz

U

- VEB Uhle Schwerin (Spirituosen, deutscher Sekt)
- VEB Uhrenwerke Ruhla, Bahnhofstraße 27 (Leitbetrieb im VEB Kombinat Mikroelektronik)
- VEB Ultraschalltechnik Halle, Halle Saale, Merseburger Straße 15
- VEB Unimewa Aue
- Union Außenhandelsgesellschaft mbH für Metallwaren und Sportartikel, Berlin, Wilhelm-Külz-Straße 46 (Exportbereiche: Exportkontore Haushaltwaren, Exportkontor Haushaltgroßgeräte, Expovita, Exportkontore Werkzeuge,Exportkontore Sport/Camping, Exportkontor Suhler Jagdwaffen, Ein- und Verkaufsabteilung Wälzlager und Normteile)
- UNITECHNA Außenhandelsgesellschaft mbH, Berlin, Mohrenstraße 53/54
- Urania-Verlag Leipzig/Jena, Salomonstraße 26–28

V

- VEB Vaka-Werke Halle, Halle Saale, Straße der DSF 58/63 (VEB Chemieanlagenbaukombinat Leipzig/Grimma, Tankstellen)
- VEB Varia Chemische Fabrik, Mügeln, Döbelner Straße 7 (Kreiden, Farben, Modelliermasse, Schutzbrillen, Stifte)

- VEB Vereinigte Bauelemente Hennigsdorf, Fabrikstraße 5
- VEB Vereinigte Baumwollspinnereien und Zwirnereien, Flöha, Willy-Uhlig-Straße 32
- VEB Vereinigte Beleuchtungsglaswerke Dresden, Betriebsteil Neupetershain, Liesker Weg 4 (VEB Beleuchtungsglaskombinat)
- VEB Vereinigte Betriebe VEB BEMEFA Karl-Marx-Stadt, Annaberger Straße 282a (Kombinat Haushaltgeräte Karl-Marx-Stadt)
- VEB (B) Vereinigte Elektrobetriebe Gera, Sitz Weida, Gräfenbrücker
- VEB Vereinigte Grobgarnwerke Kirschau (VEGRO)
- VEB Vereinigte Hausschuhwerke Hartha, Luckenwalde, Rudolf-Breitscheid-Straße 78
- VEB Vereinigte Hausschuhwerke »intra«, Hartha, Dresdner Straße 107 (VEB Kombinat Schuhe)
- VEB Vereinigte Hutwerke, Wilhelm-Pieck-Stadt Guben, Gasstraße 4/7
- VEB Vereinigte Kleinlederwarenbetriebe Böhlitz-Ehrenberg, Fabrikstraße 21 (VARIOLED)
- VEB Vereinigte Kleinlederwarenbetriebe Böhlitz-Ehrenberg, Werk III Weißenfels, Naumburger Straße 75 (VEB Kombinat Lederwaren Schwerin)
- VEB Vereinigte Lederwerke Zug, Freiberg (VEB Kombinat Lederwaren Schwerin)
- VEB Vereinigte Metallwarenfabrik, Bad Köstritz
- VEB Vereinigte Metallwarenfabriken Breitungen (VEB Kombinat Solidor)
- Vereinigte Möbelindustrie der DDR, Dresden, Caspar-David-Friedrich-Straße 13a
- VEB Vereinigte Natursteinwerke Zöblitz
- VEB Vereinigte Netz- und Seilwerke Heidenau, Hauptstraße 103 (VEB Kombinat Technische Textilien)
- VEB Vereinigte Netz- und Seilwerke Heidenau, Werk Hildburghausen, Häselriether Straße 16
- VEB Vereinigte Papierfabriken Heidenau
- VEB Vereinigte Papier- und Kartonfabriken Niederschlema, Schlema (VEB Kombinat Zellstoff und Papier Heidenau)
- VEB Vereinigte Papier- und Kartonfabriken Niederschlema, Werk Fährbrücke, Langenbach (VEB Kombinat Zellstoff und Papier Heidenau)
- VEB Vereinigte Pappen- und Kartonagenwerke, Glashütte, Werk Erzgebirgische Pappen- und Kartonagenwerke Raschau (VEB Kombinat Zellstoff und Papier Heidenau)
- VEB Vereinigte Pappen- und Kartonagenwerke, Glashütte, Werk Pappenfabriken Großschirma (VEB Kombinat Zellstoff und Papier Heidenau)

— VEB Vereinigte Porzellanwerke Colditz (VEB Kombinat Feinkeramik Kahla)
— VEB Vereinigte Porzellanwerke Kahla, Stammbetrieb des Kombinat Feinkeramik Kahla
— VEB Vereinigte Süßwarenwerke Delitzsch/Eilenburg, Delitzsch, Dübener Straße 31/35 (Delitzscher-Pralinen und Henri-Bonbons)
— VEB Vereinigte Wäschefabrik Auerbach
— VEB Vereinigte Wellpappenbetriebe Leipzig, Engelsdorf, Poststraße 7 (VEB Kombinat Verpackung Leipzig)
— VEB Vereinigte Werkzeug-Fabriken Geringswalde (VEB Werkzeugkombinat Schmalkalden)
— VEB Vereinigte Zellstoff- und Papierfabriken Merseburg, Mühlberg 7/15 (VEB Kombinat Zellstoff und Papier Heidenau)
— VEB Vereinigte Zierporzellanwerke Lichte, Betriebsteil Unterweißbach
— VEB Vereinigter Korrosionsschutz Eisleben
— VEB Vereinigter Schienenfahrzeugbau der DDR e. V., Berlin-Lichtenberg, Hirschberger Straße 4
— VEB Verlag Technik Berlin
— VEB Vereinigte Porzellanwerke Colditz, Colditz 1, 7242 (CP, Werke in Colditz, Weißwasser, Lettin und Annaburg)
— Verkaufsgemeinschaft Elektronische Tasteninstrumente und Verstärker-Anlagen (VEB Klingenthaler Harmonikawerke)
— VEB Verkehrsbau Berlin (VEB Autobahnbaukombinat Magdeburg)
— VEB Verkehrs- und Tiefbaukombinat Leipzig, Jacobstraße 1/3
— Verlag Die Wirtschaft, Berlin, Französische Straße
— VEB Verlag Technik Berlin, Oranienburger Straße 13/14
— Verlag Zeit im Bild, Dresden, Julian-Grimau-Allee (unterstellt der Abt. Auslandsinformation im ZK der SED, dessen Chef 1966 bis 1989 Manfred Feist, Bruder von Margot Honecker, geborene Feist, war)
— VEB Verlagsdruckerei Typodruck-Schaubek, Werk 4 – Verlag, Leipzig, Oststraße 24/26
— VEB VERO Olbernhau
— VEB Verpackungsmaschinenbau Dresden, Stammbetrieb des VEB Nagema,Breitscheidstraße 46/56
— VEB Verpackungsmittelkombinat Ehrenfriedersdorf, Thomas-Mann-Straße 1
— Versorgungskontor Industrietextilien, Erfurt, Regierungsstraße 62 (intex)
— Versorgungskontore Industrietextilien in Berlin, Dresden, Erfurt, Karl-Marx-Stadt, Gera, Sonneberg, Leipzig, Schmölln
— Versorgungskontor Maschinenbauerzeugnisse Leipzig, Stahmeln, Hauptstraße 5

- Versorgungskontor Papier und graphischer Bedarf, Magdeburg, Wittenberger Straße 17
- VEB »Vestis« Leipzig
- VEB VISCOPUR Leipzig, Fichtestraße 30/32 (Schaumstoff-, Viskose- und Viscopurschwämme)
- VEB Vliestextilien Lößnitztal, Hohenfichte (VEB Kombinat Technische Textilien Karl-Marx-Stadt)
- VEB Vogtlandbürsten, Rothenkirchen
- VEB Vogtländische Bürstenfabrik, Wildenau
- VEB Vogtländische Kunstlederfabrik Tannenbergsthal, Werk Tannenbergsthal (Gambiten, Ekraled)
- VEB Vogtlandstoffe, Reichenbach, Dr.-Wilhelm-Külz-Straße
- Volkseigener Außenhandelsbetrieb Industrieanlagen-Import, Berlin, Mauerstraße 83/84
- Volkseigener Außenhandelsbetrieb der Landwirtschaft und Nahrungsgüterwirtschaft der DDR, Berlin, Schicklerstraße 5/7
- Volkseigener Handelsbetrieb Zoologica, Berlin, Leninallee 106
- VEB Volkswerft Stralsund, Am Boddenufer 14 (VEB Kombinat Schiffbau)
- VEB Volltuchwerke Crimmitschau, Sepp-Dirnberger-Straße 21
- Vordruckbetrieb Demos Osterwieck
- VEB Vorrichtungsbau Hohenstein, August-Bebel-Straße 12 (VEB Werkzeugmaschinenkombinat »Fritz Heckert«)
- VEB Vorrichtungsbau Weißenfels, Naumburger Straße 85/87 (VEB Werkzeugmaschinenkombinat »Fritz Heckert«)
- VEB Vulkanfiber-Fabrik Werder-Havel, Werder, Adolf-Damaschke-Straße 62 (VEB Kombinat Zellstoff und Papier)
- VEB Vulkanisiermaschinenbau Gera

W

- VEB Wälzlagerfabrik Berlin, Berlin-Lichtenberg, Rittergutstraße 44–52
- VEB Wägetechnik RAPIDO, Radebeul, Gartenstraße 63/64 (VEB Kombinat Nagema)
- VEB Wägetechnik RAPIDO, Betriebsteil Oschatz, Bahnhofstraße 37 (VEB Kombinat Nagema)
- VEB Wägetechnik Weimar, Friedrich-Engels-Ring 150 (VEB Kombinat Nagema)
- VEB Waggonbau Ammendorf, Halle Saale, Merseburger Straße 89 (VEB Kombinat Schienenfahrzeugbau der DDR)
- VEB Waggonbau Bautzen (VEB Kombinat Schienenfahrzeugbau der DDR)
- VEB Waggonbau Dessau (VEB Kombinat Schienenfahrzeugbau der DDR)
- VEB Waggonbau Görlitz (VEB Kombinat Schienenfahrzeugbau der DDR)

- VEB Waggonbau Gotha (VEB Kombinat Schienenfahrzeugbau der DDR)
- VEB Waggonbau Vetschau (VEB Kombinat Schienenfahrzeugbau der DDR)
- VEB Walzengießerei Coswig, Grenzstraße 1
- Walzengravierwerk Frankenberg
- VEB Walzwerk Finow, Eberswalde-Finow (VEB Bandstahlkombinat »Hermann Matern«)
- VEB Walzwerk »Hermann Matern« Burg
- VEB Walzwerk Hettstedt (VEB Mansfeld Kombinat »Wilhelm Pieck«)
- VEB Walzwerk Ilsenburg (VEB Qualitäts- und Edelstahlkombinat)
- VEB Wandschoner Leipzig, Brandenburger Straße 16b
- Warenzeichenverband Elektrogeräte der DDR e.V., Leipzig, Harkortstraße 19
- Warenzeichenverband »intecta« e.V., Dresden, Winckelmannstraße 9
- Warenzeichenverband für Kunsthandwerk und Kunstgewerbe e.V. der DDR »expertic«, Olbernhau, Bahnhofstraße 3
- Warenzeichenverband für Kunststofferzeugnisse der DDR e.V., Karl-Marx-Stadt, Müllerstraße 15
- Warenzeichenverband Lacke und Farben der DDR, Berlin, Paracelsusstraße 2
- Warenzeichenverband Lausitzer Glas
- Warenzeichenverband für Nähwirkmaschinen und Nähwirkerzeugnisse der DDR e.V.
- Warenzeichenverband der DDR PNEUMANT e.V., Fürstenwalde-Süd (VEB Kombinat Plast- und Elastverarbeitung)
- Warenzeichenverband für spezialveredelte Erzeugnisse der DDR e.V., Glauchau (spezitex und spezifur)
- VEB Wärmeanlagenbau »Deutsche-Sowjetische Freundschaft«
- VEB Wärmegerätewerk Dresden, Cossebaude, Bahnhofstraße 16 (VEB Kombinat Nagema)
- VEB Wärmegerätewerk Elsterberg, Bahnhofstraße 25
- VEB Wärmegeräte- und Armaturenwerk Berlin, Berlin-Köpenick, Seelenbinderstraße 129
- VEB Warnowwerft, Warnemünde (VEB Kombinat Schiffbau)
- Wartburg-Verlag Max Kessler, Jena, Inselplatz 11 – Nachfolger
- VEB Wäsche-Kombinat Lößnitz, Ziegerstraße (permaflott)
- VEB »Planet« Wäschekonfektion Eppendorf
- VEB Wäschemoden Obercrinitz
- VEB Wäschereimaschinenbau Forst, Weststraße 9 (fortema Textima)
- VEB Wäscheunion, Mittweida, Weberstraße 46/56
- VEB Waschgerätewerk Schwarzenberg (VEB Kombinat Haushaltgeräte Karl-Marx-Stadt)
- VEB Waschmittelwerk Genthin

- VEB Wasseraufbereitungsanlagen Dresden
- VEB Wasseraufbereitungsanlagen Markleeberg
- VEB Weberei moderner Raumtextilien, Hohenstein-Ernstthal, Weberstraße 7
- VEB Webstuhlbau Karl-Marx-Stadt, Emil-Mehner-Straße 8 (Kombinat Textima)
- VEB Webtex Lichtenstein, Lichtenstein, Pestalozzistraße 32
- VEB Webtextilien, Falkenstein, Ferdinand-Lassalle-Straße/ Ecke Feldstraße
- VEB Weinbrand, Wilthen
- »Weka Schuh« W. Kretzschmar KG, Weißenfels
- VEB Werk für Signal- und Sicherungstechnik Berlin, Berlin-Treptow, Eisenstraße 87/96 (VEB Kombinat Automatisierungsanlagenbau)
- VEB Werk-Kunst, Grünhainichen, Karl-Marx-Straße 40
- VEB Werkzeugbau Doberschau, Fabrikstraße 16 (VEB Kombinat Umformtechnik »Herbert Warnke«)
- VEB Werkzeuge, Viernau (Werkzeug- und Gerätefabrik)
- VEB Werkzeuge Leipzig, Luppenstraße 1b (VEB Werkzeugkombinat Schmalkalden)
- VEB Werkzeuge Schmalkalden, Karl-Marx-Straße 39 (VEB Werkzeugkombinat Schmalkalden)
- VEB Werkzeuge und Meßgeräte Schweina
- VEB Werkzeugfabrik Altenburg, Brunnenstraße 4 (VEB Werkzeugkombinat Schmalkalden)
- VEB Werkzeugfabrik Königsee (VEB Werkzeugkombinat Schmalkalden)
- VEB Werkzeugfabrik Radebeul, Wilhelm-Pieck-Straße 11 (VEB Werkzeugkombinat Schmalkalden)
- VEB Werkzeugkombinat Schmalkalden, Asbacher Straße 17
- VEB Werkzeugmaschinenfabrik Aschersleben, Wilslebener Straße (VEB Werkzeugmaschinenkombinat »Fritz Heckert«)
- VEB Werkzeugmaschinenfabrik Auerbach, Bertolt-Brecht-Straße 6 (VEB Werkzeugmaschinenkombinat »Fritz Heckert«)
- VEB Werkzeugmaschinenfabrik Bad Düben, Gerberstraße 1/3 (VEB Kombinat Umformtechnik Herbert Warnke Erfurt)
- VEB Werkzeugmaschinenfabrik Gotha, Gotha-Ost, Kindleber Straße (Universal-Werkzeugschleifmaschinen)
- VEB Werkzeugmaschinenfabrik Hermann Matern Magdeburg (VEB Werkzeugmaschinenkombinat »7. Oktober« Berlin)
- VEB Werkzeugmaschinenfabrik Johanngeorgenstadt, Eibenstocker Straße 49 (VEB Kombinat Umformtechnik H. W. Erfurt)

- VEB Werkzeugmaschinenfabrik Saalfeld, Hüttenstraße 19/27 (VEB Werkzeugmaschinenkombinat »Fritz Heckert« Karl-Marx-Stadt)
- VEB Werkzeugmaschinenfabrik »UNION« Gera, Straße des 25. Jahrestages der DDR 3 (VEB Werkzeugmaschinenkombinat »Fritz Heckert« Karl-Marx-Stadt)
- VEB Werkzeugmaschinenfabrik »UNION« Karl-Marx-Stadt, Zwickauer Straße 92 (UNION-Werk Karl-Marx-Stadt, VEB Werkzeugmaschinenkombinat »Fritz Heckert« Karl-Marx-Stadt)
- VEB Werkzeugmaschinenfabrik »Vogtland« Plauen, Schenkendorfstraße 14 (VEB Werkzeugmaschinenkombinat »Fritz Heckert« Karl-Marx-Stadt)
- VEB Werkzeugmaschinenfabrik Zeulenroda, Triebeser Straße 1 (VEB Kombinat Umformtechnik H. W. Erfurt)
- VEB Werkzeugmaschinenkombinat »Fritz Heckert« Karl-Marx-Stadt, Jagdschänkenstraße 17
- VEB Werkzeugmaschinenkombinat »7. Oktober« Berlin, Berlin-Weißensee, Gehringstraße 39
- VEB Werkzeugmaschinenkombinat »7. Oktober« Berlin
- VEB Berliner Werkzeugmaschinenfabrik, Berliner Chaussee 12
- VEB Werkzeugmaschinenkombinat »7. Oktober« Berlin, VEB Drehmaschinenwerk Leipzig, Pittlerstraße 26
- VEB Werkzeugmaschinenkombinat »7. Oktober« Berlin, VEB Großdrehmaschinenbau »8. Mai« Karl-Marx-Stadt, Otto-Schmerbach-Straße 3/5
- VEB Werkzeugmaschinenkombinat »7. Oktober« Berlin, VEB Mikrosa Leipzig, Saarländer Straße 20
- VEB Werkzeugmaschinenkombinat »7. Oktober« Berlin, VEB Schleifkörper-Union Dresden, Lohrmannstraße 19/21
- VEB Werkzeugmaschinenkombinat »7. Oktober« Berlin
- VEB Schleifmaschinenwerk Karl-Marx-Stadt, Zwickauer Straße 137/145
- VEB Werkzeugmaschinenkombinat »7. Oktober« Berlin, VEB Werkzeugmaschinenfabrik »Hermann Matern« Magdeburg, Mittagstraße 16
- VEB Werkzeugmaschinenkombinat »7. Oktober« Berlin, VEB Zahnschneidemaschinenfabrik Modul Karl-Marx-Stadt, Marienberger Straße 17
- VEB Werkzeugschmiede Großschönau, Ernst-Thälmann-Straße 71
- VEB Wertpapierdruckerei der DDR, Leipzig, Johannisgasse 16 (Postwertzeichen, Wertpapiere aller Art)
- VEB Wetron Weida, Papiermühlenweg 10 (VEB Kombinat Elektro-Apparate-Werke Berlin-Treptow)

- VEB Wikana HB Wittenberg, 4600 Wittenberg, Straße der Neuerer 8
- VEB Wintersport- und Campingartikel WICAMP, Schlotheim, Dr.-Wilhelm-Külz-Straße 32
- VEB WIRAPOL, Apolda, Roter Oktober 14 (VEB Kombinat Trikotagen Karl-Marx-Stadt)
- WIRATEX Export- und Importgesellschaft mbH für Wirkwaren und Raumtextilien, Berlin, Unter den Linden 62–68
- VEB Wirkmaschinenbau Karl-Marx-Stadt, Annaberger Straße 73 (Kombinat Textima)
- VEB Wirkmaschinenbau Limbach-Oberfrohna, Maxim-Gorki-Straße 31 (Kombinat Textima)
- VEB Wirkteddy, Hohensteiner Straße 2 (VEB Kombinat Trikotagen Karl-Marx-Stadt)
- VEB Wirkwaren »eminett«, Cranzahl (VEB Kombinat Trikotagen Karl-Marx-Stadt)
- VEB Wirkwaren Kändler, Hauptstraße 6 (Belbina)
- Wirtschaftsrat des Bezirkes Halle, Halle Saale, Maxim-Gorki-Straße 13
- VE Wissenschaftlich-Technischer Betrieb Keramik, Meißen, Ossietzkystraße 37a
- VEB Wittol, Lutherstadt Wittenberg, Rothemark 7/9
- VEB Wittstocker Holzdestillation, Wittstock/Dosse, Ringstraße 24 (VEB Kombinat Industriewaren Rathenow)
- WMW-Export-Import, Volkseigener Außenhandelsbetrieb der DDR, Berlin, Chausseestraße 111/112
- VEB Wohnraumleuchten, Berlin-Köpenick, Freiheit 12a/b
- VEB Wohnraumleuchten Stadtilm, Lindenstraße 4
- VEB Wohnraumleuchten Stadtilm, Betriebsteil Kranichfeld, Bereich Schmiedekunst, Legefeld
- VEB Wohnraumtex Hohenstein-Ernstthal, Mechanische Weberei
- VEB Wohnungsbau Halle, Hochhaus 013, 4090 Halle-Neustadt (Betrieb des VEB Wohnungsbaukombinat Halle)
- VEB Wohnungsbaukombinat Halle, WBK, Halle Saale
- VEB Wohnungsbaukombinat Halle-Neustadt
- GHG »Waren täglicher Bedarf« Halle

Y

- VEB Yachtwerft Berlin (VEB Kombinat Schiffbau)
- VEB Ysat Wernigerode (Kombinatsbetrieb des VEB Arzneimittelwerk Dresden)

Z

- VEB Zählgerätewerk Gera, Schellingstraße 6 | Aueweg 1 (VEB Kombinat EAW Berlin)
- VEB Zahn- und Handwaschbürsten-Werk Schmölln, Sommeritzer Straße 46
- VEB Zeitzer Lederwaren
- VEB Zellstoff- und Papierfabrik Crossen (VEB Kombinat Zellstoff und Papier Heidenau)
- VEB Zellstoffverarbeitung Marienberg, Äußere Annaberger Straße 5
- VEB Zellstoff- und Zellwollewerke Wittenberge (siehe VEB Chemiefaserkombinat Schwarza »Wilhelm Pieck«)
- VEB Zementkombinat (ZEKOM)
- VEB Zementwerke Bernburg
- VEB Zementwerke Karsdorf
- VEB Zementwerke Rüdersdorf, Heinitzstraße 10
- VEB Zentrale Grafische Lehrwerkstatt Groß-Berlin, Michaelkirchstraße 17, Berlin
- Zentrale Wirtschaftsvereinigung Obst, Gemüse, Speisekartoffeln, Berlin, Schwedter Straße 37/40
- VEB Zentraler Forschungs- und Rationalisierungsbetrieb (ZFRB) Weißenfels (Schuhmaschinen, Aggregate und Anlagen für die Schuhindustrie)
- VEB Zentrales Projektierungsbüro der Textilindustrie
- Zentrales Warenkontor für Technik, Berlin, Hans-Beimler-Straße 70/72
- Zentralinstitut für Schweißtechnik der DDR, Halle Saale, Köthener Straße 33a (ZIS)
- Zentral-Kommerz GmbH, Berlin, Parkstraße 4
- Zentralstelle für Werbung der Lebensmittelindustrie, Berlin
- VEB Zentrum Mikroelektronik Dresden (ZMD)
- VEB Zerkleinerungsmaschinenbau, Radebeul, Sidonienstraße 21
- VEB Zetti Schokoladen- und Zuckerwaren, Zeitz, Schädestraße 16
- VEB (B) Ziegelkombinat Potsdam, Sitz Zehdenick, Steinzeugwerk Görzke, Werk II, Chausseestraße 55
- VEB Zieh-, Preß- und Stanzwerk Zwintschöna, Dieskau, Bahnhofstraße 17a
- VEB Zierkeramik, Katzhütte
- VEB Zierkeramik Krauschwitz, Bautzener Straße 2
- VEB Zierkerzen Leipzig, Bernhard-Göring-Straße 47/49 (KERMA-Kerzen)
- VEB Zifferndruckwerke, Aschersleben, Graben 33
- ZIMEX GmbH, Außenhandelsbetrieb der polygraphischen Industrie der DDR, Leipzig, Goldschmidtstraße 29
- VEB Zittauer Kokosweberei, 8809 Olbersdorf, August-Bebel-Straße 127

- VEB Zitza, Zeitz, Wasserberg 10 (VEB Chemisches Kombinat Miltitz, Florena)
- VEB Zuckerkombinat »Vorwärts« Halle
- VEB Zündwarenwerke Riesa, Hamburger Straße 1/3
- VEB Zweckleuchtenbau Dresden, Dresden, Löscherstraße 33
- VEB Zwickauer Edelschmiede, Zwickau, Leipziger Straße 130
- VEB Zwickauer Maschinenfabrik, Zwickau, Reichenbacher Straße 25/27 (VEB Kombinat Pumpen und Verdichter)
- VE Dienstleistungsbetrieb Halle, Klement-Gottwald-Straße 8, 4020 Halle (dlb, Stammbetrieb des VEB Dienstleistungskombinat Halle)
- VE Einzelhandelsbetrieb (HO) Halle – Gaststätten, 4020 Halle, Händelstraße 23
- VE Handelsorganisation Waren täglicher Bedarf Halle, Georg-Schumann-Platz 2 (WtB)
- VE Kombinat Sekundärrohstofferfassung
- VE Kühlbetrieb Halle, Betriebsteil III, Brachwitzer Straße 38
- VE Militärhandelsorganisation (Betriebsteile in Halle und Leipzig)
- VE Verbundnetze Energie Berlin
- VEG Mast Wittenberg
- VOB National
- VVB Leder und Kunstleder Leipzig (bis 1978)

PGH

- PGH Blitz, Bahnhofstraße 17, DDR-5900 Eisenach
- PGH des Bau- und Möbeltischler-, Böttcher- und Glaserhandwerks, Rochlitz, Rathausstraße 8
- PGH Elektro Birkenwerder, Hauptstraße 90, DDR-1403 Birkenwerder
- PGH Elektro, Frankfurter Straße 73, DDR-1240 Fürstenwalde
- PGH Elektro, Leninplatz 2–3, DDR-8900 Görlitz
- PGH Elektro – A, Lange Gasse 5, DDR-9800 Reichenbach
- PGH Elektroanlagen, Am Bahnhof, DDR-9274 Wüstenbrand
- PGH Elektroanlagenbau, J.-Curie-Straße 116/117, DDR-4500 Dessau
- PGH Elektrobau, Rinnengasse 4, DDR-9200 Freiberg
- PGH Elektron – A, Maxim-Gorki-Platz 5, DDR-7950 Bad Liebenwerda
- PGH Elektron, Ernst-Thälmann-Platz 10, DDR-7127 Taucha
- PGH Elektrohandwerk, Potsdamerstraße 34, DDR-1800 Brandenburg
- PGH Elektronik, Bürgeraue 18, DDR-5800 Gotha
- PGH Elektro-Pionier, Halberstädter Str. 40, DDR-3230 Oschersleben
- PGH Elektro- und Maschinenbau, Tränkestr. 13, DDR-3720 Blankenburg
- PGH Elektrotechnik, Götzingerstraße 1a, DDR-8360 Sebnitz
- PGH Elektrotherm – A, Steinweg 1a, DDR-4300 Quedlinburg
- PGH ELRUFE, Karlstraße 4, DDR-9708 Treuen

- PGH Energie, Leninstraße 10, DDR-1700 Jüterborg
- PGH Energie Lauta – A, Industriegelände Straße A, DDR-7700 Hoyerswerda
- PGH ERF, Wilhelm-Pieck-Straße 51, DDR-7270 Delitzsch
- PGH Fortschritt Wägetechnik
- PGH Fundament Merseburg
- PGH Hans Sachs Berlin
- PGH Heinrich Hertz – A, Heidenstraße 4, DDR-2000 Neubrandenburg
- PGH Heinrich Hertz – A, Am Rosenweg, DDR-6900 Jena
- PGH Koffer- und Lederwaren Leipzig
- PGH Mechanik, Paditzer Fußweg 10, DDR-7400 Altenburg
- PGH Mefa – A, Möwenburgstraße 7, DDR-2700 Schwerin
- PGH Metall – A, Grepelstraße 13, DDR-2600 Güstrow
- PGH Mekusto – A, Lugaerstraße 100, DDR-8017 Dresden
- PGH Moderne Linie, Magdeburg
- PGH Rufemo, Obere Badergasse 5, DDR-9300 Annaberg-Buchholz
- PGH Spezialmöbelbau, Sanitz
- PGH Tischler »Vereinigtes Schaffen«, Jeßnitz, Wolfener Straße 26
- PGH Uhrentechnik, Dresden, Tolkewitzer Straße 53
- PGH Zentrum Elektromechanik Berlin, Wilhelm-Pieck-Straße 220
- PGH Zentrum, Wilhelm-Pieck-Str. 220, DDR-1040 Berlin
- PGH 1. Mai, Schweriner Straße 14/15, DDR-2820 Hagenow
- PGH 1. Mai, Radeburger Straße 12, DDR-8280 Großenhain
- PGH 7. Oktober, Bahnhofstraße 43, DDR-9156 Oelsnitz

Liste der von der Treuhand AG liquidierten oder teilübernommenen Kombinate

Kombinate waren organisatorische Zusammenschlüsse einer Gruppe von volkseigenen Betrieben. In der DDR gab es zentral geleitete und von Bezirken geleitete Kombinate. Mit westlichen Konzernen hatten sie vor allem die Zusammenfassung einer größeren Zahl von Betrieben unter einem organisatorischen Dach gemeinsam.

In den Kombinaten waren große und kleine Betriebe unterschiedlicher Produktionsstufe (Rohstoffe, Halbzeug, Fertigwaren) oder verschiedener Branchen (zum Beispiel Textilmaschinen, Fahrräder, Waschmaschinen, Dienstleistungen) oder von Produktions- und Versorgungsbetrieben (wie Maschinenbau und Elektrizitätserzeugung) zusammengeschlossen. An der Spitze stand ein Generaldirektor, der vom zuständigen Fachminister ernannt wurde. Es existierten zum Ende der DDR etwa 200 Kombinate.

1. Kombinat VEB Carl Zeiss Jena
2. Kombinat VEB Chemische Werke Buna
3. Kombinat VEB Elektro-Apparate-Werke (EAW) Berlin-Treptow
4. Kombinat VEB Keramische Werke Hermsdorf (KWH) Hermsdorf
5. Konsum-Backwarenkombinat Dresden
6. Konsum-Backwarenkombinat Gera
7. Konsum-Backwarenkombinat Halle/Saale
8. VE Kombinat Aufbereitung tierischer Rohstoffe und Pelztierproduktion Leipzig
9. VE Kombinat Datenverarbeitung Berlin
10. VE Kombinat DEUTRANS – Internationale Spedition Berlin
11. VE Kombinat Industrielle Tierproduktion Berlin (vormals VVB)
12. VE Kombinat Pflanzenzüchtung und Saatgutwirtschaft Quedlinburg
13. VE Kombinat Präcitronic Dresden
14. VE Wohnungsbaukombinat »Wilhelm Pieck« Karl-Marx-Stadt
15. VEB (B) Baukombinat Dresden
16. VEB (B) Ziegelkombinat Potsdam
17. VEB (K) Brau-Kombinat Zwickau
18. VEB Autobahnbaukombinat Magdeburg
19. VEB Backwarenkombinat Halle-Neustadt
20. VEB Bandstahlkombinat »Hermann Matern« / VEB Eisenhüttenkombinat Ost (EKO) (bis 1961 Eisenhüttenkombinat »J. W. Stalin«) Eisenhüttenstadt
21. VEB Bau- und Montagekombinat Chemie Halle/Saale
22. VEB Bekleidungskombinat Erfurt
23. VEB Beleuchtungsglaskombinat Görlitz
24. VEB Bergbau- und Hüttenkombinat »Albert Funk« Freiberg
25. VEB Betonleichtbaukombinat
26. VEB Braunkohlenkombinat »Gustav Subottka« Röblingen
27. VEB Braunkohlenkombinat Bitterfeld
28. VEB Braunkohlenkombinat Senftenberg
29. VEB Chemieanlagenbaukombinat Leipzig-Grimma (CLG)
30. VEB Chemiefaserkombinat Schwarza »Wilhelm Pieck«
31. VEB Chemiekombinat »Otto Grotewohl« Böhlen
32. VEB Chemiekombinat Bitterfeld (CKB) Bitterfeld
33. VEB Chemisches Kombinat Miltitz

34. VEB Energiekombinat Berlin
35. VEB Energiekombinat Cottbus
36. VEB Energiekombinat Dresden
37. VEB Energiekombinat Erfurt
38. VEB Energiekombinat Frankfurt/Oder
39. VEB Energiekombinat Gera
40. VEB Energiekombinat Halle/Saale
41. VEB Energiekombinat Karl-Marx-Stadt
42. VEB Energiekombinat Leipzig
43. VEB Energiekombinat Magdeburg
44. VEB Energiekombinat Neubrandenburg
45. VEB Energiekombinat Rostock
46. VEB Energiekombinat Schwerin
47. VEB Energiekombinat Suhl
48. VEB Fischkombinat Rostock
49. VEB Flachglaskombinat Torgau
50. VEB Fleischkombinat Berlin
51. VEB Fleischkombinat Erfurt
52. VEB Fleischkombinat Magdeburg
53. VEB Fotochemisches Kombinat Wolfen
54. VEB Gaskombinat Schwarze Pumpe Hoyerswerda
55. VEB Getränkekombinat »Rennsteig« Meiningen
56. VEB Getränkekombinat Berlin
57. VEB Getränkekombinat Cottbus
58. VEB Getränkekombinat Dessau
59. VEB Getränkekombinat Dresden
60. VEB Getränkekombinat Erfurt
61. VEB Getränkekombinat Frankfurt/Oder
62. VEB Getränkekombinat Gera
63. VEB Getränkekombinat Hanseat Rostock
64. VEB Getränkekombinat Karl-Marx-Stadt
65. VEB Getränkekombinat Leipzig
66. VEB Getränkekombinat Magdeburg
67. VEB Getränkekombinat Neubrandenburg
68. VEB Getränkekombinat Potsdam
69. VEB Getränkekombinat Schwerin
70. VEB Gummikombinat Thüringen Waltershausen
71. VEB Holzkombinat Thüringer Wald Großbreitenbach
72. VEB Hutkombinat Guben
73. VEB IFA Kombinat für Zweiradfahrzeuge Suhl
74. VEB IFA-Kombinat für Kfz-Teile Karl-Marx-Stadt
75. VEB IFA-Kombinat für Nutzfahrzeuge Ludwigsfelde

76. VEB IFA-Kombinat Personenkraftwagen Karl-Marx-Stadt
77. VEB IFA-Kombinat Spezialaufbauten und Anhänger Werdau
78. VEB Industriebaukombinat (IBK) Magdeburg
79. VEB Industriebaukombinat Neubrandenburg
80. VEB Kombinat Agrochemie Piesteritz
81. VEB Kombinat Anlagen- und Gerätebau Halle/Saale
82. VEB Kombinat Anlagenbau Braunkohle
83. VEB Kombinat Automatisierungsanlagenbau (KAAB) Berlin
84. VEB Kombinat Bau- und Grobkeramik Halle/Saale
85. VEB Kombinat Baumaschinen (Baukema) Leipzig
86. VEB Kombinat Baumechanisierung Dresden
87. VEB Kombinat Baumwolle Karl-Marx-Stadt
88. VEB Kombinat Baustoffversorgung Berlin
89. VEB Kombinat Behälter- und Verpackungsglas Bernsdorf
90. VEB Kombinat Bekleidungswerke »herdas« Greiz
91. VEB Kombinat Chemie- und Plastverarbeitung Halle/Saale
92. VEB Kombinat Chemieanlagen Dresden
93. VEB Kombinat Chemische Werke »Walter Ulbricht« Leuna
94. VEB Kombinat Deko Plauen
95. VEB Kombinat der Lebensmittelindustrie Magdeburg
96. VEB Kombinat Elektroanlagen- und Gerätebau Greiz
97. VEB Kombinat Elektroenergie-Anlagenbau Halle/Saale
98. VEB Kombinat Elektroenergieanlagenbau Leipzig
99. VEB Kombinat Elektrogerätewerk Suhl
100. VEB Kombinat Elektromaschinenbau (VEM) Dresden
101. VEB Kombinat Elektronische Bauelemente (KEBT) Teltow
102. VEB Kombinat Elektroprojekt und Anlagenbau Berlin
103. VEB Kombinat Erdöl-Erdgas Gommern
104. VEB Kombinat Fahrzeugelektrik Ruhla
105. VEB Kombinat Feinkeramik Kahla
106. VEB Kombinat Feinmechanische Werke Halle/Saale
107. VEB Kombinat Fleischwirtschaft Halle/Saale
108. VEB Kombinat Fliesen- und Sanitärkeramik Boizenburg
109. VEB Kombinat Fortschritt Landmaschinen Neustadt in Sachsen
110. VEB Kombinat für Dieselmotoren und Industrieanlagen Magdeburg
111. VEB Kombinat für Hartkurzwaren Solidor Heilbad Heiligenstadt
112. VEB Kombinat für landtechnische Instandhaltung Halle/Saale
113. VEB Kombinat Gartengeräte Steinbach-Hallenberg
114. VEB Kombinat Geflügelwirtschaft Berlin
115. VEB Kombinat Geodäsie und Kartographie Berlin
116. VEB Kombinat Geologische Forschung und Erkundung Halle/Saale
117. VEB Kombinat Getreidewirtschaft Berlin

118. VEB Kombinat Getriebe und Kupplungen Magdeburg
119. VEB Kombinat Gießereianlagenbau und Gußerzeugnisse (GISAG) Leipzig
120. VEB Kombinat Glasseide Oschatz
121. VEB Kombinat Handelstechnik Berlin
122. VEB Kombinat Haushaltsgeräte Karl-Marx-Stadt
123. VEB Kombinat Hauswirtschaftliche Dienstleistungen Halle/Saale
124. VEB Kombinat Holz- und Kulturwaren Naumburg
125. VEB Kombinat Holzspielwaren VERO Olbernhau
126. VEB Kombinat Industriewaren Rathenow
127. VEB Kombinat Kabelwerk Oberspree (KWO) Berlin
128. VEB Kombinat Kali Sondershausen
129. VEB Kombinat Kinderfahrzeuge ZEKIWA Zeitz
130. VEB Kombinat Kondensatorenwerk Görlitz »Wilhelm Pieck«
131. VEB Kombinat Kraftverkehr Leipzig
132. VEB Kombinat Kraftwerksanlagenbau (K. A. B.) Berlin
133. VEB Kombinat Kunstleder und Pelzverarbeitung Leipzig
134. VEB Kombinat Lacke und Farben (Lacufa) Berlin
135. VEB Kombinat Landtechnik Erfurt
136. VEB Kombinat Lausitzer Glas Weißwasser/OL
137. VEB Kombinat Lederwaren Schwerin
138. VEB Kombinat Leuchtenbau Leipzig
139. VEB Kombinat Lokomotivbau, Elektrotechnische Werke »Hans Beimler« (LEW) Hennigsdorf
140. VEB Kombinat Luft- und Kältetechnik (ILKA) Dresden
141. VEB Kombinat Magdeburger Armaturenwerke »Karl Marx« Magdeburg
142. VEB Kombinat Medizin- und Labortechnik Leipzig
143. VEB Kombinat Metallwaren Dessau
144. VEB Kombinat Mikroelektronik »Karl Marx« Erfurt
145. VEB Kombinat Musikinstrumente Markneukirchen/Klingenthal
146. VEB Kombinat Nachrichtenelektronik Leipzig
147. VEB Kombinat Nahrungsgüter- und Getränke-Maschinenbau (Nagema) Neubrandenburg
148. VEB Kombinat Nahrungsmittel und Kaffee (NAKA) Halle/Saale
149. VEB Kombinat NARVA »Rosa Luxemburg« Berlin
150. VEB Kombinat Oberbekleidung Berlin-Lichtenberg
151. VEB Kombinat Obst- und Gemüseverarbeitung OGIS Zeitz
152. VEB Kombinat Öl und Margarine Magdeburg
153. VEB Kombinat OSTRA-Hydraulik Leipzig
154. VEB Kombinat PENTACON Dresden
155. VEB Kombinat PIKO Sonneberg
156. VEB Kombinat Plast- und Elastverarbeitung »Pneumant«
157. VEB Kombinat Plasta Werke Sonneberg

158. VEB Kombinat Plaste und Chemie Wolkenstein
159. VEB Kombinat PLASTICART Annaberg-Buchholz
160. VEB Kombinat Polygraph »Werner Lamberz« Leipzig
161. VEB Kombinat Pumpen und Verdichter Halle/Saale
162. VEB Kombinat Puppen und Plüschspielwaren »Sonni« Sonneberg
163. VEB Kombinat Robotron Dresden
164. VEB Kombinat Rundfunk- und Fernmelde-Technik (RFT) Leipzig
165. VEB Kombinat Rundfunk und Fernsehen Eisenach
166. VEB Kombinat Schienenfahrzeugbau DDR Berlin
167. VEB Kombinat Schiffbau Rostock-Warnemünde
168. VEB Kombinat Schuhe Weißenfels
169. VEB Kombinat Seeverkehr und Hafenwirtschaft – Deutfracht / Seereederei Rostock
170. VEB Kombinat Seeverkehr und Hafenwirtschaft (KSH) Rostock
171. VEB Kombinat Sekundärrohstofferfassung Berlin
172. VEB Kombinat Spielwaren Sonneberg
173. VEB Kombinat Spirituosen, Wein und Sekt (SWS) Berlin
174. VEB Kombinat Sportgeräte Schmalkalden (Germina) Schmalkalden
175. VEB Kombinat Sprela-Werke Spremberg
176. VEB Kombinat Sternradio Berlin
177. VEB Kombinat Süßwaren Delitzsch
178. VEB Kombinat Tabak Berlin
179. VEB Kombinat Technische Gebäudeausrüstung (TGA) Leipzig
180. VEB Kombinat Technische Textilien Karl-Marx-Stadt
181. VEB Kombinat Technisches Glas Ilmenau
182. VEB Kombinat Textilreinigung Halle/Saale
183. VEB Kombinat Textima Karl-Marx-Stadt
184. VEB Kombinat Trikotagen Karl-Marx-Stadt
185. VEB Kombinat Umformtechnik »Herbert Warnke« Erfurt
186. VEB Kombinat Verpackung Leipzig
187. VEB Kombinat Wälzlager und Normteile Karl-Marx-Stadt
188. VEB Kombinat Wassertechnik und Projektierung Wasserwirtschaft Halle/Saale
189. VEB Kombinat Wolle und Seide Meerane
190. VEB Kombinat Zellstoff, Papier und Pappe Heidenau
191. VEB Kombinat Zentraler Industrieanlagenbau der Metallurgie Berlin
192. VEB Kombinat Zuschlagstoffe und Natursteine Dresden
193. VEB Kosmetik-Kombinat Berlin
194. VEB Mansfeld Kombinat Wilhelm Pieck (MKWP) Lutherstadt Eisleben
195. VEB Metalleichtbaukombinat Leipzig
196. VEB Metallkombinat Heldrungen
197. VEB Möbelkombinat Berlin

198. VEB Möbelkombinat Eisenberg
199. VEB Möbelkombinat (ZEUTRIE)Zeulenroda-Triebes
200. VEB Nahrungsmittelkombinat »Albert Kuntz« Wurzen
201. VEB Nahrungsmittelkombinat Auerbach
202. VEB Petrolchemisches Kombinat (PCK) Schwedt/Oder
203. VEB Pharmazeutisches Kombinat GERMED Dresden
204. VEB Qualitäts- und Edelstahl-Kombinat Hennigsdorf
205. VEB Reifenkombinat Fürstenwalde PNEUMANT
206. VEB Rohrkombinat Stahl- und Walzwerk Riesa
207. VEB Schwermaschinenbaukombinat TAKRAF Leipzig
208. VEB Spezialbaukombinat Magdeburg
209. VEB Spezialbaukombinat Wasserbau Weimar
210. VEB Stadtbaukombinat Halle/Saale
211. VEB Straßen-, Brücken- und Tiefbaukombinat Halle/Saale
212. VEB Strumpfkombinat Esda Thalheim
213. VEB Textilkombinat Cottbus
214. VEB Verkehrs- und Tiefbaukombinat Leipzig
215. VEB Verpackungsmittelkombinat Ehrenfriedersdorf
216. VEB Wäsche-Kombinat Lößnitz
217. VEB Werkzeugkombinat Schmalkalden
218. VEB Werkzeugmaschinenkombinat »7. Oktober« Berlin
219. VEB Werkzeugmaschinenkombinat »Fritz Heckert« Karl-Marx-Stadt
220. VEB Wohnungs- und Gesellschaftsbau Erfurt (später WBK)
221. VEB Wohnungs- und Gesellschaftsbaukombinat Frankfurt/Oder
222. VEB Wohnungsbaukombinat »Wilhelm Pieck« Suhl
223. VEB Wohnungsbaukombinat Berlin
224. VEB Wohnungsbaukombinat Cottbus
225. VEB Wohnungsbaukombinat Gera
226. VEB Wohnungsbaukombinat Halle/Saale
227. VEB Wohnungsbaukombinat Magdeburg
228. VEB Wohnungsbaukombinat Neubrandenburg
229. VEB Wohnungsbaukombinat Potsdam
230. VEB Wohnungsbaukombinat Rostock
231. VEB Wohnungsbaukombinat Schwerin
232. VEB Zementkombinat (ZEKOM) Dessau
233. VEB Zuckerkombinat »Vorwärts« Halle/Saale
234. VEB Bau- und Montagekombinat Kohle und Energie Hoyerswerda
235. VEB Bau- und Montagekombinat (BMK) Magdeburg
236. Volkseigenes Wohnungs- und Gesellschaftsbaukombinat Leipzig

»Die Landwirtschaft im Osten hatte 1988 4300 Betriebe – davon 3844 Landwirtschaftliche Produktionsgenossenschaften (LPG) und 464 Volkseigene Güter (VEG). Die großen Betriebe bewirtschafteten im Durchschnitt 4500 Hektar und beschäftigten zehn Arbeitskräfte je 100 Hektar in Produktion, Verwaltung und angeschlossenen Bereichen. Zum Vergleich: Westdeutsche Familienbetriebe kamen bereits mit rund 6,5 Arbeitskräften je 100 Hektar aus. In der DDR waren elf Prozent der Beschäftigten in der Landwirtschaft tätig, im alten Bundesgebiet trotz der wesentlich kleineren Betriebsstrukturen nur rund vier Prozent. In den ersten Jahren nach der ›Wende‹ sank die Zahl der Beschäftigten in der Land- und Forstwirtschaft im Osten von 923 000 auf 179 100, heute sind es rund 159 000. Sie arbeiten in etwa 10 000 landwirtschaftlichen Einzelunternehmen und GbR, in 1000 Genossenschaften und 3200 Gesellschaften wie GmbH, KG oder AG.«[260]

Der Staatswissenschaftler Karl C. Thalheim errechnete für das Jahr 1986 etwa eine Million erwerbstätige LPG-Mitglieder bei einer Gesamtzahl der berufstätigen DDR-Bevölkerung von etwa acht Millionen[261]. Von den Entlassungen zwischen 1990 und 1994 waren die Bauern am härtesten betroffen. »Teilweise wurde die Beschäftigtenzahl um 90 Prozent reduziert.

Insgesamt ist die Landwirtschaft der Wirtschaftsbereich in Ostdeutschland, in dem im Vergleich zu der Zeit vor 1989 der größte Beschäftigungsabbau stattgefunden hat. Schon 1993 arbeiteten nur noch etwa 2,8 Personen je Hektar Fläche, verglichen mit 5,5 Personen/ha im Westen.«[262]

In der Landwirtschaft erfolgte zwischen 1990 und 1994 prozentual ein viel größerer Beschäftigungsabbau in Relation zum Beschäftigungsabbau in der Industrie.

Eine im Auftrag der Deutschen Forschungsgesellschaft (DFG) an der Universität Jena realisierte Studie zu den LPG-Transformationen ergab, dass die nach der »Wende« ausgeschiedenen LPG-Angehörigen (rund 85 bis 90 Prozent) in den meisten Fällen um ihre Vermögensanteile gebracht worden waren.[263]

Diese Enteignung von volkswirtschaftlicher Teilhabe an etwa einer Million Bauern führte zu einer gravierenden Konzentration von landwirtschaftlichen und Immobilienvermögen in den Händen weniger.

Der Skandal besteht darin, dass diese Kriminaldelikte weder aufgeklärt noch entgolten und letztlich aufgrund von gezieltem politischen und juristischen Versagen der Verjährung preisgegeben wurden. Das ab 1990 wirksame Recht der »Rückgabe vor Entschädigung« hat nicht nur die Landwirtschaft in Ostdeutschland zerstört, sondern ganze Siedlungen, Gemeinden und Biografien.

Medien

Die Medien- und Kulturlandschaft der DDR war ein weites Feld, das sich aus offiziellen Institutionen und Programmen, subkulturellen Plattformen und Programmen sowie Millionen Initiativen und Formaten zusammensetzte. Hierzu gehören die Verlage, die Hochschulen und Universitäten, Kulturbund und Künstlerbund, das DEFA-Filmstudio, die Foto- und Filmindustrie, die Kameratechnikwerke, die Akademie der Künste, Rundfunk und Fernsehen, die Theaterlandschaft, Kinos, Klubs, Kulturhäuser, Museen und vieles andere mehr. Gemäß dem Staatssystem der DDR, der Planwirtschaft und der Rechtsinstitution des Volkseigentums hatte Kultur in den Betrieben einen hohen Stellenwert.

Mit der Vollstreckung und Löschung der Kombinate und VEB wurden auch die betriebsintegrierten Kulturstätten und Kulturangebote liquidiert – und damit gleichzeitig die unzähligen Einzelinitiativen und Engagements, durch die das Kulturland lebte. Mit der Löschung von Künstlerbund und Kulturbund verschwanden die offiziellen Strukturen sowie

Programme, die erst den Rahmen für Kritik und Widerstand oder für Unangepasstheit boten.

Nach der »Wiedervereinigung« wurden Theater, Museen und Kinos von Kultureliten aus dem Westen verwaltet, nachdem sie von der Treuhand dem Insolvenzverfahren preisgegeben und daraufhin zu Schleuderpreisen von Investoren übernommen worden waren. Der Kulturmarkt Ost kam in Westhand, was bis heute, dreißig Jahre nach der »Einheit«, so geblieben ist. Die Vollstreckung des Rundfunks und des Fernsehens der DDR bedeutete auch hier einen Einschnitt in die potenzielle Eigenständigkeit eines Landes, das sich zwar 1989 durch Proteste vom Sozialismus sowjetischen Typs emanzipierte, sich jedoch im selben Moment einer neuen Unterwerfung preisgegeben hatte. Das Land, das seine Gesetzesmacht verschenkte und sich damit um eine geregelte Konföderation mit der BRD brachte, verlor mit der Übernahme des Rundfunks seine Sendemedien, mit der Übernahme von Fernsehen und Film seine Bildmedien, mit der Übernahme von Zeitungsverlagen seine Meinungsmedien. Sendeplätze, Studios und Redaktionen wurden von Unternehmen aus dem Westen, Medienholdings, übernommen und besetzt. Neues Elitepotential aus dem Osten oder die jüngeren Generationen bekamen bis heute keine Führungschance.

Der öffentlichen Stimme einer Werte-, Mentalitäts- und Kulturgemeinschaft wurde jegliche Bühne entzogen. Damit wurde den Ostdeutschen die Chance genommen, ihre Erfahrungen und Positionen zum Thema des Gesellschaftsumbaus ab 1990 medial zu vermitteln und somit eine Erfahrungsgemeinschaft zu bilden. Darüber hinaus verschwanden sämtliche bis dahin existenten Erzähl- und Sendeformate und somit auch die Erzähl- und Erinnerungskultur. Die Inbesitznahme der Medien durch den Westen bedeutete gleichzeitig deren Entzug für eine ostdeutsche Erfahrungsgemeinschaft.

Das betraf das Medium des Buches, die öffentlichen Bibliotheken, den DDR-Buchhandel und die DDR-Verlage, die durch eine Vollstreckung, Löschung oder (Teil-)Übernahme verschwanden. Ferner betraf es das Medium des Kinos, die öffentlichen Filmtheater, die betriebsintegrierten Filmtheater, die durch eine Vollstreckung, Löschung oder (Teil-) Übernahme verschwanden. Es betraf die Filmfabrik ORWO Wolfen, das DDR-Filmunternehmen DEFA in Potsdam, das Medium des DDR-Radios, des DDR-Fernsehens, die ebenfalls durch Vollstreckung, Löschung oder (Teil-)Übernahme verschwanden. Die Löschung oder Übernahme der bis dahin existenten Medien und Kanäle von Westdeutschen führte zu einem Eingriff in die Meinungsbildung. Die veröffentlichte Meinung wurde dauerhaft von den Westsendern und Westmedien beherrscht.

Von ehemals 78 staatlich lizenzierten Verlagen der DDR existieren heute in der ursprünglichen Eigenständigkeit nur noch zwölf. Zwar findet man auf dem deutschen Buchmarkt noch ein paar Dutzend Firmen, die Namen aus DDR-Zeiten tragen, doch die meisten davon haben bereits einen Gang zum Gericht hinter sich und sind nur noch Namenshüllen oder fungieren als Zulieferer für westdeutsche Mutterhäuser. Sie verfügen über kein eigenes Editionsprogramm mehr – man denke nur an Reclam Leipzig oder Gustav Fischer in Jena.

»Der Niedergang der ostdeutschen Verlagsproduktion ist unübersehbar. Selbst mit den neu gegründeten Verlagen zusammen werden in den ostdeutschen Bundesländern heute nur noch 2,2 Prozent der gesamten deutschen Buchproduktion erzeugt. Am Gesamtumsatz der Buchbranche von 10,7 Milliarden Euro sind Firmen aus den neuen Bundesländern (ohne Berlin) nur mehr mit 0,9 Prozent beteiligt (Berlin mit 5,6 Prozent) – so die Zahlen der Statistik von 2007. Bei den Altverlagen gingen etwa 5500 Arbeitsplätze der ursprünglichen 6100 verloren. In einem renommierten Haus wie dem Akademie Verlag blieben von 170 Mitarbeitern am Ende acht übrig.«[264]

Mit der Vernichtung der Verlage sollte vor allem die Wissens- und Bildungs- sowie auch die Erinnerungskultur der

DDR-Ostdeutschen gelöscht werden. So kann die Büchervernichtung des ab 1990 in Westhand[265] befindlichen Leipziger Kommissions- und Großbuchhandels (LKG), ebenfalls im gesetzlichen Auftrag des Artikels 13 des Einigungsvertrages durchgeführt, als »Aktion wider den undeutschen Geist« interpretiert werden: Das zentrale Auslieferungslager für Bücher in der DDR (LKG) entsorgte 1991 rund 50000 Tonnen druckfrischer Bücher auf einer Müllkippe nahe Leipzig.[266]

Der Leipziger Dichter Dieter Mucke äußerte im Oktober 1991 auf einer Pressekonferenz des Verbandes deutscher Schriftsteller: »Ich möchte darauf aufmerksam machen, dass der in dem bekannten Heine-Wort benannte schreckliche Kausal-Zusammenhang, wer Bücher verbrennt/vernichtet, verbrennt/vernichtet auch Menschen, keine logische Abstraktion oder historische Reminiszenz ist, sondern schon wieder deutsche Gegenwart. Deshalb fordere ich als ein in Leipzig geborener Dichter, dass dieses barbarische und faschistoide Verbrechen der Büchervernichtung endlich geahndet wird.«[267]

Nahezu alle der etwa 90 volkseigenen Verlage wurden durch die Treuhand AG dem Insolvenzverfahren ausgesetzt. Sie wurden übernommen oder liquidiert. Bei den Altverlagen verloren 5500 von insgesamt 6100 Verlagsmitarbeitern ihre Arbeit. »Lediglich 4,5 Prozent aller Verlage Deutschlands sind noch in den östlichen Bundesländern beheimatet; deren Titelausstoß umfasst 2,1 Prozent der deutschen Buchproduktion, was einen Umsatzanteil an der Gesamtbranche von unter einem Prozent bedeutet.«[268]

Vollstreckung und Löschung der Zeitschriften, Magazine und Fachjournale

1981 erschienen in der DDR 1770 verschiedene Zeitungen, Fachzeitschriften, Journale und Magazine in einer Gesamtauflage von rund 40 Millionen, davon etwa 500 Fachzeitschriften mit ungefähr 20 Millionen Exemplaren. Nach der »Wiedervereinigung« erschienen nur noch wenige Druckerzeugnisse weiterhin oder wieder. Die Abwicklung der Verlage setzte auch die Redaktionen der Zeitschriften, Magazine und Fachjournale frei, denn teils waren sie diesen zugehörig und wurden in den jeweiligen Verlagshäusern gedruckt, anderenteils wurden sie in eigenständigen Zeitungs- und Zeitschriftenverlagen publiziert. Entscheidend ist im Hinblick auf die Tageszeitungen und Magazine, dass sie entweder von der Treuhand AG abgewickelt oder von Verlagen und Verlagsgruppen aus dem Westen übernommen wurden. Kaum ein Zeitungsredakteur aus der DDR wurde in seiner Funktion belassen, kaum eine Zeitschrift blieb in den Händen der DDR-Redaktionen. Allen Redaktionen wurden Insolvenzverfahren angehängt, was die Voraussetzung dafür war, dass sie günstig von Verlagen und Redaktionen der Altländer übernommen werden konnten. Die vielen Neugründungen durch Ostdeutsche behaupteten sich kaum: Die Macher hatten zwar reichlich Idealismus, aber kaum Kapital, um sich gegen die übermächtige Konkurrenz aus dem Westen zu behaupten.

Von den vierzig Tageszeitungen der Parteien (SED, LDPD, CDU, NDPD, DBD) und Organisationen (FDJ, FDGB, DTSB) überlebten durch Übernahme zunächst nahezu alle, das *Neue Deutschland* als ehemaliges SED-Zentralorgan existierte mit Hilfe der PDS fort, das FDJ-Zentralorgan *Junge Welt* behauptete sich eigenständig, nachdem die Zeitung zumindest kurzzeitig in den Besitz eines Westberliner linken Verlages übergegangen war.

Elf Tageszeitungen der Blockparteien und Organisationen fusionierten ab 1990 mit ehemaligen SED-Tageszeitungen, zwölf weitere Tageszeitungen wurden abgewickelt und eingestellt, so dass ein Bestand von 23 Tageszeitungen verblieb.

Die westdeutschen Großverlage Gruner + Jahr, Springer, Bauer und Burda eroberten die Verlage und Redaktionen der DDR-Tageszeitungen noch vor den Wahlen am

18. März 1990. Man hatte in einem Westberliner Restaurant die Claims gemeinsam abgesteckt. Die Historikerin Mandy Tröger schrieb: »Schon im Februar 1990 problematisierte die ›Tageszeitung‹ das ›Einsteigen bundesdeutscher Großverlage über Joint-Ventures in [die ostdeutsche] Presselandschaft‹. Zwei Monate später, im April 1990, gab es keine DDR-Zeitungen mehr, ›bei denen nicht bereits Kaufverhandlungen laufen‹.«[269] Bereits im Mai 1990 hatten die Großverlage »die DDR-Zeitungen und Zeitschriften untereinander aufgeteilt«.

Wissenschaft

In der DDR verdienten etwa 220 000 Menschen als Wissenschaftler und wissenschaftliche Mitarbeiter ihr Brot. Nach der Abwicklungswelle zwischen 1990 und 1993 auf der Grundlage des Einigungsvertrags Artikel 38 waren es nur noch höchstens 25 000 ostdeutsche Wissenschaftlerinnen und Wissenschaftler, die in Vollbeschäftigungen standen. Die Mehrheit wurde »freigesetzt«. Studien belegen, dass die Mehrzahl der »freigesetzten« Wissenschaftlerinnen und Wissenschaftler nicht wieder zurück in eine wissenschaftliche Anstellung fand, Tausende wurden in prekäre Beschäftigung und Arbeitslosigkeit geschickt.

»Wer vor der Wende – wo auch immer und aus welchen Gründen auch immer an welchem politischen Hebel saß (und kriminell schuldig wurde) – muss abtreten«, forderte der westdeutsche Historiker Michael Wolffsohn. »Jeder Körper bedarf der Hygiene: der Körper des einzelnen Menschen ebenso wie der Körper der Gesellschaft. Nach einer Wende entspricht der Wechsel des Personals den hygienischen Anforderungen.«[270]

»War die Vereinigung auf staatlichem Terrain ein Anschluss des Ostens an den Westen, so sollte sie sich im Bereich der [...] Geistes- und Sozialwissenschaften unter dem

Strich noch nicht einmal als das erweisen. Hier stellte sie sich in erster Linie als Ausschluss heraus«[271], beschrieb der ostdeutsche Politikwissenschaftler Stefan Bollinger den Vorgang. Auf der Grundlage des Einigungsvertrags wurde in der Wissenschaft eine verordnete Säuberung des öffentlichen Diensts vollzogen.

Es ist sicherlich nicht einfach, die Quellen zu den Tatbeständen der Liquidation zusammenzutragen, zumal die meisten Analysen über den Osten von westdeutschen Autoren verfasst wurden. In dem Band »Enttäuschte Hoffnungen«[272] wird zum Beispiel vom Arzt Arno Hecht dargelegt, auf welche Weise Ostdeutschland zur Region mit der höchsten Arbeitslosenquote in der Welt bei qualifizierten WissenschaftlerInnen gemacht wurde und wie sich die BRD in ideologischer Verblendung kurzsichtig um einen wichtigen Standortfaktor brachte. Diese Analyse ist heute wichtig, wo der Westen die »Ressource Ostdeutschland« komplett für seinen Wirtschaftsaufschwung verwertet hat. Heute suchen die Märkte nach neuen Ressourcen, der Osten aber wurde entsorgt. Verantwortlich für diese Säuberungstat ist heute jedenfalls niemand mehr.

Die Abwicklung der Hochschulen, der Fachbereiche, der Lehrkörper (Professoren) und Forschungsprogramme sowie der außeruniversitären Wissenschaft und Forschung, die in den Akademien beheimatet waren – darunter der Akademie der Wissenschaften (AdW), der Landwirtschaftsakademie (AdL) und der Bauakademie mit dem Institut für Städtebau und Architektur (ISA) – war eine bewusste Handlung der Zerstörung und des Ausschlusses, die bis heute nachwirkt. Betroffen davon sind nicht nur die damals unmittelbar in Amt und Forschung stehenden Wissenschaftlerinnen und Wissenschaftler, betroffen waren und sind auch die nächsten Generationen. Dreißig Jahre nach der »Vereinigung« haben DDR-sozialisierte Ostdeutsche der Jahrgangskohorte 1955 bis 1975, die heute 44- bis 64-Jährigen, noch immer geringe bis keine Chancen, eine akademische Position als

ProfessorIn, als RektorIn, DekanIn oder InstitutsleiterIn zu besetzen. Das Phänomen des bis heute anhaltenden Ausschlusses von Ostdeutschen aus Karrieren, Verbeamtungen, Aufstiegschancen auf dem ersten Arbeitsmarkt sowie aus Eliten und Aufsichtsräten in Wirtschaftsunternehmen wird von den Soziologen Olaf Groh-Samberg und Florian R. Hertel treffend als »regelrechte Vernichtung von Aufstiegschancen in Ostdeutschland«[273] charakterisiert.

Die Koordinierungs- und Abwicklungsstelle der Institute und Einrichtungen der ehemaligen Akademie der Wissenschaften der DDR, kurz KAI, war für die Abwicklung der Wissenschaft das, was für die Abwicklung der Wirtschaft die Treuhandanstalt war.

Nach den Prozeduren der verordneten Säuberung hat sich schließlich die Akademie der Wissenschaften Ost als Leibniz-Sozietät der Wissenschaften zu Berlin e.V. neu formiert. Aus dem Statut lässt sich ihr neuer Charakter entnehmen: »Die Sozietät hat in der heutigen deutschen und speziell der Berliner Wissenschaftslandschaft einen besonderen Status. Sie ging aus der Gelehrtensozietät der Akademie der Wissenschaften der DDR hervor und nahm nach der deutschen Vereinigung 1993 die jetzige Rechtsform eines eingetragenen Vereins an. Die Sozietät finanziert sich ausschließlich über Beiträge ihrer Mitglieder und Spenden. Sie wird gefördert und in ihren wissenschaftlichen Aktivitäten unterstützt von der Stiftung der Freunde der Leibniz-Sozietät der Wissenschaften.«[274]

Die Zahl der zwischen 1990 und 1994 partiell bis total »freigesetzten« Akademiker (einschließlich Ärzte, Lehrer, Ingenieure und Juristen), von Wissenschaftlern und Forschern im engeren Zirkel der AdW und der Universitäten, von Kultur- und Kunstschaffenden an Hochschulen oder der DEFA, von Kultur- und Kunstschaffenden aus Medien, Bildung und Sport lag bei mindestens 1,5 Millionen. Die letzte – 2016 vorgenommene – repräsentative Studie zu Rekrutierung von DDR-Wissenschaftseliten und anderen Eliten wie in

Recht, Militär, Wirtschaft, Medien, Kulturpolitik (Olaf Jacobs und Michael Bluhm: »Wer beherrscht den Osten?«) belegt, dass nur 1,7 Prozent Ostdeutsche mit Sozialisationshintergrund in der DDR in der gesamtdeutschen Elite vertreten sind.

Raum

Zwischen der Grenzöffnung am 9. November 1989 und dem ersten Staatsvertrag am 1. Juli 1990, in nicht einmal neun Monaten, brach die DDR raumsoziologisch, industriesoziologisch und kultursoziologisch zusammen. Die DDR zählte 1989 – laut Zensus 2011 – etwa 16,5 Millionen Bürger, 2015 lebten noch rund 12,5 Millionen Menschen in Ostdeutschland. Das war ein Verlust von beinahe drei Millionen.[275]

Durch das Ausbluten der Industrie, der Landwirtschaft, durch Abwanderung und Verödung von Kreisen und Gemeinden entstanden irreversible Schäden in der Industrielandschaft, in der Kulturlandschaft und in den sozialen Lebenswelten. Dazu gehören neben der plötzlichen Arbeitslosigkeit, den Abwanderungen und der Zerstörung des räumlich-topografischen Produktivvermögens, dem Zusammenbruch von Familien- und Gemeindegefügen auch die abrupten Einbrüche der Geburtenraten oder die plötzliche Häufung von Krankheitssymptomen wie Schlaganfall, Herzinfarkt oder auch Suizid[276]. Hergestellte Schrumpfung und Verödung wird heute mit migrationsspezifischen Bevölkerungsanteilen neu aufgefüllt, was zwangsläufig zu erneuten sozialen Kränkungen, zu neuen Verletzungen und sozialen Friktionen führen kann, wie Beispiele belegen, ohne dass die Kulturkatastrophe der Transformation »Vom Industriestaat zum Entwicklungsland«[277] zwischen 1990 und 1994 verarbeitet oder gar aufgeabeitet worden wäre.

Die Frage nach der Zukunft Ostdeutschlands ist infolge des raumsoziologischen, industriesoziologischen, kultursoziologischen und wirtschaftssoziologischen Umbaus eine berechtigte Frage. So hatte 2005 der Wirtschaftswissenschaftler Klaus Steinitz die zunehmend krasse Verschuldung der ostdeutschen Regionen errechnet: »Die finanziellen Probleme der ostdeutschen Länder und Kommunen werden sich langfristig weiter verschärfen. Die Einnahmen der öffentlichen Haushalte schrumpfen bis 2010 absolut. Gründe hierfür sind vor allem: Bevölkerungsrückgang, voraussichtlich relativ geringes Wirtschaftswachstum und degressive Entwicklung der West-Ost-Finanztransfers entsprechend dem Solidarpakt II – ab 2009 werden die Jahresbeträge des Korb I (insgesamt 105 Milliarden Euro) von 10,5 Milliarden Euro um jährlich 776 Millionen Euro verringert, d. h. sie werden 2020 nur noch einen Restbetrag von weniger als 25 Prozent umfassen. Der daraus folgende erhöhte Druck zur Reduzierung der Ausgaben und zu einer höheren Neuverschuldung verschlechtert die Voraussetzungen für eine langfristige Konsolidierung der ostdeutschen Haushalte.«[278] Der Osten trägt also die Last der ersten Transformationskrise der »Einheit« und weiterer Transformationskrisen durch Transnationalisierungen. Das Wirtschaftsforschungsunternehmen Prognos AG hat in einem Zukunftsatlas aus dem Jahr 2019 Ostdeutschland als unsicheres Zukunftsgebiet eingestuft. Über die Zukunftslosigkeit in Ostdeutschland hinaus wird es überraschenderweise Zukunftschancen in der Landwirtschaft geben. Hier hat sich das Modell der LPG als erfolgreich bewährt und konnte die Deindustrialisierung und Desurbanisierung fragmentiert überleben. Zu verdanken ist diese positive Entwicklung unter anderem auch den Modrow-Gesetzen.

Teil 3

EXIL

Vertreibung und Exil in Ostdeutschand

Der Begriff Exil, aus lateinisch exilum, heißt: in der Fremde weilend und hebt vor allem die Unfreiwilligkeit hervor, eine Art Verbannung. Die unfreiwillige Fremde unterscheidet sich von der selbst gesuchten Fremde, die wiederum nicht das Exil ist, da sie jederzeit verlassen werden kann. Die Soziologie des Exils lässt sich als Heimatverlust und Heimatlosigkeit übersetzen und thematisiert die Erfahrung der unmöglichen Rückkehr. Eine Exilierung ist demnach eine wie auch immer erfahrene Entortung (displacement) aus einer »Heimat« die ihren irreversiblen Verlust zur Folge hat und das Leiden daran einschließt.

Das vereinigungsbedingte Exil in Ostdeutschland ist für eine dort lebende Bevölkerungsmehrheit das Ergebnis einer kollektiven Verschiebung – nämlich aus einer Heimat in eine Fremde, ohne dass sie auch nur einen Kilometer gewandert wären. Dieser Prozess der Verschiebung ohne Migration ist für die Untersuchung in zweierlei Hinsicht einmalig.

Zum einen wird die Wirkungsmacht einer Kulturkatastrophe bestätigt. Hierbei kommt eine Gewalteinwirkung von außen für eine ganze Teilgesellschaft in der Weise zum Tragen, dass sie ihre Umgebung nicht mehr wiederfindet oder wiedererkennt, ähnlich wie nach den Einwirkungen eines konventionellen Krieges. Es handelte sich im Konkreten um die Gewalteinwirkungen von Behörden, in dem Fall der Treuhandbehörde und der Aufarbeitungsbehörde, die als exekutive Arme der Bundesregierung im Beitrittsgebiet tätig wurden.

Zum anderen ist während der Implosion des Ostblocks in keinem anderen Land eine Bevölkerungsverdrängung durch eine einrückende Dominanzkultur belegbar, die den Tatbestand des Exils für eine Bevölkerungsmehrheit in diesem Gebiet zur Folge gehabt hatte. Vergleichsweise sind Verfall und Verödung von Regionen in Bulgarien bis zur Unkenntlichkeit die Folge eines schleichenden Prozesses über Jahrzehnte. In Ostdeutschland fand das alles in nur vier Jahren statt.

Vom Industriestaat ins Entwicklungsland: die größte Massenexilierung in Friedenszeiten

Nicht nur die Betriebsgelände verschwanden. Durch das Ländereinführungsgesetz verschwanden Bezirks- und Kreisstädte, Kreise und Dörfer. Millionen Menschen wurden über Nacht einem Bundesland zugeordnet. Auf die Deindustrialisierung folgte der Rückbau der Plattenbauten.

Etwa 1,4 Millionen Menschen retteten ihre Erwerbszukunft, indem sie zwischen 1990 und 1994 in den Westen flüchteten. Es blieb keine andere Wahl als die der Arbeitsmigration. Nach dem Abriss der Arbeit, der geografischen Auflösung der Bezirke, dem Verschwinden von Versorgungs- und Kulturstrukturen, setzte ein größerer Niedergang in den Regionen ein, wie er nicht einmal nach dem Zweiten Weltkrieg belegbar wurde.

Wer blieb, der blieb in einer urbanen Einöde, in einer Zone der Armut und Isolation.

Es verschwanden Verkehrsanbindungen, Polikliniken, polytechnische Oberschulen, Kindergärten und -krippen,

Ausbildungsplätze. Es verschwand die Kultur aus den Regionen, Kinos und Jugendklubs, Museen, Theater und Bibliotheken, Orchester und Chöre, Musikschulen und Musikkabinette. Spielplätze verwaisten, öffentliche Plätze wurden bebaut. Das Verschwinden war gleichzeitig ein Verdrängen. Grundstücke und Flächen wurden Privatland, Bauland und Investorengebiete, selbst wenn dort alles über viele Jahre brach blieb. Es wurde aber zur Straftat, derartige Gebiete wie vordem zu nutzen.

Öffentliche Orte und Plätze wurden demokratisch gesäubert, wie dies der Historiker David Johst nannte. Denkorte und -male der Arbeiterbewegung verschwanden, ebenso architektonische Zeugnisse, selbst wenn sie unter Denkmalschutz standen.

Es verschwanden neben den 8300 volkseigenen Betrieben und 200 Kombinaten 90 Verlage, 1700 Zeitungen und Zeitschriften, 217 Theater, zehn Staatliche Puppentheater, 87 Orchester, 955 Museen, 190 Musikschulen, 99 Musikkabinette, 16 900 Bibliotheken, 1500 Kultur- und Clubhäuser, 805 Kinos, 450 Galerien, 200 Heimat- und Volkskunstmuseen, 10 000 Jugendklubs, 1000 Kulturhäuser der VEB, drei Staatszirkusse (Aeros, Berolina, Busch), 300 öffentliche Spielplätze, 161 spezifische Trainingszentren, 1820 DDR-Trainingszentren, der Rundfunk der DDR mit je zwei Rundfunkchören, Sinfonie- und Unterhaltungsorchestern sowie drei Tanzorchestern und zwei Rundfunk-Kinderchören, abgewickelt das Fernsehen der DDR und das DEFA-Filmkombinat …

Die Menschen verschwanden, ihre Sprache, ihre Gesichter, ihr Stolz, ihre Hemdsärmeligkeit, die Ungezwungenheit, direkt die Meinung zu sagen. Es verschwanden die Schlager, die Melodien zum Mitpfeifen und die deutschen Volkslieder, die in DDR tatsächlich häufiger gesungen wurden als heute.

2009 sagten 60 Prozent der Ostdeutschen mit Sozialisationshintergrund in der DDR, dass sie sich in der Bundesrepublik fremd fühlten. Dieses Ergebnis deckt sich mit einer repräsentativen Studie, die 2019 vom Allensbach-Institut unter dem

Titel »Fremd im eigenen Haus« durchgeführt wurde. Etwa 52 Prozent der Ostdeutschen erklärten, dass es einen trennenden Unterschied zwischen Ost und West gebe. 58 Prozent sagten, dass sie keinen Rückhalt in der bundesdeutschen Demokratie fänden. Eine im Auftrag des *MDR* 2019 durchgeführte Studie ergab, dass sich etwa 42 Prozent der Ostdeutschen als Bürger 2. Klasse fühlten. Die Ergebnisse der Erhebungen sind nicht verwunderlich, wenn man weiß, dass Ostdeutsche von der Teilhabe in ihrem einstigen Land ausgeschlossen wurden:

- Nur 5 Prozent des Produktiv- und Immobilien-Vermögens der DDR gingen an Ostdeutsche (15 an ausländische Bewerber, 80 Prozent in westdeutsche Hände)
- Nur 1,7 Prozent Ostdeutsche sind in gesamtdeutschen Eliten vertreten
- Unter den Top-Vermögenden in Ostdeutschland gibt es keine Ostdeutschen (weniger als 0,1 Prozent)
- Die Arbeitslosigkeit war 2019 um 20 Prozent höher als im Westen
- Die Kleinteiligkeit der Wirtschaft ist eine Folge der »Entflechtung« und Zerschlagung der DDR-Industrie durch die Treuhand
- Armut im Osten verfestigt sich, Kinder- und Altersarmut steigen
- Vernichtung von Aufstiegschancen Ostdeutscher der Jahrgänge 1955 bis 1975
- Ausbluten und Verödung der Regionen durch Deindustrialisierung und Desurbanisiserung
- Prognos 2019 bestätigte große Zukunftsrisiken in den ostdeutschen Regionen in den nächsten 30 Jahren

Der Ausschluss einer Zweidrittel-Mehrheit von Vermögensbildung und Karrieren, aus Reformen und Sanierung, die Entwertung ihrer Lebensleistungen, zusammen also das Wendeunrecht – muss gesellschaftlich aufgearbeitet werden. Das Wendeunrecht wurde als kollektives Trauma erlebt, das Exil ist sein Symptom.

Die Arbeitskämpfe und Proteste gegen die Treuhandpolitik wurden von der Politik ignoriert und in den Medien umgedeutet oder verschwiegen. In jedem Fall aber wurde der Interessenkonflikt, der sich durch die Herrschaft der West-Eliten im Osten entzündete, der Wirtschafts- und Sozialkrieg systematisch verbrämt. Unzählige Medien-Beispiele zwischen 1990 und 1994 zeugen davon, wie der Kapitalismus (der nicht einmal so genannt werden durfte) beschönigt und die Politik der Übernahme als Superlösung für Deutschland und für Europa angepriesen wurden. Wie in jedem Krieg ignorierten die Medien den sozialen Notstand und den gesellschaftlichen Ausnahmezustand. Diese Verlogenheit wirkt nach.

Als besonders nachhaltige Proteste bleiben folgende Streiks in Erinnerung: der Bauernstreik auf dem Alexanderplatz am 15. August 1990, der ganzjährige Protest der Kalikumpel in Bischofferode 1993 und ihr Hungerstreik im Sommer 1993 sowie der Stahlarbeiterprotest in der Maxhütte Unterwellenborn.

2,87 Millionen Menschen haben zwischen 1990 und 1994 in Arbeitskämpfen protestiert. Das waren etwa doppelt so viele wie im Herbst 1989. Während jene Demonstrationen von den Westmedien systematisch gefeiert wurden, blieb der mediale Beifall oder gar eine Unterstützung bei den Arbeitskämpfen aus. Nur wenige Blätter ergriffen Partei.

Der Kampf der Kumpel in Bischofferode um ihre Kali-Grube »Thomas Müntzer« war die Spitze des Eisberges, den Medien schließlich zur Kenntnis nehmen mussten.

Die DDR stiftete Identität. Auch Ostdeutschland?

Die Bevölkerungsgruppe der »Ostdeutschen«, die sich ab 1990 in der veröffentlichten Meinung etablierte, gibt es nicht – sie ist ein Konstrukt. Heute bezeichnen sich – neben einstigen DDR-Bürgern – auch BRD-sozialisierte Menschen, die mit Beginn der neunziger Jahre als »Aufbauhelfer« in die sogenannten neuen Länder gezogen sind, wie auch in der Wende- und Nachwendezeit dort Geborene, als »Ostdeutsche«. Um die »Wiedervereinigung« und ihre bis heute nachwirkenden Folgen besser zu verstehen, ist eine Differenzierung der Bevölkerungsgruppen unter den Aspekten der Sozialisation, der Generation und des sozialen Wandels erforderlich.

»Exil-Ostdeutsche« haben nicht nur eine doppelte Systemerfahrung, sondern ab 1990 die Erfahrung von »krassem sozialen Wandel«, von Migration, Kulturkonflikt und Exil gemacht. Ich nenne diese Gruppe mit Hinweis auf eine Aussage von León und Rebecca Grinberg so. Die meinten nämlich: »Unter allen Problemen der heutigen Zeit (…) ist das Exil eines der ernstesten, denn es trennt einen wichtigen Teil der Bevölkerung vom nationalen Leben ab und zwingt Menschen in Situationen hinein, die sie sich nicht ausgesucht haben und die daher schmerzhaft und frustrierend sind.«[279]

DDR-sozialisierte Bürgerinnen und Bürger haben sich selbst zu DDR-Zeiten nicht als »Ostdeutsche« bezeichnet. Die Differenzierung zwischen Ost- und Westdeutschland hat sich erst nach der »Vereinigung« etabliert. Die Bezeichnungen »Ostdeutschland«, »Ostdeutsche« und »Ossi« entwickelte sich nach 1989 mehr oder weniger zu Begriffen der Herabsetzung und Entwertung der Teilgesellschaft und ihrer Bevölkerung östlich der Elbe. Während der deutschen Zweistaatlichkeit war von der »DDR« die Rede, aber nicht von Ostdeutschland, eher vom »Osten«, und am häufigsten von »der Zone«. Diese Bezeichnungen für die DDR und ihre Bevölkerung waren hauptsächliche Begriffe der veröffentlichten Meinung und Medien in der BRD. Landläufig wurde in der DDR dann eher vom Westen und vom Osten gesprochen als übernommene Termini der politischen Bildung oder der Medienbegriffe des Westens. So waren die Begriffe »Westpaket« oder Redewendungen wie »in den Westen abhauen« durchaus gängig. Oder

»drüben«. Die Bezeichnungen »ostdeutsch«, »Ostdeutschland«, »Ostberlin«, »Ossi« (und »Wessi«), wie sie in den westdeutschen Medien rasch gängig waren, wurden als Selbstbezeichnung nur zögerlich übernommen und besitzen bis heute keinen identifikationsstiftenden Wert.

Auch in der Wissenschaft, den Gesellschafts- und Sozialwissenschaften des Westens haben sich diese Begriffe festgeschrieben.

Sie bleiben trotzdem umstrittene Begriffe und taugen wenig für die Kennzeichnung von Menschen, die in der DDR geboren und sozialisiert wurden und dort bis zum Ende der DDR lebten und arbeiteten. Vor allem taugt »ostdeutsch« deshalb nicht, weil der Begriff sowohl eine DDR-Identität als auch eine Wendeerfahrung nicht zwingend einschließt oder eine solche hervorhebt. So sind viele ehemalige DDR-Bürger bis heute der Meinung, dass sie nicht willentlich ihre DDR-Staatsbürgerschaft abgelegt haben, sondern aufgrund der Annexion durch die BRD ihnen eine BRD-Staatsbürgerschaft zugetragen wurde, während ihnen gleichzeitig die Staatsbürgerschaft der DDR zwingend aberkannt worden war. Viele, deren Identifikationen mit dem untergegangenen Land DDR und der dortigen Gesellschaft verbunden sind, können und wollen sich bis heute nur schwer in eine BRD-Staatsbürgerschaft fügen. Sie können aber auch nicht mehr sagen, dass sie DDR-Bürger seien, da das Land völkerrechtlich gelöscht wurde. Es ist ihnen auch verwehrt zu behaupten, dass sie eine DDR-Identität hätten. Der Psychiater und Psychoanalytiker Christoph Seidler fasst das neue Nihilierungs-Phänomen in einem Satz zusammen: »Die ›herrschende Moral‹ nach der Wende war nicht dazu angetan, über diese Identifizierung zu reflektieren.«[280]

Die Löschung des Landes, des Staates und der Gesellschaft DDR hat für Millionen Menschen ein Vakuum erzeugt, zumal ihre Identifikationen mit Erinnerungskultur, Habitus und Biografie im vereinigten Deutschland fortan unerwünscht waren. Millionen ehemalige DDR-Bürger machten mit der »Vereinigung« Erfahrungen der Herabsetzung und Diskriminierung wie auch der Vertreibung und der Exilierung. Diese Menschen galten nunmehr offiziell als »Ostdeutsche«, »Ossis« oder »Neubürger«, was mehr zum Ausdruck der Entfremdung von der Herkunft und von der Identifikation aus der Herkunft wurde. Viele »Ostdeutsche«, »Neubürger«, »Neuländer«, »Ossis« können eine Identität als »Deutsche« oder »BRD-Bürger« nicht wahrnehmen, weil diese ihnen fremd ist. Aufgrund komplementärer gesellschaftlicher Verhältnisse und vor allem aufgrund keiner verbindlichen Lebensräume Ost-West aus den Zeiten der geteilten Staaten ist für viele Menschen die Bezeichnung »Bundesbürger« ein Kompromiss, ein Assimilationsstatus oder sogar eine symbolische Gestalt. Andererseits konnte bisher keine bessere Neuerfindung und Neudefinierung der zu BRD-Bürgern umbenannten DDR-Bürger gefunden werden als die der »Ostdeutschen«.

So wie das Land verschwand, sind auch die Begriffe verschwunden, die Sprache seiner Einwohner: ihrer Orte, ihrer Straßen, ihrer Berufe, ihrer Tätigkeiten, ihrer Kultur, ihrer Erinnerungen. Seit der »Vereinigung« fügen sie sich den neuen Verordnungen und adaptieren deren Gebrauch, ohne dass die neuen Benennungen über Herkunft, Habitus, Herkunfts- und Umbruchserfahrungen ihrer neuen Gebraucher je Auskunft geben würden. Der Grundstock des althergebrachten linguistischen Gebrauchs der Bundesrepublik sieht nicht vor, die Sprache der DDR, der Menschen, die in ihr lebten, wenigstens ansatzweise einfließen zu lassen. So findet ihre Herabsetzung mit der »Vereinigung« alleine schon durch das Sprechenlernen statt, das Erlernen einer Sprache der Altbundesbürger, des Kapitals und der Dominanzkultur.

Es begann schlicht eine »zweite Sozialisation«[281], ob gewollt oder ungewollt – die der »Ostdeutschen« in »Ostdeutschland«.

Die soziologische Figur der »Exil-Ostdeutschen« nimmt also ihren Ausgang in den DDR-sozialisierten »Ostdeutschen«. Der »ostdeutsche« Protagonist in dieser Analyse ist, wer zwischen 1945 und 1975 in der DDR geboren wurde, dort aufgewachsen ist und bis zur Wende dort verblieb. Aus soziologischer Sicht ist ein Minimum an Jahren der frühen Sozialisation entscheidend, um als »ostdeutsch« zu gelten[282]. Der Soziologe Raj Kollmorgen gibt erstmalig eine soziologische Definitionsgrundlage für die DDR-sozialisierten »Ostdeutschen«. Demnach wird für die Kategorie »ostdeutsch« zwar häufig das Kriterium genannt, vor 1976 in der DDR geboren worden zu sein, jedoch in Erhebungen nicht angewendet. Stattdessen wird die Geburtsregion ohne zeitliche Begrenzung zur Bestimmung herangezogen. »Die der zeitlichen Eingrenzung auf Personen, die in der DDR sozialisiert wurden, zugrunde liegende Idee ist, dass die Ost-Sozialisation selbst bei sozialer und räumlicher Mobilität auch später noch Einstellungen und Verhaltensweisen prägt.«[283] Die von Kollmorgen vorgegebene Definition, der gemäß »Ostdeutscher« ist, wer *vor* dem 31. Dezember 1976 in der DDR geboren wurde und dort bis 1989 oder kurz zuvor gelebt hat, ist in den Sozialwissenschaften für die Typologisierung der »Ostdeutschen« mittlerweile verbindlich. Die im Anschluss an Kollmorgen von Michael Bluhm und Olaf Jacobs erweiterte Definition berücksichtigt zudem die Analysen der Sozialwissenschaftlern Tanja Bürgel, die ebenfalls die Sozialisation der Eltern in der DDR als Definitionsmoment einschließt. »Mit den ›Ostdeutschen‹ seien hier jene Menschen gemeint, die *bis* 1989 in der DDR geboren und aufgewachsen sind und dort den größeren Teil ihres Lebens verbracht haben. Dies gilt außerdem für junge Menschen, die nach 1975 in der DDR bzw. in den neuen Bundesländern geboren wurden und durch ihr Umfeld *(Eltern – Y. M.)* ›ostdeutsch‹ sozialisiert wurden und demnach eine ›ostdeutsche Herkunft‹ haben.«[284]

Auch Jacobs und Bluhm bestätigen, dass »diese frühe Sozialisierung in einem bestimmten Umfeld das Verhalten bis in die späteren Lebensjahre (prägt). Demnach können auch Führungskräfte mit westdeutscher oder ausländischer Herkunft ihre soziale Prägung nicht so schnell ablegen, auch wenn sie seit 25 Jahren in den neuen Bundesländern leben und selbst sehr häufig die Meinung vertreten, die Herkunft spiele keine Rolle mehr.«[285] Eine Mindesteinschränkung von sieben Lebensjahren nach der Geburt in der DDR, um als Ostdeutscher zu gelten, ist hier verbindlich, wie auch die Herkunft beider Eltern aus der DDR. Entsprechend der von Jacobs/Bluhm nach Bürgel erweiterten Definition bei Kollmorgen wird als letztes Geburtsjahr für einen »Ostdeutschen« der 31. Dezember 1981 festgelegt.

Für mich als Soziologin existieren fünf Kohorten von DDR-sozialisierten »Ostdeutschen«.

Die *1. Kohorte* erfasst die zwischen 1931 und 1945 geborenen fünfzehn Jahrgänge. Das sind die Kriegskinder und die erste DDR-Aufbaugeneration. Die *2. Kohorte* erfasst die zwischen 1945 und 1960 Geborenen, es sind die Kriegskinder und Nachkriegskinder und die zweite Aufbaubaugeneration. Die Angehörigen der *3. Kohorte* kamen zwischen 1960 und 1975 zur Welt – ich nenne sie Kriegsenkel und DDR-Kinder. Die *4. Kohorte,* geboren zwischen 1975 und 1990, besteht aus Kriegsurenkeln, DDR-Kindern, Wende- und Mauerfallkindern: Es sind die Kinder ostdeutscher Eltern, von denen beide in der DDR geboren wurden und bis zu deren Ende dort gelebt hatten. Und schließlich die *5. Kohorte*. Sie hat keine direkte Sozialisation in der DDR erfahren, weil diese Menschen erst nach 1990 geboren worden sind, aber in einer Familie aufwuchsen, in der mindestens der Vater oder die Mutter in der DDR gelebt hatte. Es sind die Nachwendekinder, die die weitergegebenen Sozialationsmuster aufnehmen oder mit diesen in ihrem Umfeld in Berührung kommen.

Für mich gelten die 1990 im Beitrittsgebiet verbliebenen Ex-DDR-Bürger als »Exil-Ostdeutsche«, insofern sie nunmehr Bundesbürger geworden waren. Ohne ihre angestammte Heimat oder ihr Haus verlassen zu haben, befanden (und befinden) sie sich in einem ihnen fremden Land.

Exil-Erfahrungen sind vorwiegend von Tatbeständen bestimmt, die in der Katastrophensoziologie als »krasser sozialer Wandel« und als »entsetzliche soziale Prozesse« bezeichnet werden. Hierzu zählen direkte Umbruchserfahrungen durch Abwicklung und Liquidation sowie Erfahrungen des Ausschlusses aus gesellschaftlicher Gleichbehandlung und Partizipation, wozu kollektive und individuelle Erfahrungen mit Verwerfung, Vertreibung und Verlust von Gemeinschaft gehören, wie auch mit gesellschaftlicher Herabsetzung, Stigmatisierung und Diskriminierung, mit sozialem Abstieg und verfestigter Armut.

»Exil-Ostdeutsche« leiden an der Entkopplung/Entwurzelung aus dem sozialen Herkunfts- und Wertesystem und an der Nicht-Anerkennung ihrer Lebensleistung (in der DDR inklusive ihrer Adapationsleistungen nach 1990), an der Amnesie von Erinnerungskultur sowie an der Nicht-Anerkennung und Nihilierung ihrer kulturellen Identität, Herkunft und Biografie. Ihre Erfahrungen weisen vielfältige Symptome eines Assimilations-, Migrations- und Kulturkonflikts auf. Dazu zählen Trauma, plötzliche und chronische Erkrankung, vorzeitiger Tod oder Tod aus Verzweiflung *(Death of Despaire)* im Zusammenhang mit Drogen, Alkohol, Depressionen.

Anders die »Quoten-Ostdeutschen«. Bei ihnen handelt es sich ebenfalls um ehemalige DDR-Bürger, die sich von »Exil-Ostdeutschen« darin unterscheiden, dass sie aufgrund von DDR-Dissidenz oder anderen Evaluierungen im neuen System als protektionswürdig galten und Aufstiegschancen erhielten. Sie repräsentieren den Kodex der liberalen Bürgergesellschaft in einer offensiven DDR-Dissidenz (Antisozialismus, Antikommunismus usw.) und vertreten als prominente öffentliche Personen *die* »Ostdeutschen«.

Man geht von etwa zwei Millionen »Quoten-Ostdeutschen« aus, die sich über 41 Jahrgänge erstrecken. Sie waren zum Zeitpunkt der »Wende« zwischen 14 und 55 Jahre alt. Diese vom neuen System protegierten und aus der DDR übernommenen Menschen machten 1990 etwa 25 Prozent der Erwerbsbevölkerung in den Neuländern aus.

Zu den Protegierten gehören auch Personen, die eine Ehe mit einem Westpartner eingingen.

Diese »Quoten-Ostdeutschen« gerieten nach der »Wiedervereinigung« in keine existenzielle Notlage, ein Großteil der Älteren (Jahrgänge 1931–1941) empfand den Wechsel als eine erhoffte Amnestie. Sie identifizierten sich mit der »deutschen Einheit« und empfanden sich sogleich als Bundesbürger. Diese Personengruppe repräsentiert die Werte der liberalen Bürgergesellschaft (»demokratische, freiheitliche, rechtsstaatliche Werteordnung«), darum folgen sie auch der Verurteilung der DDR. Sie kamen in neue Funktionen und Positionen, verdienten gut und dienten zugleich als Beispiele für eine »gelungene Vereinigung«. Ihre prominenten Namen sind aus den Medien hinlänglich bekannt.

Dritte Gruppe sind die »Transfer-Ostdeutschen«. Das sind jene im Westen sozialisierten Deutschen, die als »Aufbauhelfer« mit Westgehältern und »Buschzulage« im Zuge des Beamten- und Elitentransfers in den Osten kamen. Sie besetzten alle wichtigen Positionen in Politik, Verwaltung, Wirtschaft, Justiz, Militär, Medien, Kultur, Bildung, in Wissenschaft und Forschung. Diese übten sie entweder bis zum Ruhestand aus (um beizeiten ihre Seilschaften aus Westdeutschland nachzuziehen und zu etablieren), oder sie befinden sich noch immer in ihren entfristeten Positionen. Da sie in der Regel den Geburtsjahrgängen von 1950 bis 1970 angehören, werden die letzten Vertreter dieser Austauscheliten erst um 2030 von ihren Posten weichen. Viele haben im Osten geheiratet, Kinder und Enkel bekommen und betrachten sich inzwischen selbst als »Ostdeutsche« – ohne sich bewusst zu sein, dass sie selbst maßgeblich an Vertreibung, Gentrifizierung, Verdrängung, Herabsetzung und Diskriminierung der »Exil-Ostdeutschen« beteiligt waren und sind.

Sie verstehen sich als die Ausführenden der »Einheit« und damit als deren rechtmäßige Erben.

Schließlich die »ATCK-Ostdeutschen«. Sie wurden zwischen 1985 und 1995 geboren und gehören damit der Nachwende-Generation an, haben keine eigene DDR-Erfahrung und sind von den »Exil-Erfahrungen« ihrer Eltern oder eines Elternteils geprägt. In Bezug auf die soziologische Theorie der *Adult Third Culture Kids* (ATCK)[286] nenne ich sie »ATCK-Ostdeutsche«, da sie in eine dritte Kultur, die sich von der Herkunftskultur beider Eltern unterscheidet, hineingeboren wurden. Sie können in Ost- oder in Westdeutschland geboren worden sein. Zu den »ATCK-Ostdeutschen« werden auch Kinder gezählt, deren beide Eltern oder ein Elternteil »Transfer-Ostdeutsche« sind, welche im Zuge der Eliten- und Beamtentransfers aus dem Westen in den Osten kamen, oder deren beide Eltern oder ein Elternteil »Quoten-Ostdeutsche« sind. »ATCK-Ostdeutsche« haben eine von ihren Eltern unabhängige Erfahrung in ihrem Umfeld machen können, die sogenannte dritte Erfahrung, die zu einem Kulturkonflikt führen kann, aber nicht muss.

Die vereinigungsbedingte Kulturkatastrophe

Der Kieler Soziologe Lars Clausen[287] spricht von einer »Kulturkatastrophe«[288], meint damit »entsetzliche soziale Prozesse« in der Gesellschaft und einen »krassen sozialen Wandel«. Darunter verstand er auch die Umbrüche im Osten Deutschlands nach 1990. »Es gibt gar keine Naturkatastrophen, es gibt nur Kulturkatastrophen«[289], meinte er. Kriegs-, Technik- und Naturkatastrophen fasste er im Begriff der Kulturkatastrophe zusammen, da alle Katastrophentypen die gleichen zu bewältigenden sozialen Effekte der »entsetzlichen sozialen Prozesse« und des »krassen sozialen Wandels« nach sich zögen. In diesem Sinne äußerte sich Clausens Mitarbeiter der Kieler Katastrophenforschungsstelle, der Soziologe Martin Voss:

»Katastrophen sind stets Kulturkatastrophen, ganz gleich, ob sie wie etwa bei einer Wirtschaftskrise von der Gesellschaft ausgelöst werden oder von der Umwelt etwa bei einer Dürre.«[290] Im Beitrittsgebiet sind die sozialen Tatbestände einer vereinigungsbedingten Kulturkatastrophe nach 1990 nachweisbar.

Der Soziologe Wolfgang Zapf, zwischen 1994 und 2002 Direktor der Abteilung Sozialstruktur und Sozialberichterstattung am Wissenschaftszentrum Berlin für Sozialforschung (WZB), begründete die »Transformationsforschung« für die neuen Länder. Er war einer der ersten Soziologen westdeutscher Provenienz, der sich den Fragen des sozialen Wandels im Osten zuwandte. Ein erster Ergebnisbericht aus dem Jahr 1992 stellte klar, dass von keiner »Transformation« gesprochen werden konnte.

»Die Zahl der Eheschließungen ist in der DDR 1990 im Vergleich zu 1989 um 22 Prozent zurückgegangen, die Zahl der Geburten um zwölf Prozent. Im Jahre 1991 hat sich dieser Rückgang gegenüber 1990 nochmals dramatisch erhöht: auf schätzungsweise vierzig Prozent weniger Eheschließungen und Geburten im Vergleich zum Vorjahr.

Diese Zahlen sind alarmierend, und sie scheinen die schwere Krise und Anomie in der ehemaligen DDR massiv zum Ausdruck zu bringen. Niemals hat es in Westdeutschland ähnliche demographische Eruptionen gegeben (abgesehen von dem kuriosen Rückgang der Ehescheidungen im Jahr der Gesetzesreform 1978): Selbst der starke Geburtenrückgang in den siebziger Jahren ist niemals über neun Prozent pro Jahr hinausgegangen. Nur aus Kriegsjahren kennen wir ähnliche Einbrüche wie in der DDR«, erklärte Zapf in Köln 1992. »Es handelt sich [hierbei] um einen schweren Stimmungseinbruch im Gefolge einer schweren Umstellungskrise mit erheblicher (erzwungener) Mobilität für die Individuen und mit sozial-strukturellen Umbauten für die gesellschaftlichen Institutionen.«[291] Also keine Transformation, sondern »schwere Umstellungskrise«.

Eine Studie des Deutschen Wirtschaftsinstituts (DIW) in Berlin vom Februar 2019 publizierte Daten über die »Deaths of Despair«[292], die »Tode aus Verzweiflung«, welche in den neunziger Jahren in Ostdeutschland registriert worden waren. Die Todesfälle durch Suizid, Alkohol und Drogen waren bei ostdeutschen Männern doppelt so hoch wie bei den Männern in Westdeutschland. Diese Studie des DIW bestätigte die Aussagen der SPD-Politikerin Petra Köpping, dass ostdeutsche Männer die meistgefährdete soziale Gruppe in Deutschland seien. Der »Tod aus Verzweiflung« ist nachweislich Folge von Arbeitslosigkeit, sozialem Abstieg, Armut, Überflüssigkeit und Sinnzusammenbrüchen.

Erschreckend auch die Statistik über den Geburtenschock der neunziger Jahren in Ostdeutschland. So schreibt zur demografischen Situation der Beauftragte der Bundesregierung für die neuen Bundesländer: »Im Zuge des Transformationsprozesses hat auch die Geburtenentwicklung in Ostdeutschland tiefgreifende Veränderungen erfahren. In der Folge brachen in den ostdeutschen Ländern die Geburtenzahlen auf einen historischen Tiefstand von 0,77[29,] im Jahr 1994 ein. Seither ist ein Auf- bzw. Nach- und Überholen der Geburten zu beobachten. Mit einem Wert von 1,41 liegt das Ostniveau heute knapp über dem Westniveau. Das Geburtendefizit und die Sterbeüberschüsse[294] führten im Zeitraum von 1991 bis 2012 zu einer Abnahme der ostdeutschen Bevölkerung (einschließlich Berlin) um knapp eine Million.«[295]

Während in den siebziger und achtziger Jahren die Geburtenrate in der DDR (Durchschnitt 1,8)[296] weit höher war als in der BRD (Durchschnitt 1,4)[297], lag sie nach der »Wiedervereinigung« für etwa zehn Jahre auf einem Rekordtief unter Null. Das historische Tief betrug 0,77 in 1994[298].

Auch die Schwangerschaftsabbrüche lagen in den neunziger Jahren im Osten unvergleichbar höher als in den alten Bundesländern.[299] Hinzu kam, dass mit dem Einrücken der Gesetzeskraft der BRD das Strafgesetzbuch (StGB) mit Paragraph 2018 galt. DDR-Frauen, die bisher emanzipiert über eine Schwangerschaft entschieden hatten, wurden in die Vergangenheit zurückgestoßen.[300] »Die Gleichberechtigung der Frau«, hieß es in der Präambel zu dem 1972 von der DDR-Volkskammer verabschiedeten Gesetz, »erfordert, dass die Frau über die Schwangerschaft und deren Austragung selbst entscheidet.«[301]

Struktureller Kolonialismus im Beitrittsgebiet

1990 befand der westdeutsche Schriftsteller Lothar Baier (1942–2004) in einem Essay: »Die Bundesdeutschen entdeckten in der ihnen plötzlich zugänglich gewordenen DDR ein Terrain, auf dem sich ein Stück versäumter Kolonialgeschichte nachholen lässt.«[302] Mit dieser Prognose hatte er nicht unrecht, wie ihm zehn Jahrer später der Politik- und Sozialwissenschaftler der FU Berlin Fritz Vilmar (1929–2015) in einer kritischen Bilanz anlässlich der zehnjährigen Vereinigungspolitik bestätigte. Vilmar hatte bereits im Jahr 1995 zusammen mit Wolfgang Dümcke diese Kolonialisierungspolitik in Ostdeutschland[303] beschrieben.

Fritz Vilmar meinte 2000: »Es ist wissenschaftlich sehr fragwürdig, die Vereinigungspolitik unter dem Begriff der ›Transformation‹ zu beschreiben.«[304] Er hielt den Vorgang für *strukturellen Kolonialismus*. Ebenso geriet der Begriff der *Demokratie* am Beispiel der Demokratisierung der DDR schon Mitte der neunziger Jahre in die Kritik. »Legt man die(se) demokratischen Grundwerte als Urteilskriterien für den Vereinigungsprozess zugrunde, so zeigt sich, dass es zwar einen essentiellen Demokratisierungsprozess nach der Wende in Ostdeutschland gegeben hat, dass es aber fatalerweise gleichzeitig, wie wir in unserer grundlegenden Untersuchung über die ›Kolonialisierung der DDR‹ gezeigt haben, einen Prozess der ›Strukturellen Kolonialisierung‹ gegeben hat.«[305]

Auch die Ökonomen Peter Chris und Ralf Neubauer erklärten schon 1991: »Objektiv gesehen läuft alles auf eine

Kolonialisierung der Wirtschaft und Gesellschaft der ehemaligen DDR hinaus. Schon die an die neuen Bundesbürger herangetragenen Erwartungen, die westlichen Werte, Lebens- und Arbeitsstile schleunigst zu verinnerlichen, entspringt einer kolonialen Denkweise.«[306]

Mit solchen kritischen Zeitdiagnosen liefen WissenschafterInnen Gefahr, bei Verwendung des Begriffs vom akademischen Verkehr suspendiert zu werden. Vilmar: »Fast jeder, der den Begriff der Kolonialisierung benutzt, weiß um die Tabuisierung, und kaum ein integrationswilliger Ostdeutscher könnte es sich erlauben, ihn ohne Strafe des Ausschlusses aus diversen communities zu benutzen.«[307]

Hätte nicht der Politikwissenschaftler und SPD-Politiker Peter von Oertzen (1924–2008) in der Wochenzeitschrift *Die Zeit* das sozialwissenschaftliche Verdienst von Dümcke und Vilmar angemessen gewürdigt, wäre ihre Analyse der neudeutschen Kolonialgeschichte völlig verdrängt worden. So fasst Oertzen 1995 in seiner Rezension zusammen: »Drei große Themenbereiche werden behandelt: 1. Die politisch-gesellschaftliche Vereinnahmung der DDR durch die BRD; 2. die Umstrukturierung der Wirtschaft nach dem westdeutschen Modell; 3. die planmäßige Auflösung der – trotz aller inneren Distanz zum SED-Regime – in über vierzig Jahren gewachsenen sozialen und kulturellen Identität der DDR-Bürger.«[308]

Peter von Oertzen erklärte, dass es nicht nur eine gewachsene, eigenständige Identität der DDR-Bürger gegeben habe. Er bestätigt auch, dass es Alternativen gegen die strukturelle Kolonialisierung der DDR gegeben habe. »Manche der im Buch dargestellten Alternativen mögen den Lesern aus der Sicht der alten BRD unrealistisch erscheinen. Sie sollten jedoch bedenken, dass sie oftmals nur deshalb so realitätsfern anmuten, weil die einseitig vom Westen bestimmten ökonomischen, politischen und rechtlichen Rahmenbedingungen von vornherein darauf abgestellt waren, solche Alternativen gar nicht erst möglich werden zu lassen.«[309]

Das doppelte Trauma der »Einheit« als zwei Seiten einer kollektiven Erfahrung

Die Liquidationspolitik der Treuhandbehörde mit ihren Folgen Massenabwanderung, sozialer Niedergang und Verödung der Regionen wurde absichtsvoll von der Assimilationspolitik der Bundeskultur- und Aufarbeitungsbehörden überlagert. Dadurch entstand ein zweifaches Trauma: das Abriss- und das Entwertungstrauma.

Im November 2007 fand an der Universität Konstanz die Tagung des Exzellenzclusters »Kulturelle Grundlagen von Integration« der Deutschen Forschungsgesellschaft (DFG) statt. Ihr Titel: »Bürgerkrieg: Gewalt. Trauma. Intervention«.[310] Der Kultursoziologe Bernhard Giesen von der Universität Konstanz hielt einen Vortrag zum Thema: »Kollektives Trauma – eine kultursoziologische Perspektive«.[311]

Giesen lenkte die Aufmerksamkeit auf Kollektive und soziale Gemeinschaften und betonte, dass sie ähnlich wie individuelle Personen »in ihrem öffentlichen Diskurs mit dem Zusammenbruch kultureller Selbstverständlichkeiten konfrontiert werden«[312] und dies als traumatisch erfahren.

Als kulturelle Grundlage für kollektive Traumata wurden unter anderem das Ende des Kalten Krieges und die Folgen diskutiert. »Bürgerkriege erschüttern die Grundlagen des gesellschaftlichen Zusammenlebens. Mit dem Ende des Kalten Krieges, dem Zerfall nationalstaatlicher Souveränität und der Professionalisierung transnationaler Terrornetzwerke hat die traditionelle Auseinandersetzung um die Macht im Staate in der Gegenwart neue blutige Erscheinungsformen angenommen. Die Anzahl von Bürgerkriegen hat sich in den vergangenen zwanzig Jahren verringert, aber ihre Auswirkungen erreichen heute die Zentren der westlichen Welt.«[313]

Im Anschluss an Traumafolgen aus dem Zweiten Weltkrieg war man sich auf der Tagung einig, dass Traumafolgen aus dem Kalten Krieg die gleiche Relevanz haben wie jene *aus dem Ende* des Kalten Krieges.

Das Doppeltrauma der »Einheit« ist folglich ein noch relativ neuer Gegenstand der Forschung.

Der klinische Begriff Trauma findet sich wie bereits erwähnt im Umfeld von Kulturkatastrophen. Jedoch ist die Sichtbarkeit einer Kulturkatastrophe stets verschieden. Im Fall der Übernahme der DDR durch die BRD ist die Kulturkatastrophe ohne einen Bürgerkrieg, also unblutig, verlaufen. Dennoch sind die Folgen ebenfalls traumatisch und kriegsgleich, wie verschiedene Expertisen belegen (vgl. Simon, Zapf, Clausen). Der rapide Anstieg der »Deaths of Despair«, der plötzlichen Tode oder auch Tode aus Verzweiflung vor allem unter »ostdeutschen« Männern, wie auch der rapide Einbruch der Fertilitätsrate bei Frauen, zeugen davon.

Hinzu kommt eine tatsächlich nachweisbare Konjunktur eines kollektiven Traumas, das sowohl pro Kopf wie auch pro Feld statistisch erwiesen ist. Diese Trauma-Konjunktur ist im Osten ebenfalls vielfach höher als im Westen und verweist damit auf vereinigungsbedingte Folgen.

Durch die vereinigungsbedingte Kulturkatastrophe werden im Osten neue Traumafolgen akut, das heißt die Aktivierung von vormals bereits erlebtem Trauma – so während des Zweiten Weltkrieges oder danach, oder durch Repression in der DDR. Kriegskinder und -enkel sind in einer vereinigungsbedingten Trauma-Konjunktur besonders anfällig und geraten in die sogenannte Retraumatisierung und auch Komorbidität.

Gibt es eine Zukunft der Gleichbehandlung und des Wohlstands in Ostdeutschland?

Das soziologische Laboratorium im Osten gilt inzwischen als abgeschlossen. Nach der Online-Umfrage der Prognos AG von 2019 wie auch anderen Zukunftsmonitorings und Umfragen ist erwiesen, dass nach den »Feldzügen« der Treuhand, nach den Menschenverlusten in den ostdeutschen Bundesländern und nach »der größten Vernichtung von Produktiveigentum in Friedenszeiten«[314] in den nächsten zwanzig bis dreißig Jahren in den Regionen der Neuländer keine Wohlstandskonjunktur zu erwarten ist.[315] Der in den neunziger Jahren angelegte Ost-West-Konflikts hat sich inzwischen zu einem Klassenkonflikt ausgeweitet.

Bis heute sind in der DDR sozialisierte »Ostdeutsche«, jene »Exil-Ostdeutschen«, aus einem demokratischen Dialog Ost-West ausgeschlossen, was unter anderem in der konkreten Gesetzeslage, die einer Ungleichbehandlung stattgibt, seine Ursache hat. Diese »Exil-Ostdeutschen« sind heute, dreißig Jahre nach dem Ende der deutschen Zweistaatlichkeit, zwischen 44 und 75 Jahre alt.

Perspektivisch kann der besprochene Kulturkonflikt Ost-West erst dann aufgelöst werden, wenn er zunächst anerkannt wird. Der Anerkennung dieses Kulturkonflikts geht nicht nur die Anerkennung sowohl der doppelten Lebensleistung von Exil-Ostdeutschen voraus (wie auch die Anerkennung ihrer traumatischen Erfahrungen), sondern auch die Anerkennung der DDR, die sich als gleichberechtigte staatliche Entität – wie die BRD auch – aus den Folgen des von Deutschland verursachten Zweiten Weltkrieges entwickelte. Hierzu zählt die Aufhebung einer eindimensionalen polarisierenden Ideologie, die zwischen Rechtsstaat da – Unrechtsstaat dort, Demokratie da – Diktatur dort, Freiheit da – Unfreiheit dort usw., binär hin und her oszilliert. Dieser binären Oszillation ist die kulturkoloniale Attitüde immanent, die automatisch entwertend oder therapeutisch in das gesellschaftliche Gefüge der Teilgesellschaft des Ostens eingreift.

Eine Wiedergutmachung von Wendeunrecht kann nur auf Basis der Anerkennung der komplementären gesellschaftlichen Entwicklung der Teilgesellschaft des Ostens erfolgen wie auch auf der Basis des Eingeständnisses von Fehlern, die von der politischen Klasse der Bundesrepublik – der alten wie der neuen – gemacht wurden. Perspektivisch gesehen sollte den jüngeren »Exil-Ostdeutschen« die Chance auf eine späte Karriere ermöglicht werden, was durch eine neue Gesetzgebung im Kontext von Gleichstellung und Antidiskriminierung geregelt werden könnte.

Ebenfalls bleibt zu überlegen, inwiefern eine Überarbeitung des Einigungsvertrags von 1990, der aufgrund seiner Artikel ein Enteignungsvertrag für die Mehrheit der DDR-sozialisierten Ostdeutschen darstellt, auf der Grundlage ordentlicher Fraktionsanfragen im Bundestag beschlossen werden kann. Darüber hinaus sollte die Gesetzeskraft (mit etwa 35 verfassten Gesetzen), die ab 1990 die mit dem Kernstaat in das Beitrittsgebiet einrückte, dringend einer Revision unterzogen werden, an der DDR-sozialisierte Juristen und Richter beteiligt sein sollten, damit eine Gleichbehandlung der »Exil-Ostdeutschen« vor dem Gesetz (GG) besser umsetzbar wird.

Prinzipiell verweise ich auf einen notwendigen Bruch mit den herkömmlichen Narrativen der öffentlichen Medien und Behörden und fordere einen Paradigmenwechsel in der politischen Bildung, der auf eine gleichwertige Anerkennung ostdeutschen Geschichtsbewusstseins und ostdeutschen Erfahrungswissens insistiert.

Die Ursachen, die in den letzten dreißig Jahren zu einer nachweislich aktuellen Ost-West-Spaltung in der deutschen Gesellschaft führten, können unmöglich als Folge des »SED-Regimes« erklärt werden. Die Ursachen für die Spaltung der deutschen Gesellschaft nach der »Wiedervereinigung« liegen in der Totalität der herrschenden »marktliberalen Demokratie«, die andere Demokratieformen – etwa das Modell der paternalen Demokratie/Versorgungsdemokratie in der DDR – totalitär ausschließt, sowie in einem normativen Populismus der »marktliberalen Mitte« und seinen Folgen: den Demokratiedefekten.

Die Suprematie der marktliberalen Demokratie ordnet ein »verordnetes Vergessen« an – das anderer Gesellschaftsordnungen und Sinnentwürfe sowie die Entwicklungen einer Arbeiterkultur, einer polytechnischen Kultur und einer Planungskultur in der DDR –, die bis heute nicht von einer

Mitte-Politik akzeptiert und mittels bundespolitischer Bildungsaufträge nachhaltig nihiliert sind.

Wenn wir vollumfänglich und im Ausmaß der realen deutschen Schuld einem Holocaustgedenken entsprechen wollen, müsste dieses mindestens vierzig Millionen Opfer akzeptieren und nicht nur sechs Millionen. In der DDR war das Gedenken an den Vernichtungskrieg in der Sowjetunion in Film, Literatur und Kultur unvergleichlich breiter angelegt. Inzwischen ist eine Opferzahl von 28 Millionen Menschen auf sowjetischer Seite, die durch den Rassen- und Vernichtungskrieg ums Leben kamen, offiziell statthaft, aber bei weitem nicht akzeptiert. Auch hier wurde das Gedenkverhalten des Westens auf die Neuländer restlos übertragen.

Wenn wir nach einer Zukunft der Demokratie fragen, muss die Deutungshoheit über DDR-Geschichte und Biografien den Eignern zurückgegeben werden. Das Recht auf selbstverwaltete Erinnerungs- und Erzählkultur im Osten darf nicht weiter mit Amnesie verdrängt werden. Bekanntlich hat ein »Verordnetes Vergessen« Geschichtsvergessenheit zur Folge. Ein Fortgang deutscher Geschichte ist nicht ohne die Inklusion der »ostdeutschen Kondition« und auch nicht mehr ohne die Aufarbeitung vereinigungsbedingter Traumafolgen möglich. Zu diesen gehört das gesellschaftliche Leben in der DDR wie auch der vereinigungsbedingte Gesellschaftszusammenbruch und seine Folgen. Auch wenn sich die statistischen Daten immer mehr angleichen, hat sich die kulturelle Verschiedenheit von Ost und West in einen Kulturkonflikt ausgeweitet und verfestigt.

Der Systemfehler liegt in der Suprematie einer »marktliberalen Demokratie«, einer exklusiven Demokratie, die bis heute die »ostdeutsche Kondition« exkludiert, statt sie zu inkludieren, und mit einem normativen Populismus zu beseitigen sucht. Die Folgen davon sind erhebliche Demokratiedefekte[316] in der Gesellschaft, die zu einem »Rechtsruck« geführt haben.

Anmerkungen

1 Karl Marx, Das Kapital, Bd. III, MEW 25, S. 825

2 Die US-Kommunikationsagentur Edelman veröffentlich seit 2000 zum Weltwirtschaftsforum in Davos das »Edelman Trust Barometer«. Dafür werden mehr als 34 000 Personen in 28 Staaten befragt. 56 Prozent meinten 2020, dass der Kapitalismus »mehr Schaden als Gutes in der Welt« anrichte. Vgl. *https://www.edelman.de/research/edelman-trust-barometer-2020*, Stand vom 16. Februar 2020

3 Über die Glaubwürdigkeit von Journalismus: »Die Leute an der Nase herumzuführen, das ist die Essenz der Public Relations«, Interview in der Neuen Zürcher Zeitung vom 21. Februar 2020

4 So zitiert ihn der italienische Journalist und Schüler des französischen Soziologen Pierre Bourdieu in »Neue Oligarchen«, veröffentlicht in der *taz* vom 4. Januar 2014

5 Andrea Hanna Hünniger: »»Die deutscheste Stadt Deutschlands«, in: *Frankfurter Allgemeine Sonntagszeitung* vom 19. Januar 2020

6 Oder nimmt Philosophen wie Dr. Patrick Spät, Jahrgang 1982, zur Kenntnis, der in einem Interview mit *Zeit online (https://www.zeit.de/karriere/2016-07/kapitalismus-industrie-4-0-digitalisierung-zukunft-arbeitsmarkt-kritik/komplettansicht)* den Kern allen Übels klar benennt: Der Kapitalismus ist ein Problem, »weil er Wohlstand für alle verspricht, aber nur für wenige bringt. Das ganze System basiert auf Ausbeutung – Ausbeutung von Menschen und von Natur.« Kohls demagogisches Wohlstandsversprechen für die Ostdeutschen war darum eine kalkulierte Lüge

7 »Der Anmarsch des Bonner Nilpferds«, in: *Focus online Special* »20 Jahre Wende« *(https://www.focus.de/politik/deutschland/20-jahre-wende/tid-17543/volkskammerwahl-der-anmarsch-des-bonner-nilpferdsaid489115.html)*

8 Peter-Michael Diestel: In der DDR war ich glücklich. Trotzdem kämpfe ich für die Einheit. Verlag Das Neue Berlin, Berlin 2019
9 Drucksache 11/7371, Deutscher Bundestag, 11. Wahlperiode
10 ebenda
11 Zitiert in »Zahl der Stasi-Überläufer höher als angenommen. Ehemalige Agenten gaben Kollegen preis – BND zahlte Honorare«, in *Die Welt* vom 17. Februar 1999
12 *Der Spiegel* vom 18. Januar 2020
13 Deutschlandfunk Kultur: »Extrem ambitioniert, enorm motiviert«, 27. April 2015, in: *https://www.deutschlandfunkkultur.de/verhandlungen-zur-wirtschafts-und-waehrungsunion-extrem.1008.de.html?dram:articleid=318239*, Stand 16. Februar 2020
14 *https://www.hdg.de/lemo/kapitel/deutsche-einheit/weg-zur-einheit/wirtschafts-waehrungs-und-sozialunion.html*
15 »Ein großes Gedankenexperiment«, in: *Der Tagesspiegel* vom 27. Juni 2015
16 Zitiert ebenda
17 ebenda
18 »Bestimmte Dinge durfte man nicht denken«, Interview mit Thilo Sarrazin in der *Berliner Zeitung* vom 1. Juni 2015
19 Zitiert in *Neues Deutschland* vom 18. Juli 1952 (»McCloy gesteht Programm der Aggression«). Damit scheint das Zitat, mindestens aber das Datum widerlegt, das in verschiedenen Publikationen veröffentlicht wurde, so in »Staatsgrenzen im Kontext ihrer Zeit« von Klaus Emmerich, wo es heißt, dass Adenauer in einem Interview mit dem *Rheinischen Merkur* am 20. Juli 1952 erklärt habe: »Was östlich von Werra und Elbe liegt, sind Deutschlands unerlöste Provinzen. Daher heißt die Aufgabe nicht Wiedervereinigung, sondern Befreiung. Das Wort Wiedervereinigung soll endlich verschwinden. Es hat zu viel Unheil gebracht. Befreiung ist die Parole.«
20 »Wie die Schweine!« in: *Die Zeit* vom 24. Januar 2013
21 »›Königsweg‹ oder ›Holzweg‹«. Gespräch mit Ernst Benda in: *Der Spiegel*, 30. April 1990
22 Zit. in: »Ein Staat wird abgewählt«, *Deutschlandfunk* am 18. März 2010
23 Zit. in: »Die Nacht, als die DDR unterging«, *Der Spiegel* vom 20. August 2010
24 Horst Teltschik: »329 Tage – Innenansichten der Einigung«, Siedler Verlag, Berlin 1993
25 Klaus Taubert in: »Die Nacht, als die DDR unterging«, *Der Spiegel* vom 20. August 2010
26 *https://www.bundestag.de/ressource/blob/659208/bb1b8014f97412b4439d024bcdb79896/WD-3-292-07-pdf-data.pdf*

27 BVerfG, Urteil vom 31. Juli 1973, Entscheidungen des Bundesverfassungsgerichts, 36. Band, 1 (15f.) = *Neue Juristische Wochenschrift* 1973, 1539

28 Vgl. Artikel 1 – Einigungsvertrag (EV): »Mit dem Wirksamwerden des Beitritts der Deutschen Demokratischen Republik zur Bundesrepublik Deutschland gemäß Artikel 23 des Grundgesetzes am 3. Oktober 1990 werden die Länder Brandenburg, Mecklenburg-Vorpommern, Sachsen, Sachsen-Anhalt und Thüringen Länder der Bundesrepublik Deutschland. Für die Bildung und die Grenzen dieser Länder untereinander sind die Bestimmungen des Verfassungsgesetzes zur Bildung von Ländern in der Deutschen Demokratischen Republik vom 22. Juli 1990 – Ländereinführungsgesetz – (GBl. I Nr. 51 S. 955) gemäß Anlage II maßgebend.«

29 Walter Schoenborn: Staatensukzessionen, Kohlhammer Berlin-Stuttgart-Leipzig 1913, S. 6

30 Michel Foucault: Vom Licht des Krieges zur Geburt der Geschichte, Merve, Berlin 1986, S. 12

31 Klaus Dörre: Die neue Landnahme. Dynamiken und Grenzen des Finanzmarktkapitalismus, in: Klaus Dörre, Stephan Lessenich, Hartmut Rosa (Hg.): Soziologie-Kapitalismus-Kritik. Eine Debatte, Suhrkamp, Frankfurt am Main 2012

32 Klaus Dörre: Die neue Landnahme, a. a. O., S. 22

33 Dezisionismus ist eine politische und juristische Theorie, die die Entscheidung und den Entscheider in den Mittelpunkt der Überlegungen stellt. Sie hält weniger den Inhalt und die Begründung einer Entscheidung für wichtig als die Entscheidung an sich. Ihr zufolge kann es keine allgemein verbindlichen Begründungen für Werte oder moralische Positionen geben. Daher sei die Entscheidung von Menschen für diese oder jene Handlung letztlich willkürlich und nicht mit den Mitteln logischer Analyse oder anhand ethischer Kriterien zu rechtfertigen

34 Alfred Dregger (1920–2002) war von 1982 bis 1991 Vorsitzender der Unionsfraktion im Deutschen Bundestag und erklärte dies auf *Spiegel online* am 17. April 1995. Die Ausstellung *Die Verbrechen der Wehrmacht 1941–1944* nannte er einen »Angriff auf Deutschland«

35 Klaus Dörre: Die neue Landnahme, a. a. O., S. 35 f.

36 Der Beauftragte der Bundesregierung für Kultur und Medien (BKM) (Hg.): Bericht der Bundesregierung zum Stand der Aufarbeitung der SED-Diktatur, Berlin 2012, S. 15

37 Joachim Scholtyseck: Modell Bundesrepublik – Fußnote DDR?, in: Patrick Bahners, Alexander Cammann (Hg.): Bundesrepublik und DDR. Die Debatte um Hans-Ulrich Wehlers »Deutsche Gesellschaftsgeschichte«, C. H. Beck, München 2009, S. 82

38 Der Beauftragte …, a. a. O., S. 15

39 Michel Foucault: Vom Licht des Krieges …, a. a. O., S. 7

40 Olaf Groh-Samberg und Florian R. Hertel: Ende der Aufstiegsgesellschaft?, Bundeszentrale für politische Bildung am 27. Februar 2015, in: *www.bpb.de/apuz/201649/ende-der-aufstiegsgesellschaft?p=all* (Stand vom 8. April 2018)

41 Wolfgang Engler: Die Ostdeutschen. Kunde von einem verlorenen Land, Aufbau Berlin 2000, S. 30

42 ebenda, S. 30 f.

43 Erving Goffman: Stigma. Über Techniken der Bewältigung beschädigter Identität, Suhrkamp, Frankfurt am Main 1975, S. 12 f.

44 ebenda, S. 13

45 ebenda, S. 99

46 Vgl. Ernst Nolte: Vergangenheit, die nicht vergehen will, in: *Frankfurter Allgemeine Zeitung* vom 6. Juni 1986. Auch in: 1000 Dokumente, *www.1000dokumente.de/pdf/dok0080nolde.pdf*, Stand vom 8. Mai 2018; vgl. Ernst Nolte: Der kausale Nexus: Revision und Revisionismus in der Geschichtswissenschaft, Verlag F. A. Herbig, München 2002; vgl. auch Historikerstreit: Ernst Nolte im Gespräch, *Die Welt* vom 24. Juni 2006, *www.welt.de/print-welt/article225260/Historikerstreit-Ernst-Nolte-im-WELT-Gespraech.html*, Stand vom 8. Mai 2018

47 »Der sogenannte ›Historikerstreit‹ von 1986/87 war ›die letzte große intellektuelle Auseinandersetzung in der alten Bundesrepublik‹ (U. Herbert), die entlang traditioneller Rechts-Links-Schemata ausgefochten wurde. Entgegen ihrer irreführenden Bezeichnung war die Kontroverse nicht in erster Linie von fachlichen Gegensätzen geprägt, sondern von einem erbitterten Kampf um die diskursive Deutungshoheit über die Geschichte des Nationalsozialismus, die öffentliche Erinnerung und die nationale Identität der Deutschen. Hintergrund der Konfrontation waren geschichtspolitische Bestrebungen der CDU-geführten Bundesregierung, die das Rückgrat einer anvisierten ›geistig-moralischen Wende‹ nach Ende des sozial-liberalen Jahrzehnts der 1970er Jahre darstellen sollten. Als unmittelbarer Auslöser des Konflikts gilt jedoch ein Essay des Historikers Ernst Nolte, in dem ein Kausalzusammenhang zwischen dem ›Archipel GULag‹ und der Shoa postuliert wurde. Seine Argumentation erschien zahlreichen Kritikern als apologetische Relativierung des Genozids an den europäischen Juden und trat eine Welle von Diskussionsbeiträgen los, die über zwei Jahre nicht abebben sollte.« In: 1000 Dokumente, Ernst Nolte, Vergangenheit, die nicht vergehen will, *FAZ* … a. a. O.

48 Der ABM-Vertrag war am 26. Mai 1972 zwischen den USA und der UdSSR zur Begrenzung von Raketenabwehrsystemen (Anti-Ballistic Missiles, ABM) abgeschlossen worden. Nach dem 11. September 2001 und im

Zuge des Inkrafttretens des Internationalen Antiterrorkrieges traten die USA am 13. Juni 2002 einseitig vom Vertrag zurück, nachdem sie, wie vertraglich festgelegt, sechs Monate zuvor eine Absichtserklärung abgegeben hatten

49 Vgl. Ronald Reagan, Rede vor beiden Häusern des britischen Parlaments, 8. Juni 1982

50 Matthias Kolb: Was hinter Obamas Seitenhieben steckt, in: *Süddeutsche Zeitung* vom 26. März 2014, *www.sueddeutsche.de/politik/us-praesident-ueber-putin-was-hinter-obamas-seitenhieben-steckt-1.1922005*, Stand vom 17. April 2018

51 *https://www.rtl.de/cms/us-manoever-defender-2020-37-000-soldaten-ziehen-durch-deutschland-4474998.html,* Stand vom 2. Februar 2020

52 *https://www.die-linke.de/partei/parteistruktur/parteivorstand/2018-2020/beschluesse/detail/news/die-linke-stellt-sich-aktiv-gegen-das-us-manoever-defender-2020/,* Stand vom 2. Februar 2020

53 Meinhard Miegel: Exit. Wohlstand ohne Wachstum, Propyläen Verlag Berlin 2010, S. 59 f.

54 Vgl. Milton Leitenberg: Death in Wars and Conflicts in the 20th Century, Cornell University, Peace Study Program, Occasional Paper #29, 3rd ed., August 2006

55 Peter Jahn, 27 Millionen. So viele Sowjetbürger starben als Opfer des deutschen Krieges zwischen 1941 und 1945. Es ist eine Zahl die viele hierzulande bis heute nicht kennen. Oder nicht zur Kenntnis nehmen wollen. In: *Zeit online,* 16. Januar 2012, *www.zeit.de/2007/25/27-Millionen-Tote*, Stand vom 17. April 2018

56 ebenda

57 Boris V. Sokolov: Unwiederbringliche Verluste der Roten Armee und der Wehrmacht 1939–1945. Beitrag im Rahmen der internationalen Fachtagung »Gefallen – Gefangen – begraben. Zahlen und Fakten zu sowjetischen und deutschen Opfern des Zweiten Weltkrieges«, 6.–7. Juli 2010, Dokumentationsstelle Dresden, S. 21, in: *https://www.stsg.de/cms/sites/default/files/dateien/texte/Sokolovde.pdf*, Stand vom 18. Mai 2018.

58 Vgl. Andrej Angrick: Zur Rolle der Militärverwaltung bei der Ermordung der sowjetischen Juden, in: Babette Quinkert (Hg.): »Wir sind die Herren dieses Landes«. Ursachen, Verlauf und Folgen des deutschen Überfalls auf die Sowjetunion, VSA, Hamburg 2002, S. 104 ff., Vgl. Raul Hilberg, Die zweite Tötungswelle, in: ders. Die Vernichtung der europäischen Juden, Band 2, Fischer Taschenbuch Verlag, Frankfurt am Main 1990, S. 386 ff.

59 An verschiedenen Stellen werden die durch den Wehrmachtskrieg in der Sowjetunion verursachten Opferzahlen, die sich vermutlich auf 30 Millionen festlegen lassen, anhand einschlägiger Quellen vergleichend konkretisiert. Vgl. Harald Neuber: Unwilliges Gedenken an den

Angriffskrieg 1941, Telepolis, *Heise Online*, 23. Juni 2016, in: *www.heise.de/tp/features/Unwilliges-Gedenken-an-den-Angriffskrieg-1941-3380320.html*, Stand vom 17. April 2018

60 Peter Steinbach: Das 20. Jahrhundert als Jahrhundert der Diktaturen, in: Helmut Wagner (Hg.): Europa und Deutschland – Deutschland und Europa. Liber amicorum für Heiner Timmermann zum 65. Geburtstag, Münster 2005, S. 43–63; Günther Heydemann: Das Jahrhundert der Diktaturen in Deutschland. Modelle der Bewältigung im Vergleich, in: Tilman Mayer, Karl-Heinz Paqué, Andreas H. Apelt (Hg.): Modell Deutschland, Berlin 2013, S. 75–86

61 Ernst Nolte: Der Faschismus in seiner Epoche, Piper Verlag, München 1963, S. 436

62 Exemplarisch kann hierfür die kontroverse Debatte im Rahmen der 75. und 76. Sitzung der Enquete-Kommission »Aufarbeitung von Geschichte und Folgen der SED-Diktatur in Deutschland« stehen, in: Materialien der Enquete-Kommission »Aufarbeitung von Geschichte und Folgen der SED-Diktatur in Deutschland«, hrsg. v. Deutschen Bundestag, [Bd. IX: Formen und Ziele der Auseinandersetzung mit den beiden Diktaturen in Deutschland, Frankfurt am Main 1995, S. 574–777, sowie Deutscher Bundestag (Hg.): Materialien der Enquete-Kommission »Überwindung der Folgen der SED-Diktatur im Prozeß der Deutschen Einheit«, Baden-Baden 1999; vgl. frühe methodologische Überlegungen bei: Ludger Kühnhardt (u. a.) (Hg.): Die doppelte deutsche Diktaturerfahrung. Drittes Reich und DDR – ein historisch-politikwissenschaftlicher Vergleich, [2. Aufl.], Peter Lang, Frankfurt am Main 1996, vgl. Wolfgang Schuller, Deutscher Diktaturenvergleich, in: Heiner Timmermann (Hg.): Die DDR – Analysen eines aufgegebenen Staates, Duncker&Humblot, Berlin 2001, S. 849–857; vgl. Günther Heydemann: Integraler und sektoraler Vergleich – Zur Methodologie der empirischen Diktaturforschung, in: Günther Heydemann und Eckhard Jesse (Hg.): Diktaturvergleich als Herausforderung. Theorie und Praxis, Duncker&Humblot, Berlin 1998, S. 227–233; vgl. Günther Heydemann: Zur Theorie und Methodologie des Diktaturenvergleichs, in: Norbert Haase/Bernd Pampel (Hg.): Doppelte Last – doppelte Herausforderung. Gedenkstättenarbeit und Diktaturenvergleich an Orten mit doppelter Vergangenheit, Peter Lang, Frankfurt am Main 1998, S. 53–59; vgl. Günther Heydemann und Christopher Beckmann: Zwei Diktaturen in Deutschland. Möglichkeiten und Grenzen des historischen Diktaturenvergleichs, in: *DeutschlandArchiv,* H. 30/1997, S. 10–40; vgl. Detlef Schmiechen-Ackermann: NS-Regime und SED-Herrschaft – Chancen, Grenzen und Probleme des empirischen Diktaturenvergleichs, in: Geschichte in Wissenschaft und Unterricht, H. 52 (2001), S. 644–659.

63 Vgl. Deutscher Bundestag (Hg.): Materialien der Enquete-Kommission »Aufarbeitung von Geschichte und Folgen der SED-Diktatur in Deutschland«, a. a. O., [Bd. IX], S. 576–588

64 ebenda, S. 588–597

65 Vgl. ebenda S. 614–616 und Manuel Becker: Die Bedeutung des deutschen Diktaturenvergleichs für die politische Kultur der »Berliner Republik«, BpB, 16. 8. 2011, *in: www.bpb.de/geschichte/zeitgeschichte/deutschlandarchiv/53434/*

66 Raul Hilberg: Die zweite Tötungswelle, in: Die Vernichtung der europäischen Juden, Band 2, Fischer Taschenbuch Verlag, Frankfurt am Main 1990, S. 386 ff

67 »Es mangelte an unabhängigem Geist, Selbstbewusstsein, angemessenem Umgang mit Freiheit sowie Verantwortung gleichermaßen für sich selbst und für das Gemeinwesen. So kann es nicht verwundern, wenn diese Dimensionen einer zivilen Gesellschaft nach der Wiedervereinigung ein nur zartes Pflänzchen darstellten. Das hat sich in den letzten beiden Jahrzehnten zwar verändert, aber immer noch gibt es ostdeutsche Regionen, in denen zivilgesellschaftliches Engagement kaum vorhanden ist.« Klaus Schroeder: Deutschland 25 Jahre nach dem Mauerfall, in: *SWR2* Manuskript 2014, S. 9, in: *URL: www.swr.de//id=14047050/property=download/nid=660374/r4dudu/swr2-wissen-20141003.pdf*, Stand vom 18. Mai 2018

68 Proletarisierung schuld an Gewalt in Brandenburg, in: *FAZ* vom 4. August 2005, *http://www.faz.net/aktuell/politik/empoerung-ueber-schoenbohm-proletarisierung-schuld-an-gewalt-in-brandenburg-1252681.html*, Stand vom 18. Mai 2018.

69 Kinder-Morde in Brandenburg, in: *www.spiegel.de/panorama/justiz/kinder-morde-in-brandenburg-kaltes-blaues-baby-in-zellophan-a-368524.html*, Stand vom 18. Mai 2018

70 Christian Semler: Im verwilderten Osten, *taz* vom 5. August 2005, in: *www.taz.de/!565985/*, Stand vom 18. Mai 2018

71 Klaus Schroeder: Deutschland 25 Jahre nach dem Mauerfall, … a. a. O.

72 Dieter E. Zimmer: Ein Kind ist schwer zu verderben, *Zeit Online*, 15. Juli 1999, in: *www.zeit.de/1999/29/199929.erziehung.xml/komplettansicht*, Stand vom 18. Mai 2018.

73 Vgl. Ognjen Cvijanovic: Die Nazi-Erblast in der DDR, in: DW Akademie *(Deutsche Welle),* 11. Mai 2011, in: *www.dw.com/de/die-nazi-erblast-in-der-ddr/a-15048388*, Stand vom 8. April 2018. Vgl. DW Akademie *(Deutsche Welle),* 2004 gegründet, ist einer der führenden Think Tanks mit Standort in Deutschland. Die *DW Akademie* ist zuständig für die Ausbildung von Nachwuchsjournalisten und Medienfachkräften aus »Entwicklungs- und Transformationsländern«. Sie vertritt den Auftrag der

politischen Erwachsenenbildung, wie er von führenden Behörden (Bundesbehörden) und Sendern (ARD) seit 1990 festgeschrieben wurde. Damit reiht sich die DW Akademie in das Arsenal von Behörden, Stiftungen und Think Tanks ein, die nach 1990 die Delegitimierung der DDR vorantreiben

74 Vgl. 1.: Die Leipziger »Mitte«-Studie 2016, in: Oliver Decker, Johannes Kiess, Elmar Brähler (Hg.): Die enthemmte Mitte. Autoritäre und rechtsextreme Einstellungen in Deutschland, Psychosozial-Verlag, Gießen, 2016. Vgl. 2.: Die Göttinger Rechtsextremismus-Studie 2017, in: Danny Michelsen, Marika Przybilla-Voß, Michael Lühmann, Rechtsextremismus und Fremdenfeindlichkeit in Ostdeutschland, Göttinger Institut für Demokratieforschung, Göttingen, 2017, *www.demokratiegoettingen.de/content/uploads/2017/07/studie-rechtsextremismus-in-ostdeutschland-kurzfassungoffiziell.pdf*, Stand vom 18. Mai 2018. Vgl. 3.: Die Diktaturen-Einstellungs-Studie in Schulen 2005, in: Monika Deutz-Schroeder, Klaus Schroeder: Soziales Paradies oder Stasi-Staat?: Das DDR-Bild von Schülern – ein Ost- West-Vergleich. Verlag Ernst Vögel, Stamsried, 2008. Vgl. 4.: Die DDR-Memory-Studie 2017, in: Hanna Haag, Pamela Heß, Nina Leonhard: Volkseigenes Erinnern. Die DDR im sozialen Gedächtnis, Springer VS, Wiesbaden, 2017; siehe auch Gerd Sebald, Rene Lehmann, »Da war plötzlich alles nicht mehr gut, was mal gut war«. Die DDR und ostdeutscher Rechtsradikalismus zwischen Diskurs und Familiengedächtnis, in: Die DDR-Memory-Studie 2017, … a. a. O. Vgl. 5.: Die Bremer-Rechtspopulismus-Studie 2017, in: Hanna Schwander, Philip Manow: It's not the economy, stupid! Explaining the electoral success of the German right-wing populist AfD. CIS Working Paper Nr. 96, ETH Zürich, Universität Zürich, Universität Bremen, 2017, in: *www.ethz.ch/content/dam/ethz/special-interest/gess/cis/cis-dam/CISDAM2017/WP94A4.pdf*, Stand vom 18. Mai 2018

75 Klaus Schroeder: Deutschland 25 Jahre nach dem Mauerfall, … a. a. O.

76 Claudia Gründer: Nazi-Karrieren in der DDR, *MDR-Zeitreise*, 7. März 2018, in: *www.mdr.de/zeitreise/nazis-in-der-ddr-100.html*, Stand vom 18. Mai 2018. In diesem Hybris-Konstrukt tritt krass die Paradoxie zu Tage, dass einerseits die DDR als Diktatur gilt, weil die Entnazifizierung des öffentlichen Leben in der SBZ/DDR rigoros betrieben wurde und, wie im Nachhinein thematisiert wird, in unzulässiger Willkür. Auf der anderen Seite wird der DDR heute der Vorwurf gemacht, dass Nazi-Verbrecher und NS-Eliten in den öffentlichen Dienst rehabilitiert wurden, was u. a., so lautet die These in einigen Theorien, zu einer verfestigten nazistischen Grundideologie in der DDR führte, die nach 1990 eruptiv nach außen drängte

77 So argumentiert auch hier Klaus Schroeder wie folgt: »In den neuen Ländern gibt es eine Tradition, die bis in die DDR zurückreicht, die sehr

stark geprägt ist, alles Fremde abzulehnen, mit Sozialneid auf andere Leute zu reagieren, und das hat sich fortgepflanzt bei einer Minderheit, bei einer nennenswerten Minderheit im Osten. Sie ist zudem nicht in der freiheitlichen Demokratie angekommen, kommt nicht klar mit den demokratischen Regularien, lehnt Vielfalt ab, hängt der alten Homogenität noch nach, die es ja in der DDR gab. Und um noch mal auf ein weiteres hinzuweisen: In fast allen postkommunistischen Ländern sehen wir etwas Ähnliches. Es sind die Länder, die zu Zeiten des Sozialismus-Kommunismus so eingepfercht waren, dass sie das Fremde nicht kennenlernen konnten, und die sich jetzt dagegen sperren, sich mit dem Fremden auseinanderzusetzen.« In: Klaus Schroeder im Gespräch mit Reinhard Bieck, *Deutschlandfunk*, 20.10.2015, in: *www.deutschlandfunk.de/klaus-schroeder-straf-und-gewalttaten-von-asylbewerbern.694.de.html?dram:articleid=334558*, Stand vom 18. Mai 2018; vgl. auch Zitat: »Ostdeutsche sind seit Anfang der 1990er Jahre empfänglicher für extremistische und populistische Parteien. Diese erzielen nicht nur bei Landtagswahlen, sondern auch bei der Bundestagswahl deutlich bessere Ergebnisse als im Westen. Bei der letzten Wahl im Herbst 2013 erreichten rechtsextreme Parteien im Osten einen Zweitstimmenanteil von knapp drei Prozent gegenüber etwa einem Prozent im Westen.« In: Klaus Schroeder: Deutschland 25 Jahre nach dem Mauerfall, … a. a. O.

78 Dieter E. Zimmer: Ein Kind ist schwer zu verderben, … a .a. O. Einer der Apologeten aus der DDR, der den psychologischen und psychiatrischen Boden für die Meinungsmacht der ›autoritären Devianz in der DDR‹ für westdeutsche Wortführer bereitet, ist der Psychologe Hans-Joachim Maaz. Mit seinem Buch »Gefühlsstau. Psychogramm der DDR« liefert er die Steilvorlage für das Narrativ der Verwahrlosung in der DDR. Vgl. Hans-Joachim Maaz, Gefühlsstau. Psychogramm der DDR, Argon, Berlin 1992

79 Vgl. Zitat: »Nirgendwo unterscheiden sich die Haltungen ost- und westdeutscher Bundesbürger stärker als in Glaubensfragen. Während im Westen trotz rapide sinkender Anteile religiös eingestellte und kirchlich gebundene Menschen die absolute Mehrheit in der Bevölkerung ausmachen, ist im Osten eine sehr breite Mehrheit konfessionslos. Die von der SED seit den frühen 1950er Jahren auch mit brachialen Mitteln betriebene Entchristianisierung hat sich insofern fortgesetzt. In keinem postsozialistischen Land ist die Zahl der Atheisten so hoch wie auf dem ehemaligen Territorium der DDR.« In: Klaus Schroeder, Deutschland 25 Jahre nach dem Mauerfall, … a. a. O.; vgl. Matthias Kamann: Warum so wenige Ostdeutsche an einen Gott glauben, in: *Die Welt*, 19. April, 2012, in: *www.welt.de/politik/deutschland/article106205333/Warum-so-wenige-Ostdeutsche-an-einen-Gott-glauben.html*, Stand vom 18. Mai 2018

80 »Was schließlich die DDR im Besonderen angehe – hier wandte er sich an die von dort stammenden Kollegen –, so sei man besser beraten, vom Fehlen als vom Vorhandensein des Gesprächsgegenstands auszugehen. Und um den letzten Zweifel an seiner Meinung auszuräumen, schloss er mit den Worten: ›Intellektuelle – die gab es doch bei Ihnen gar nicht!‹«. In: Wolfgang Engler: Jenseits des Machtprinzips, *Zeit Online*, 9. März 1993, in: *www.zeit.de/1993/15/jenseits-des-machtprinzips*, Stand vom 18. Mai 2018

81 »Öffentliche Verwahrlosung, höhere Gewaltbereitschaft und fremdenfeindliche Einstellungen waren im Kern schon vor 1989 stärker ausgeprägt als in der Bundesrepublik. Eine weit verbreitete rechtsextreme Szene und vor allem gewaltbereite Skinhead-Gruppen gab es bereits vor der Vereinigung, auch wenn die SED das offiziell leugnete.« In: Klaus Schroeder: Deutschland 25 Jahre nach dem Mauerfall, … a. a. O.

82 Um die These der »zweiten deutschen Diktatur« zu stabilisieren, wird die Rhetorik eines in der DDR ausgeprägten ›subkutanen Antisemitismus‹ und Rechtsextremismus bemüht. Dieser ›subkutane DDR-Antisemitismus‹ dient schließlich in einem Vergleich zwischen dem NS-Holocaust an den Juden und an den Russen und dem ausbrechenden Antisemitismus in Ostdeutschland nach der »Wende« 1990 als Argumentation. Als Beispiel werden hier die Publikationen des Antisemitismusforschers Harry Waibel zu Rassismus, Antisemitismus und Rechtsextremismus in der DDR angegeben: Harry Waibel: Kritik des Antisemitismus in der DDR, in: Zukunft braucht Erinnerung, Online-Blog, 14. Juni. 2017, in: *http://www.zukunft-braucht-erinnerung.de/kritik-des-antisemitismus-in-der-ddr/,* Stand vom 12. Juni 2018; Harry Waibel, Der gescheiterte Anti-Faschismus der SED: Rassismus in der DDR, Peter Lang, Internationaler Verlag der Wissenschaften, Frankfurt am Main, 2014; Harry Waibel: Die braune Saat. Antisemitismus und Neonazismus in der DDR, Schmetterling Verlag, Stuttgart, 2017; Hannes Lauber: Weiler Historiker Harry Waibel legt Untersuchung zu rechter Gewalt in der DDR vor, in: *Badische Zeitung*, 9. Oktober, 2017, in: *http://www.badische-zeitung.de/weil-am-rhein/weiler-historiker-harry-waibel-legt-untersuchung-zu-rechter-gewalt-in-der-ddr-vor--143072606.html*, Stand vom 12. Juni 2018

83 In: *www.bpb.de/apuz/25910/ist-der-rechtsextremismus-im-osten-ein-produkt-der-autoritaeren-ddr?p=all*, Stand vom 8. April 2018

84 Friedrich Schorlemmer: Es gibt Städte ohne Mauern, Gespräch mit Maren Schuster, Martin Paul, Planet Interview, 22. Juni 2015, in: *www.planet-interview.de/interviews/friedrich-schorlemmer/47736/*, Stand vom 8. April 2018

85 Klaus Schroeder: Deutschland 25 Jahre nach dem Mauerfall, … a. a. O.

86 ebenda

87 Vgl. auch Peter L. Berger/Thomas Luckmann: Die gesellschaftliche Konstruktion der Wirklichkeit. Eine Theorie der Wissenssoziologie, Fischer Taschenbuch, Frankfurt am 1980, S. 123

88 André Steiner: Die Etablierung der Planwirtschaft in der SBZ/DDR, … a. a. O., S. 132

89 ebenda

90 Vgl. Aufruf des Zentralkomitees der Kommunistischen Partei an das deutsche Volk zum Aufbau eines antifaschistisch-demokratischen Deutschlands vom 11. Juni 1945, nach: Flugblatt, BArch RY 1/I 2/8/108, Bl. 36., [Faksimile], Bundesarchiv Berlin. In: *http://1000dok.digitalesammlungen.de/dok0009ant.pdf*, [Punkt 2, Kampf gegen Hunger, Arbeitslosigkeit und Obdachlosigkeit], Stand vom 18. April 2018

91 André Steiner: Die Etablierung der Planwirtschaft in der SBZ/DDR, … a. a. O., S. 120

92 Vgl. Mitteilung über die Dreimächtekonferenz von Berlin, »Potsdamer Abkommen«, vom 2. August 1945, in: *www.documentArchiv.de/in/1945/potsdamer-abkommen.html*, Stand vom 16. Mai 2018

93 Stefan Bollinger, 1989: Gescheiterter Aufbruch, in: Fritz Vilmar (Hg.), Zehn Jahre Vereinigungspolitik. Kritische Bilanz und humane Alternativen, trafo Verlag, Berlin 2000, S. 34

94 Gerhard Besier: Die kirchliche Wiedervereinigung im Rahmen der Evangelischen Kirche in Deutschland (EKD) 1990/91, in: Heiner Timmermann (Hg.), Die DDR. Zwischen Mauerbau und Mauerfall, Lit Verlag, Münster 2012, S. 371

95 Aus einem Brief Christoph Demkes an Mitarbeiter und Gemeindeglieder von Ende August 1989, in: epd-Dok. 44/1989, S. 39., in: Gerhard Besier, Die kirchliche Wiedervereinigung, … a. a. O ., S. 371

96 Vgl. Hagen Findeis, Detlef Pollack (Hg.), Bischöfe und Repräsentanten der evangelischen Kirchen in der DDR über ihr Leben. 17 Interviews, Berlin 1999, S. 586–621., in: Gerhard Besier: Die kirchliche Wiedervereinigung, … a. a. O.

97 Vgl. Werner Leich: Wechselnde Horizonte. Mein Leben in vier politischen Systemen, Wuppertal-Zürich 1992, S. 269 ff.; Findeis/Pollack, Bischöfe (Anm. 29), S. 322–355., in: Gerhard Besier: Die kirchliche Wiedervereinigung, … a. a. O.

98 Vgl. Gerhard Besier, SED-Staat, Bd. 3 (Anm. 12), S. 433. Siehe auch die Warnung der Ostberliner Wochenzeitung »Die Kirche« vor einer »Wiedervereinigungs-Trunkenheit« (epd-ZA Nr. 32 vom 14. 2. 1990, 3 f.), in: Gerhard Besier, Die kirchliche Wiedervereinigung, … a. a. O.

99 Vgl. Gerhard Besier: Zum Tod von Altbischof Gottfried Forck, in: Jahrbuch für Berlin-Brandenburgische Kirchengeschichte 61 (1997), S. 225 f.;

Findeis / Pollack, Bischöfe (Anm. 29), S. 286, in: Gerhard Besier, Die kirchliche Wiedervereinigung, … a. a. O.

100 ebenda

101 Vgl. *Neues Deutschland* vom 29. November 1989, zit. in: Gerhard Besier: Die kirchliche Wiedervereinigung, … a. a. O., S. 372

102 Vgl. ebenda; siehe auch: Aufruf des Zentralkomitees der Kommunistischen Partei an das deutsche Volk zum Aufbau eines antifaschistisch-demokratischen Deutschlands vom 11. Juni 1945, … a. a. O.; Vgl. Mitteilung über die Dreimächtekonferenz von Berlin, »Potsdamer Abkommen«, vom 2. August 1945, … a. a. O.

103 Stefan Bollinger: 1989 – eine abgebrochene Revolution. Verbaute Wege nicht nur zu einer besseren DDR?, trafo Verlag, Berlin 1999

104 Michael Richter: Die Revolution in Deutschland 1989/90. Anmerkungen zum Charakter der ›Wende‹, Berichte und Studien Nr. 2 (1995), Hannah-Arendt-Institut für Totalitarismusforschung, TU Dresden, 1995, S. 13

105 Vgl. Verfassungsdebatte zur Verfassung der DDR im Jahr 1968: »Am 31. Januar widmete sich die Volkskammer dem Verfassungsentwurf. Ulbricht begründete ihn als sozialistische Staats- und Gesellschafts-Verfassung und hielt die schwierigste Etappe der Verfassungsarbeit für abgeschlossen. Eingebunden in eine weite historische Rück- und Vorausschau referierte er über die Hauptkapitel des Verfassungsentwurfs und die ›großen‹ politischen Fragen – wie die Spaltung Deutschlands, eine nationale Mission der DDR, die Verwirklichung der Freiheitsideale am Beispiel der Bürgerrechte auf Mitgestaltung, auf Arbeit und Bildung. Aus der Sicht seines politischen Lebensinhalts entsprach die DDR historischen Erfordernissen und sozialistischen Gesetzmäßigkeiten, verkörperte sie die größte Errungenschaft. Die Volkskammer stimmte der öffentlichen Diskussion und der Herbeiführung eines Volksentscheids zu. Per Postwurfsendung erreichte der Verfassungsentwurf alle Haushalte. Den Volksentscheid bereiteten die Vorsitzenden aller Parteien und der gesellschaftlichen Organisationen in gemeinsamer Absprache vor.« In: Wilfriede Otto, Verfassungsdebatte und Verfassung der DDR 1968 – ein Kernstück für relative Identifikationsmöglichkeiten und endgültigen Abbruch, in: Heiner Timmermann (Hg.): Die DDR zwischen Mauerbau und Mauerfall, … a. a. O., S. 158 f., in: *www.verfassungen.de/de/ddr/ddr74.htm*, Stand vom 15. Mai 2018; vgl. auch Fragen zur DDR-Verfassung im Vergleich mit dem Grundgesetz, in: Deutscher Bundestag, Wissenschaftliche Dienste, *www.bundestag.de/blob/422898/cd5058f62cb62fd679b49ff115b5fc51/wd-3-151-09-pdf-data.pdf*, Stand vom 15. Mai 2018

106 Wilfriede Otto, Verfassungsdebatte und Verfassung der DDR 1968, … a. a. O., S. 163 f.

107 Stefan Bollinger, 1989: Gescheiterter Aufbruch, …a .a. O., S. 40

108 ebenda

109 Besier, Gerhard/Wolf, Stephan (Hg.): Pfarrer, Christen und Katholiken. Das Ministerium für Staatssicherheit der ehemaligen DDR und die Kirchen (= Historisch-Theologische Studien zum 19. und 20. Jahrhundert, Bd. 1). Neukirchen-Vluyn 1991, S. 70. Ferner: Zu Konsistorialpräsident Detlef Hammer (OibE) vgl. H. Schultze/W. Zachhuber: Spionage gegen eine Kirchenleitung. – Detlef Hammer – Stasi-Offizier im Konsistorium Magdeburg, Evangelisches Büro Magdeburg, o. J. [1995]; zu Oberkirchenrat Hans-Joachim Weber (IM »Bastler«), Konsistorialpräsident Martin Harder (IM »Dr. Wintzer«), Oberkonsistorialrat Siegfried Plath (IM »Hiller«), Oberkonsistorialrat Christoph Ehricht (IM »Ingolf Seidel«), Präses Dietrich Affeld (IM »Dietrich«) und Bischof Horst Gienke (IM »Orion«) vgl. Rahel von Saß, Der »Greifswalder Weg«. Die DDR-Kirchenpolitik und die Evangelische Landeskirche Greifswald 1980 bis 1989, Schwerin 1998. Die Autorin resümiert: »Zwei Mitarbeiter der Bezirksverwaltung des MfS und deren Leiter hatten bis auf zwei Personen die gesamte Kirchenführung in der Hand.« (… a. a. O., S. 34). Zu den Bischöfen Hans-Joachim Fränkel (IM »Bruder«) und Joachim Rogge (IM »Ferdinand«) sowie weiteren Bediensteten des Görlitzer Kirchengebietes vgl. Roland Brauckmann/Christoph Bunzel, Rückblick. Die evangelische Kirche des Görlitzer Kirchengebietes, die Einflussnahme des MfS und der DDR-Staat 1970–1994, Görlitz 1995; zu dem Thüringer Oberkirchenrat Gerhard Lotz vgl. Clemens Vollnhals, Oberkirchenrat Gerhard Lotz und das Ministerium für Staatssicherheit. Zur IM-Akte »Karl«, in: Deutschland Archiv 27 (1994), S. 332–336; zur Situation in der Thüringer Landeskirche und deren Bischof Ingo Braecklein (IM »Ingo«) siehe Walter Schilling, Die »Bearbeitung« der Landeskirche Thüringen durch das MfS, in: C. Vollnhals (Hg.), Die Kirchenpolitik von SED und Staatssicherheit. Eine Zwischenbilanz, Berlin 1997, S. 211–266; 1997 bezifferte Vollnhals vorsichtig die »statistische Belastung« kirchlicher Mitarbeiter auf »etwa fünf Prozent, in den höheren Etagen mehr« (idea-Dokumentation 1/1997: Erfahrungen aus zwei Diktaturen in Deutschland und unsere politische Verantwortung im demokratischen Rechtsstaat heute, 68). Zur binnenkirchlich-konsistorialen Sichtweise der Situation und abweichenden Zahlen vgl. Kirchliches Jahrbuch 1996, Gütersloh 2000, S. 285–407 (Harald Schultze). Zur MfS-Problematik in der alten Bundesrepublik vgl. Hubertus Knabe, Die unterwanderte Republik. Stasi im Westen, Berlin 1999, bes. S. 261 ff. (Kirchen)., in: Gerhard Besier, Die kirchliche Wiedervereinigung im Rahmen der Evangelischen Kirche in Deutschland (EKD) 1990/91, in: Heiner Timmermann (Hg.), Die DDR. Zwischen Mauerbau und Mauerfall, … a. a. O., S. 373 f.

110 ebenda, S. 373

111 Rainer Eckert, Revolution, Zusammenbruch oder »Wende«: Das Ende der zweiten Diktatur auf deutschem Boden im Meinungsstreit, in: Heiner Timmermann (Hg.), Die DDR. Zwischen Mauerbau und Mauerfall, … a. a. O.

112 ebenda, S. 423

113 Helmut Kohl, Zehn-Punkte-Programm zur Überwindung der Teilung Deutschlands und Europas (28. November 1989), in: Helmut Kohl, Reden und Erklärungen zur Deutschlandpolitik, Presse- und Informationsamt der Bundesregierung, Bonn, 1990, S. 663, in: *http://www.cvce.eu/obj/zehnpunkteprogrammzuruberwindungderteilungdeutschlandsundeuropas28 november1989-de-eebe1b22-f312-4082-bcb0-ea8f27382c17.html,* Stand vom 2. Mai 2018.

114 ebenda

115 Eine deutsche Einheit war schließlich auch Programmpunkt im Verfassungsentwurf des Zentralen Runden Tisches 1989, jedoch hat eine sofortige, rasche, unverzügliche, plötzliche und überstürzte Vereinigung einen solchen Verfassungsentwurf ungültig gemacht. Das war seitens der CDU durchaus gewollt. Die Wiederherstellung der deutschen Einheit ist im Verfassungsentwurf von 1989 im Artikel 41 (2) niedergelegt: Die Deutsche Demokratische Republik bekennt sich zu dem Ziel der Herstellung der Einheit der beiden deutschen Staaten, allerdings auf der Basis einer Konföderation und nicht einer Annexion

116 Karl Heinz Roth, Anschließen, angleichen, abwickeln. Die westdeutschen Planungen zur Übernahme der DDR 1952–1990, KVV Konkret, Hamburg 2000

117 Zu den aktivsten Einrichtungen gehören das 1983 in Washington ansässige und vom Außenministerium finanzierte *National Endowment für Democracy* (NED) sowie die beiden jeweils von den Demokraten und den Republikanern 1984 etablierten Einrichtungen – *National Democratic Institute* (NDI) und *International Republican Institute* (IRI). Am wirksamsten erwiesen sich jedoch das bereits 1941 gegründete *Freedom House*, das weltweit Dependancen unterhält. Eine »Unterabteilung« ist das *Committee on the Present Danger* (CPD), das aktuell vom ehemaligen CIA-Direktor James Woolsey geleitet wird. Nicht weniger aktiv war und ist das vom Multimillionär George Soros initiierte und finanzierte *Open Society Institute*

118 Zit. in *Stuttgarter Nachrichten* vom 19. August 2014: »Einmal Ungarn – und nie mehr zuück«

119 Die Bevölkerungszahl für die DDR wird im Jahr 1989 auf 18,7 und im Jahr 1990 auf 18,4 Millionen geschätzt. Das ist der Stand vor dem Zensus im Jahr 2011. Siehe auch Auswertung des zentralen Einwohnerregisters zum 3. Oktober 1990 in der DDR, Bevölkerung und Demografie. Auszug

aus dem Datenreport 2013, Statistisches Bundesamt, S. 12, in: *www.destatis.de*

120 André Hahn: Der Runde Tisch. Das Volk und die Macht – Politische Kultur im letzten Jahr der DDR, verlag am park in der edition ost, Berlin 1998, S. 73

121 ebenda

122 ebenda, S. 74 f.

123 Robert Havemann, Wie es zu den Vorlesungen kam, zit. nach Robert Havemann, Dialektik ohne Dogma?, Deutscher Verlag der Wissenschaften, Berlin 1990, S. 256.; vgl. Bernd Lindner, Wege in die Opposition. Widerständiges Verhalten in der DDR, in: *DeutschlandArchiv*, BpB am 5. Juni 2014, in: *www.bpb.de/geschichte/zeitgeschichte/deutschlandarchiv/185289/wege-in-dieopposition- widerstaendiges-verhalten-in-der-ddr*, Stand vom 17. April 2018.

124 Rolf Henrich: Der vormundschaftliche Staat, Leipzig 1990, S. 62–68; vgl. *DeutschlandArchiv*, BpB, in: *www.bpb.de/geschichte/zeitgeschichte/deutschlandarchiv*, … a. a. O.

125 Ove Ovens: Die Nationale Volksarmee der DDR zwischen »Wende« und Auflösung, Der Untergang der NVA im Lichte des Zusammenbruchs der DDR. Dissertation Universität Regensburg, Ingolstadt 2003, S. 31

126 Vgl. Matthias Platzeck: Zukunft braucht Herkunft. Deutsche Fragen, ostdeutsche Antworten, Hoffmann und Campe, Hamburg 2009, S. 45

127 Daniela Dahn, Demokratischer Abbruch. Von Trümmern und Tabus, Rowohlt Verlag, Hamburg 2005

128 Hans Modrow in: Ralph Hartmann: Die Liquidatoren. Der Reichskommissar und das wiedergewonnene Vaterland, edition ost, 3. Aufl., Berlin 2008, S. 13

129 ebenda

130 ebenda, S. 14 f.

131 https://de.wikipedia.org/wiki/Treuhandanstalt

132 Herbert Graf: Ein dickes Buch, ein dünnes Brett, in: *Ossietzky* 16/2018

133 Hans Modrow in: Ralph Hartmann: Die Liquidatoren. … a. a. O., S. 11

134 ebenda, S. 11 f.

135 ebenda, S. 17

136 Frank Bösch, Medien als Katalysatoren der Wende? Die DDR, Polen und der Westen 1989, Spiegel der Forschung, Nr. 2, Dezember 2009, in: *http://geb.uni-giessen.de/geb/volltexte/2009/7341/pdf/SdF200923039.pdf*, S. 38, Stand vom 8. April 2018

137 Vgl. Bundesstiftung Aufarbeitung, in: *www.bundesstiftung-aufarbeitung.de/veranstaltungsnachlese-2008-6405.html?id=666*, Stand vom 8. April 2018

138 Kevin Hagen: So viel SED steckt noch in der Linken, in: Der Spiegel vom 15. August 2019, auf: *https://www.spiegel.de/politik/deutschland/rot-rot-gruen-so-viel-sed-steckt-noch-in-den-linken-a-1282072.html*, Stand 12. Februar 2020

139 Lutz Herden: Tabubruch vor dem Tabubruch, in: *der Freitag* vom 10. Februar 2020

140 Zitat Hans Modrow: »Ich wiederhole und betone: die Regierung braucht und sucht den Rat der am Runden Tisch beteiligten Parteien und Gruppierungen. Die Demokratisierung ebenso wie die Stabilisierung und die Reform der Wirtschaft erfordern den Konsens aller verantwortungsbewussten Kräfte. Dass er streitbar herbeigeführt werden muss, ergibt sich aus dem politischen Pluralismus nicht nur an diesem Tisch, insbesondere aber aus der komplizierten Situation in der DDR. Ein anderes Verständnis zum Runden Tisch hatte und habe ich nicht.« In: Der Zentrale Runde Tisch, Themendossier, DRA 1, *http://1989.dra.de/themendossiers/politik/der-zentrale-runde-tisch.html*, Stand vom 2. Mai 2018

141 »Artikel 51(2), Die Opposition ist ein notwendiger Bestandteil der parlamentarischen Demokratie. Sie steht der Regierungsmehrheit als Alternative gegenüber und hat das Recht auf Chancengleichheit.« In: Verfassungsentwurf für die DDR, auf: *www.ddr89.de/ddr89/zrt/verfassung.html*, Stand vom 8. Mai 2018.

142 Nina Leonhard: Integration und Gedächtnis, NVA-Offiziere im vereinigten Deutschland, Herbert von Halem Verlag, Köln 2017, S. 16

143 Peter-Michael Diestel: In der DDR war ich glücklich. Trotzdem kämpfe ich für die Einheit, Das Neue Berlin, Berlin 2019, S. 90

144 ebenda, S. 91

145 Vgl. *Neue Zürcher Zeitung* vom 28. Oktober 1989

146 Michael Richter: Zur Entwicklung der Ost-CDU im Herbst 1989. In: Hans-Otto von Kleinmann, Hanns Jürgen Küsters, Günter Buchstab (Hrsg.), Historisch-Politische Mitteilungen. Archiv für Christlich-Demokratische Politik, Böhlau Verlag, Wien-Köln-Weimar, Heft 1/1994, S. 130

147 ebenda, S. 130

148 Thomas Gensicke: Mentalitätsentwicklungen im Osten Deutschlands seit den 70er Jahren, in: Speyer Forschungsberichte 109, Forschungsinstitut für öffentliche Verwaltung bei der Hochschule für Verwaltungswissenschaften Speyer, 1992, S. 47

149 Over Ovens: Die Nationale Volksarmee der DDR zwischen »Wende« und Auflösung, … a. a. O., S. 368.

150 Peter-Michael Diestel: In der DDR war ich glücklich …, a. a. O., S. 201

151 ebenda, S. 202 f.

152 Jörg Roesler: Der Anschluss von Staaten in der modernen Geschichte. Eine Untersuchung aus aktuellem Anlass, Peter Lang Europäischer Verlag der Wissenschaften, Frankfurt am Main 1999

153 Siegfried Prokop (Hg.): Die kurze Zeit der Utopie. Die »zweite« DDR im vergessenen Jahr 1989/90, Elefanten Press, Berlin 1994. Ders.: Die DDR hat's nie gegeben: Studien zur Geschichte der DDR 1945 bis 1990, Edition Bodoni Berlin 2017

154 Heiner Timmermann (Hg.), Die DDR. Zwischen Mauerbau und Mauerfall, Lit Verlag, Berlin 2012

155 Stefan Bollinger (Hrsg.): Das letzte Jahr der DDR. Zwischen Revolution und Selbstaufgabe. Dietz Berlin 2004

156 Siegfried Wenzel: Was war die DDR wert?, Das Neue Berlin, Berlin 2015

157 Fritz Vilmar (Hg.): Zehn Jahre Vereinigungspolitik. Kritische Bilanz und humane Alternativen. Trafo Verlag, Berlin 2000; ders. (mit Wolfgang Dümcke): Kolonialisierung der DDR. Kritische Analysen und Alternativen des Einigungsprozesses, Agenda Verlag, Münster, 1996

158 Klaus Emmerich: In guter Verfassung? Warum das Grundgesetz auf den Prüfstand gehört, edition ost, Berlin 2010; ders.: Gesamtdeutsche Verfassung – eine Karikatur?, BoD 2015

159 Irena Kukutz: Chronik der Bürgerbewegung NEUES FORUM 1989–1990, Robert-Havemann-Gesellschaft, BasisDruck Verlag Berlin, 2009

160 Vladimiro Giacchè: Anschluss. L'Annessione. L'unificazione della Germania e il futuro dell'Europa, Imprimatur, Reggio Emilia, 2013 ; deutsch: Vladimiro Giacchè, Anschluss. Die deutsche Vereinigung und die Zukunft Europas, Laika Verlag, Hamburg 2014

161 Karl Heinz Roth: Anschließen, angleichen, abwickeln. Die westdeutschen Planungen zur Übernahme der DDR 1952–1990, KVV Konkret, Hamburg 2000

162 Daniela Dahn: Demokratischer Abbruch. Von Trümmern und Tabus, Rowohlt Hamburg, 2017

163 Raj Kollmorgen: Das ungewollte Experiment. Die deutsche Vereinigung als »Beitritt«: Gründe, Prozesslogiken, Langzeitfolgen und Aussichten, in: Arbeitsbericht Nr. 65, Institut für Soziologie, Universität Halle, Fakultät für Humanwissenschaften, 2013

164 Jörg Roesler: Hätte eine eigenständige DDR eine Chance gehabt? Überlegungen eines Wirtschaftshistorikers, in: 1989–1990. Die DDR zwischen Wende und Anschluss. Beiträge einer wissenschaftlichen Konferenz. (= Pankower Vorträge, 20), Helle Panke, Berlin 2000; ders.: Eine mehr und eine weniger gelungene Einheit? Ein Vergleich der ersten zehn Jahre nach der (Wieder-)vereinigung von 1870/71 bzw. 1989/90. In: Vereinigungen und Wiedervereinigungen in der modernen europäischen Geschichte, (= Pankower Vorträge, 35), Helle Panke, Berlin 2001

165 Werner Röhr: »Esaus Bruder und das Linsengericht«. Die Regression der DDR zur »Anschlusszone«, in: Siegfried Prokop (Hg.): Die kurze Zeit der Utopie. Die »zweite« DDR im vergessenen Jahr 1989/90, Elefanten Press, Berlin 1994

166 Herbert Graf: Ein dickes Buch, ein dünnes Brett, in: *Ossietzky* 16/2018

167 ebenda

168 Wolfgang Schäuble: Der Vertrag, DVA 1991, S. 141

169 Zit. nach Andreas Baum: »Rolf Hochhuth nannte Hans Filbinger ›furchtbaren Juristen‹« auf *Deutschlandfunk* am 17. Februar 2018

170 David Johst: Begrenzung des Rechtsgehorsams. Die Debatte um Widerstand und Widerstandsrecht in Westdeutschland 1945–1968, Mohr Siebeck, Tübingen 2016, S. 36/37

171 David Johst, Die Entdeckung des Unrechtsstaates, in: Fritz Bauer Institut, Werner Konitzer (Hg.): Moralisierung des Rechts. Kontinuitäten und Diskontinuitäten nationalsozialistischer Normativität, Jahrbuch zur Geschichte und Wirkung des Holocaust, Frankfurt am Main, 2014, S. 127–145.

172 »Die Strafkammer ist der Auffassung, dass der nationalsozialistische Staat kein Rechtsstaat, sondern ein Unrechtsstaat war, der nicht dem Wohle des deutschen Volkes diente. Dabei braucht hier auf die Frage der Verfassungsmäßigkeit des NS-Staates nicht näher eingegangen zu werden. All das, was das deutsche Volk, angefangen vom Reichstagsbrand über den 30. Juli 1934 und den 9. November 1938 hat über sich ergehen lassen müssen, war schreiendes Unrecht, dessen Beseitigung geboten war. Es ist schwer, bitter und hart für ein deutsches Gericht, so etwas aussprechen zu müssen.« Zit. in: Irmtrud Wojak: Fritz Bauer 1903–1968. Eine Biografie, C. H. Beck, München 2009, S. 276

173 David Johst, Die Entdeckung des Unrechtsstaates, … a. a. O., S. 136

174 Andreas Strippel: Deutschland – zwischen Rechts- und Unrechtsstaat, Publikative.org, 7. November 2014, in: *https://publikative.org/2014/11/07/deutschland-zwischen-rechts-und-unrechtsstaat.* Stand vom 13. Februar 2018

175 Vgl. »Das Todesurteil, das der einstige Militärjurist und heutige baden-württembergische Ministerpräsident Filbinger 1945 gegen einen Soldaten erwirkte, beschäftigt Richter wie Politiker. Christdemokraten sehen Filbingers Chancen schwinden, Bundespräsident zu werden. Sozialdemokraten kritisieren sein ›pathologisch gutes Gewissen‹.« In: Affäre Filbinger: »Was rechtens war …«, in: *Spiegel online* vom 15. Mai 1978, in: *www.spiegel.de/spiegel/print/d-40615419.html*, Stand vom 8. Mai 2018

176 Everhard Holtmann: Die DDR – ein Unrechtsstaat?, in: Dossier: Lange Wege der Deutschen Einheit, Bundeszentrale für politische Bildung, 2010, in: *www.bpb.de/geschichte/deutsche-einheit/lange-wege-der-deutschen-einheit/47560/unrechtsstaat?p=all*, Stand vom 14. Mai 2018

177 ebenda

178 Andreas Strippel: NS-Volkstumspolitik und die Neuordnung Europas. Rassenpolitische Selektion der Einwandererzentralstelle des Chefs der Sicherheitspolizei und des SD (1939–1945), Ferdinand Schöningh, Paderborn 2011

179 Andreas Strippel: Deutschland – zwischen Rechts- und Unrechtsstaat, … a. a. O.

180 ebenda

181 Andreas Strippel: Deutschland – zwischen Rechts- und Unrechtsstaat, … a. a. O.

182 ebenda

183 ebenda

184 Vgl. Klaus Kinkel: Protokoll des 1. Forums des Bundesministers der Justiz vom 9. Juli 1991, in: *Zeitschrift für Gesetzgeber*, Sonderheft, 1991, S. 41

185 Begrüßungsansprache des Bundesministers der Justiz, Klaus Kinkel, vor dem 15. Deutschen Richtertag am 23. September 1991 in Köln, veröffentlicht in: *Deutsche Richter Zeitung*, H. 1 (1992), URL: *https://www.mfs-insider.de/Zitate/Zit3.htm*, Stand vom 18. Mai 2018

186 »Als ›Historikerstreit‹ wird eine sowohl öffentlich als auch fachwissenschaftlich geführte Debatte bezeichnet, die sich im Sommer 1986 in Folge eines Artikels des Sozialphilosophen Jürgen Habermas in der Hamburger Wochenzeitung *Die Zeit* entfachte. In seinem Artikel griff Habermas führende Neuzeithistoriker der Bundesrepublik an, denen er apologetische Tendenzen im Umgang mit dem Holocaust vorwarf. Sein Angriff zielte vor allem auf Äußerungen des Berliner Zeithistorikers Ernst Nolte, der die nationalsozialistische Judenvernichtung in einen kausalen Zusammenhang mit den stalinistischen Terrorakten in der Sowjetunion gebracht hatte.« In: Klaus Große Kracht, Debatte: der Historikerstreit, Docupedia-Zeitgeschichte, 11. 1. 2010, in: *http://docupedia.de/zg/Historikerstreit*, Stand vom 8. Mai 2018; vgl. Jürgen Habermas, Eine Art Schadensabwicklung. Die apologetischen Tendenzen in der deutschen Zeitgeschichtsschreibung, *Zeit Online,* 11. Juli 1986, aktualisiert 22. November 2012, in: *www.zeit.de/1986/29/eine-art-schadensabwicklung/komplettansicht,* Stand vom 8. Mai 2018

187 Die Frage der Gewalt im Recht oder der Rechtsgewalt wurde von Walter Benjamin richtungsweisend ausgearbeitet und hat sich als »Gewaltkritik« in der modernen politischen Philosophie etabliert. Vgl. Walter Benjamin, Zur Kritik der Gewalt, in: Walter Benjamin, Gesammelte Schriften, Bd. II.1, Suhrkamp, Frankfurt am Main, 1999; Hannah Arendt, Macht und Gewalt, Piper, München, 1991; Giorgio Agamben, Ausnahmezustand, Suhrkamp, Frankfurt am Main, 2004; Chantal Mouffe, Agonistiken. Die Welt politisch denken, Suhrkamp, Berlin, 2014

188 Deutscher Bundestag, Dokumente, 21. Februar 2014, in: *https://www.bundestag.de/dokumente/textarchiv/2014/49363815kw08dedeutscheeinheit/215428*, Stand vom 30. September 2018

189 Zit. in: »Andere Wende« von Karsten Krampitz, in: *der Freitag* 34/2017

190 Rede von Heiko Maas bei der Eröffnung des Deutschlandjahres in den USA, Auswärtiges Amt, 3.10.2018, in: *https://www.auswaertiges-amt.de/de/newsroom/maas-erroeffnung-deutschlandjahr/2143902*, Stand vom 15. November 2018.

191 Er brachte Deutschland die Einheit: Michail Gorbatschow, *Focus Online*, 9. August .2016, in: *https://www.focus.de/wissen/videos/michail-gorbatschow-er-brachte-deutschland-die-einheit-michail-gorbatscho-wid5804696.html*, Stand vom 15. November 2018

192 25 Jahre Mauerfall. Gorbatschow klagt den Westen an. Mit Glasnost und Perestroika hat Michail Gorbatschow die »Wiedervereinigung« Deutschlands möglich gemacht. 25 Jahre später ist der frühere sowjetische Staats- und Parteichef tief enttäuscht vom Westen: Er fordert ein Umdenken im Verhältnis zu Russland, in: FAZ vom 8. November 2014, in: *http://www.faz.net/aktuell/ politik/25-jahre-deutsche-einheit/25-jahre-mauerfall-gorbatschow-erhebt-schwere-vorwuerfe-gegen-westen-13255364.html*, Stand vom 15. November 2018.

193 *https://www.ard-wien.de/2015/05/08/siegesparade-in-moskau-ein-offener-brief-an-angela-merkel/*

194 Heribert Prantl: Warum die Deutsche Einheit eine schriftliche Lüge ist, *Süddeutsche Zeitung* vom 3. Oktober 2018, in: *https://www.sueddeutsche.de/politik/deutsche-einheit-unvollendet-1.4152191,* Stand vom 30. September 2018.

195 ebenda

196 ebenda

197 ebenda

198 Zit. in: »Hammer der Zerstörung« im *Spiegel* vom 23. August 1993.

199 ebenda

200 ebenda

201 *https://www.zeit.de/politik/deutschland/2019-05/ost-west-wanderung-abwanderung-ostdeutschland-umzug*

202 Zit. nach Klaus Blessing: DDR-Wirtschaft: Industriepotential gezielt zerschlagen, in: *junge Welt* vom 1. Oktober 2015

203 Definition der UN-Commission on Global Governance, zitiert in: https://www.bpb.de/veranstaltungen/netzwerke/teamglobal/67464/definition, Stand 14. Februar 2020

204 ebenda

205 »Seit Gründung der Bundesrepublik Deutschland wurden seitens des Staates jährlich Millionen von Postsendungen aufgebrochen, beschlag-

nahmt oder vernichtet und ebenso viele Telefone abgehört, Fernschreiben und Telegramme abgeschrieben, und zwar von den ehemaligen Besatzungsmächten ebenso wie von den Westdeutschen selbst«, in: Josef Foschepoth: Verfassung und Wirklichkeit: Die Überwachung des Post- und Fernmeldeverkehrs in der Geschichte der Bundesrepublik Deutschland, Vandenhoeck und Ruprecht, Göttingen 2012, S. 13

206 In der Ausarbeitung des Wissenschaftlichen Diensts des Deutschen Bundestages mit dem Titel »Überleitungsvertrag und ›Feindstaatenklauseln‹ im Lichte der völkerrechtlichen Souveränität der Bundesrepublik Deutschland« (nachzulesen auf *https//www.bundestag.de/resource/blob/ 414956/52aff2259e2e2ca57d71335748016458/wd-2-108-06-pdf-data.pdf*) heißt es, dass das Besatzungsrecht aus dem Deutschlandvertrag durch Notenwechsel vom 27./28. September 1990 erhalten bleibe und als »versteinertes Besatzungsrecht« immer noch gelte

207 Schutzverantwortung, s. Wikipedia, in: *http://de.wikipedia.org/wiki/Schutzverantwortung*

208 Vgl. Yana Milev, Design Governance und Protektionismus. Designpolitiken supranationaler Agencies am Beispiel der UNO, in: dies., Designsoziologie. Der erweiterte Designbegriff im Entwurfsfeld der politischen Theorie und Soziologie, Peter Lang, Frankfurt am Main 2014, S. 87 f.

209 Vgl. Befreiungsmythos 1989/90, in: Yana Milev: Entkoppelte Gesellschaft – Ostdeutschland seit 1989/90. Anschluss, Peter Lang, Berlin 2019

210 Nach 22 Jahren Deutsche Einheit. Jeder fünfte Westdeutsche war noch nie im Osten, *Focus Online* 1.10.2012, in: *https://www.focus.de/politik/deutschland/nach-22-jahren-deutsche-einheit-jeder-fuenfte-westdeutsche-war-noch-nie-im-ostenaid830662.html*, Stand vom 15. November 2018.

211 »Hillary Clinton hat sich erstmals zum Konflikt in der Ukraine geäußert – und sorgt mit ihrer Aussage für Aufsehen: Einem Medienbericht zufolge hat die ehemalige US-Außenministerin die Politik von Kreml-Chef Wladimir Putin im Krim-Konflikt mit dem Verhalten von Adolf Hitler verglichen. ›Wem das bekannt vorkommt: Es ist das, was Hitler damals in den dreißiger Jahren tat‹, soll Clinton laut einem Bericht der Lokalzeitung *Long Beach Press-Telegram* am Dienstag bei einem Auftritt in Kalifornien gesagt haben.« Vgl. Clinton zog Parallele zwischen Putin und Hitler, Spiegel-Online, 05.03.2014, in: *http://www.spiegel.de/politik/ausland/ukraine-konflikt-clinton-zog-parallele-zwischen-putin-und-hitler-a-957147.html*, Stand vom 15. November 2018

212 *FAZ* vom 12. Mai 2015

213 ebenda

214 Welt am Sonntag vom 29. August 2004 (*https://www.welt.de/print-wams/article115077/Karl-Otto-Poehl-ist-ueberzeugt-Der-Kurs-beim-Umtausch-war-verhaengnisvoll.html*, Stand am 14. Februar 2020)

215 Bericht des Sekretariates des 2. Untersuchungsausschusses »Treuhandanstalt«, enthalten im »Minderheitenvotum des Berichterstatters der SPD-Fraktion«, Bundestagsdrucksache 12/8404, S. 148

216 ebenda S. 148–150

217 ebenda S. 144

218 »Linke will neuen Untersuchungsausschuss zur Rolle der Treuhand«, in: *Die Zeit* vom 19. April 2019, in: *https://www.zeit.de/politik/deutschland/2019-04/treuhand-untersuchungsausschuss-die-linke-union-dietmar-bartsch,* Stand 14. Februar 2020

219 ebenda

220 ebenda

221 Gesetz zur Privatisierung und Reorganisation des volkseigenen Vermögens (Treuhandgesetz), Bundesministerium der Justiz und für Verbraucherschutz, Bundesamt für Justiz, in: *http://www.gesetze-im-internet.de/treuhg/eingangsformel.html*, Stand vom 14. Februar 2019

222 Offene Vermögensfragen, Bundesfinanzministerium, Dokument 2006/0066554, Stand: 14. August 2006, in: *http://www.bundesfinanzministerium.de/Content/DE/Standardartikel/Themen/OeffentlicheFinanzen/VermoegensrechtundEntschaedigungen/WeitereInformationenLinks/offene-vermoregensfragen-anlage.pdf?blob=publicationFile&v=2*, Stand vom 12. Februar 2019.

223 »Alte Recht, neues Unrecht«, in: *Der Spiegel* vom 29. Juni 1962, in: *https://www.spiegel.de/spiegel/print/d-13689057.html*, Stand 20. Februar 2020

224 ebenda

225 ebenda

226 Verordnung zur Überleitung des Rechts der Europäischen Gemeinschaften auf das in Artikel 3 des Einigungsvertrages genannte Gebiet (EG-Recht-Überleitungsverordnung) vom 18. Dezember 1990, Bundesministerium der Justiz und für Verbraucherschutz, Bundesamt für Justiz, in: *https:// www.gesetze-im-internet.de/egrechtblv/BJNR029150990.html*, Stand vom 14. Februar 2019.

227 Vertrag über die Europäische Union (Maastricht Vertrag), vom 7. Februar 1992, in: Europäisches Parlament. Kurzdarstellung zur Europäischen Union, in: *http://www.europarl.europa.eu/facts heets/de/sheet/3/die-vertrage-von-maastricht-und-amsterdam*, Stand vom 14. Februar 2019.

228 Begriffsbestimmung § 2, Rundfunkstaatsvertrag, in: Artikel 5 Grundgesetz, in: *http://www.artikel5.de/index2.html*, Stand vom 24. März 2019.

229 Vgl. Yana Milev: Demokratiedefekte. Ein Essay zum normativen Populismus, Agenda, Münster 2019

230 Vgl. Peter L. Berger/Thomas Luckmann: Die gesellschaftliche Konstruktion der Wirklichkeit: Eine Theorie der Wissenssoziologie, Fischer, Frankfurt am Main 2003

231 Zit. in *https://de.wikipedia.org/wiki/Lügenpresse*

232 Erich Buchholz: Vom Rechtsstaat zum Gerichtsstaat, edition ost, Berlin 2017, S. 44

233 ebenda S. 45

234 ebenda S. 47

235 ebenda S. 65

236 In den ersten Jahren der DDR galt ebenfalls das BGB, das aber aufgrund der Entwicklung des Landes sukzessive durch innovative Gesetzeswerke ersetzt, erneuert und ergänzt worden war. So wurden beispielsweise das Familienrecht in ein an die veränderten Lebensverhältnisse angepasstes »Familiengesetzbuch« (1966), das Arbeitsrecht in ein »Gesetzbuch der Arbeit« (1961, 1978 ersetzt durch das »Arbeitsgesetzbuch«), die restlichen Teile in das »Zivilgesetzbuch« (1976) und das »Vertragsgesetz« (1982) überführt

237 Ernst Joachim Mestmäcker: Demokratie, Rechtsstaat, Marktwirtschaft: *Zeitschrift für Wirtschaftspolitik*, Jg. 39 (1990), Heft 3, S. 289

238 Offene Vermögensfragen, Bundesfinanzministerium, in: *http://www.bundesfinanzministerium.de/Content/DE/Standardartikel/Themen/OeffentlicheFinanzen/VermoegensrechtundEntschaedigungen/WeitereInformationenLinks/offene-vermoregensfragen-anlage.pdf?b lob=publicationFile&v=2*, Stand vom 20. Februar 2019

239 *https://www.billomat.com/lexikon/v/vollstreckung/*

240 Gegenwärtige Rechtsquellen des Insolvenzrechts in Deutschland sind die Insolvenzordnung und deren Einführungsgesetz (EGInsO). Ferner von Bedeutung sind die Verordnung (EG) Nr. 1346/2000 über Insolvenzverfahren, die Fragen der Gerichtszuständigkeit, des anwendbaren Rechts und die Anerkennung von Entscheidungen ausländischer Insolvenzgerichte regelt, sowie die §§ 1975 ff. des Bürgerlichen Gesetzbuchs (BGB), die neben der InsO Bestimmungen für das Insolvenzverfahren über den Nachlass enthalten

241 Gegenstand des Zivilprozessrechts ist der Ablauf des gerichtlichen Verfahrens. Zu den Zulässigkeitsvoraussetzungen einer Klage gehören auch die Schlüssigkeit, die Erheblichkeitsprüfung und die Beweisaufnahme. Besondere Verfahrenslagen – wie etwa die Klagehäufung und unterschiedliche Prozesshandlung des Klägers und des Beklagten – sowie Rechtsmittel und die Rechtsbehelfe sind in einem Zivilprozess von Bedeutung. Die Zwangsvollstreckung auf der Grundlage der Rechtsbehelfe in der Zwangsvollstreckung ist Teil des Zivilprozessrechts

242 »Die zweite Schuld oder Von der Last Deutscher zu sein« von Ralph Giordano gilt inzwischen als Klassiker der politischen Literatur. In der 1987 erstmals erschienenen Studie wird das Versagen der Bundesrepublik bei der Aufarbeitung der Nazi-Vergangenheit untersucht, das

die politische Kultur der Bundesrepublik bis heute wesentlich mitgeprägt hat

243 Vgl. Karl-Heinz Paqué: Die Bilanz. Eine wirtschaftliche Analyse der Deutschen Einheit, Carl Hanser Verlag, München, 2009. Vgl. Otto Depenheuer, Karl-Heinz Paqué, Einheit-Eigentum-Effizienz. Bilanz der Treuhandanstalt. Gedächtnisschrift zum 20. Todestag von Dr. Detlev Karsten Rohwedder, Springer Fachmedien, Wiesbaden 2018

244 Vgl. Wolfgang Seibel, Professor für Politik- und Verwaltungswissenschaft an der Universität Konstanz: »Die Treuhand musste die Erblast von 40 Jahren Planwirtschaft und Misswirtschaft übernehmen«, in: Die Treuhand – eine umstrittene Behörde bis heute, *Der Tagesspiegel* vom 1. März 2015, in: *https://www.tagesspiegel.de/wirtschaft/privatisierung-der-ddr-betriebe-die-treuhand-eine-um strittene-behoerde-bis-heute/11439388.html*, Stand vom 20. März 2019

245 *https://www.kas.de/de/web/ddr-mythos-und-wirklichkeit/kriegsschaeden-reparationen-und-demontagen,* Stand vom 15. Februar 2020

246 Unternehmensinsolvenz: Übernahme von Unternehmen in der Krise, in: *PE-Magazin*, 6. Juli 2017, in: *https://www.pe-magazin.de/uebernahme-von-unternehmen-in-der-krise/*, Stand vom 20. März 2019

247 Protokoll der 5. Sitzung des THA-Untersuchungsausschusses des Bundestages am 11. November 1993, zit. in: Ralph Hartmann: Die Liquidatoren …, a. a. O., S. 75 f.

248 Ralf Neubauer: Das unzähmbare Ungeheuer. Die Treuhand sollte die ostdeutsche Wirtschaft privatisieren – und wurde zur meist gehassten Institution in den neuen Ländern, *Zeit Online* vom 6. November 2014, in: *https://www.zeit.de/wirtschaft/2014-10/treuhandanstalt-privatisierung-ostdeutsche-wirtschaft/komplettansicht*, Stand vom 3. März 2019

249 Die allgemeine Schutzfrist für Archivgut des Bundes beträgt 30 Jahre, sofern durch Rechtsvorschrift nichts anderes bestimmt ist. Sie beginnt mit der Entstehung der Unterlagen, in: § 11 Schutzfristen, Bundesarchivgesetz, Das Bundesarchiv, in: *http://www.bundesarchiv.de/DE/ Navigation/Meta/Ueber-uns/Rechtsgrundlagen/Bundesarchivgesetz/bundesarchivgesetz.html,* Stand vom 1. Februar 2019

250 Edgar Most im Gespräch mit Mario Dobovisek, *Deutschlandfunk* 28. Februar 2015, in: *https://www.deutschlandfunk.de/25-jahre-treuhandanstalt-eine-einzige-sch weinerei.694.de.html?dram:articleid=312882*, Stand vom 1. Februar 2019. Vgl. auch Edgar Most: Fünfzig Jahre im Auftrag des Kapitals: Gibt es einen dritten Weg? Verlag Das Neue Berlin, Berlin 2009

251 Zit. in: Jesko Graf zu Dohna: Bodenreformen in Deutschland, Bonn 1990, vgl. auch Ralph Hartmann: Die Liquidatoren …, a. a. O., S. 79

252 Zit. in: Hans Modrow (Hrsg.): Blickpunkt Eigentum. Materialien der Konferenz »Gegen Vereinigungsunrecht – gleiche Rechte für die Ost-

deutschen, Leipzig 30. April 1994«, Verlag Matthias Kirchner, Eggersdorf 1994, S. 16

253 Filippo Ranieri: Die Rückkehr des Privateigentums in die frühere DDR: die deutsche Justiz zwischen Rechtsgeschichte, Rechtsdogmatik und Rechtspolitik, in: Ulrich Falk/Gert Bender (Hrsg.): Die Rückkehr des Privateigentums, Frankfurt am Main 1999, auf *http://archiv.jura. uni-saarland.de/projekte/Bibliothek/text.php?id=291,* Stand 15. Februar 2020

254 Vgl. Klaus Boers, Ursula Nelles, Hans Theile (Hrsg.): Wirtschaftskriminalität und die Privatisierung der DDR-Betriebe, Baden-Baden 2010, S. 661

255 Antwort der Bundesregierung auf die Kleine Anfrage des Abgeordneten Dr. Fritz Schumann und der Gruppe der PDS/Linke Liste zur Privatisierungskriminalität der Treuhand, Deutscher Bundestag 12. Wahlperiode, Drucksache 12/6664, vom 24. 01. 1994, in: *http://dip21.bundestag. de/ dip21/btd/12/066/1206664.pdf*, Stand vom 2. Februar 2019

256 Vgl. Michael Jürgs: Ein Land im Sonderangebot. In: *Der Spiegel* 7/1997, in: *http://www.spiegel.de/spiegel/print/d-8653472.html*, Stand vom 2. Februar 2019.

257 ebenda

258 Martin Schramme: Betriebe, Kombinate und Gesellschaften in der DDR, zusammengetragen aus Leipzig-Messekatalog 1979, Wer liefert was? 1970, Originaldokumente, Internet, in: *https://www. perladesa.de/ddr-betriebe.htm,* Stand vom 26. November 2018

259 Vgl. Forum: Volkseigene Betriebe (VEB) und Kombinate, hidden-places. de, Forum, in: *http:// www.hidden-places.de/forumdisplay.php/31-Volkseigene-Betriebe-(VEB)-und-Kombinate?fbclid=IwAR2GB1LjBLjZ83x3utlt-Th5s1QTKXez2VWvAhuEsesz4hE8O5EPLqto2XkM*, Stand vom 26 November 2018. Vgl. DDR – unsere volkseigenen Betriebe, in: ddr.bizhat.com, in: *http://ddr. November 2018*. Vgl. DDR – unsere volkseigenen Betriebe, in: *ddr.bizhat.com*, in: http://ddr.

260 Die Angaben fußen auf: LPG-Gesetz der DDR 1959–1990. Gesetz über die landwirtschaftlichen Produktionsgenossenschaften vom 3. Juli 1959. Gesetz über die landwirtschaftlichen Produktionsgenossenschaften – LPG-Gesetz – vom 2. Juli 1982, Harald Rockstuhl (Hg.), Verlag Rockstuhl, Bad Langensalza, 2006. Vgl. Proplanta. Das Informationszentrum für Landwirtschaft, in: *https://www.proplanta.de/ Agrar-Nachrichten/ Agrarwirtschaft/Bauern-auf-Barrikaden-Von-DDR-Zeiten-bis-heutearticl e1281873612.html*, Stand vom 18. November 2018

261 Karl C. Thalheim, Die wirtschaftliche Entwicklung der beiden Staaten in Deutschland, Landeszentrale für politische Bildung in Verbindung mit dem FB Politische Wissenschaft der Freien Universität Berlin, Berlin 1988, S. 64

262 *https://www.bpb.de/geschichte/deutsche-einheit/lange-wege-der-deutschen-einheit/47157/ landwirtschaft?p=all*. Stand vom 19. Mai 2019

263 Walter Beyer (Hg.): Rechtsprobleme der Restrukturierung landwirtschaftlicher Unternehmen in den neuen Bundesländern nach 1989. Abschlussbericht des DFG Forschungsprojektes, De Gruyter, 2003

264 Christoph Links: Literatur auf der Resterampe, in: *Zeit Online*, 20. Juni 2008, in: *https://www. zeit.de/2008/26/Verramschung-DDR-Verlage*, Stand vom 20. November 2018

265 1990 übernahm der KNO-Seniorchef Jürgen Voerster die Führung der LKG. Die LKG wurde wieder zur Tochtergesellschaft der KNO und 2009 schließlich von KNO gekauft. Die KNO (Koch, Neff & Oetinger), später KNV (Koch, Neff & Volckmar), ist ein Familienunternehmen aus Stuttgart und der größte Buchgroßhändler im deutschsprachigen Raum

266 in: Susanne Mack: Sag mir, wo die Bücher sind …, *Deutschlandfunk kultur*, 5. November 2009, in: *https://www.deutschlandfunkkultur.de/sag-mir-wo-die-buecher-sind.1001.de.html ?dram:articleid=156920*, Stand vom 20. November 2018.

267 Zit. in: Frank Thomas Grub: »Wende« und »Einheit« im Spiegel der deutschsprachigen Literatur: ein Handbuch. Band 1: Untersuchungen. De Gruyter, Berlin, 2008, S. 21

268 Christoph Links: Was blieb vom Leseland DDR?, Bundeszentrale für politische Bildung, 2.3.2009, in: *http://www.bpb.de/apuz/32146/was-blieb-vom-leseland-ddr?p=all*, Stand vom 20. November

269 Mandy Tröger, Die Treuhand und die Privatisierung der DDR-Presse, in: 30 Jahre Mauerfall. Aus Politik und Zeitgeschichte/APuZ, BpB, 23. August 2019, in: *http://www.bpb.de/apuz/295466/ die-treuhand-und-die-privatisierung-der-ddr-presse?p=all,* Stand vom 28. August 2019.

270 Michael Wolffsohn, Doppelte Vergangenheitsbewältigung, in: Klaus Sühl (Hg.), Vergangenheitsbewältigung 1945–1989. Ein unmöglicher Vergleich?, Berlin, 1994, S. 40 ff.; vgl. Stefan Bollinger: Ohne ostdeutsche Sozialwissenschaftler keine ost- oder gesamtdeutsche Zivilgesellschaft, in: *Utopie kreativ*, Heft 149, März 2003, S. 256–264, in: *https://www.rosalux.de/fi leadmin/rlsuploads/pdfs/149bollinger.pdf,* Stand vom 24. März 2019

271 Stefan Bollinger: Ohne ostdeutsche Sozialwissenschaftler keine ost- oder gesamtdeutsche Zivilgesellschaft, … a.a.O.

272 Arno Hecht: Enttäuschte Hoffnungen. Autobiographische Berichte abgewickelter Wissenschaftler aus dem Osten Deutschlands, verlag am park in der edition ost, 2008

273 »Alarmierend ist aber auch die regelrechte Vernichtung von Aufstiegschancen in Ostdeutschland. Es ist davon auszugehen, dass die jüngeren Tendenzen einer langfristigen Verfestigung von Armut den in

Ostdeutschland bereits deutlich erkennbaren, im Westen sich erst ansatzweise abzeichnenden Rückgang der intergenerationalen Aufstiegsmobilitäten weiter verschärfen werden – darauf deuten auch Analysen zur Entwicklung von Jugendarmut, in der sich ein zunehmender Effekt der sozialen Herkunft beobachten lässt«, Olaf Groh-Samberg, Florian R. Hertel, Ende der Aufstiegsgesellschaft?, in: APUZ 10/2015, Bundeszentrale für politische Bildung, in: *http://www.bpb.de/apuz/201649/ende-der-aufstiegsgesellschaft?p=all*, Stand vom 24. Januar 2019.; vgl. Olaf Groh-Samberg, Wolfgang Voges, Precursors and Consequences of Youth Poverty in Germany, in: Longitudinal and Life Course Studies 5, 2014/2, S. 151–172

274 Leibniz-Sozietät der Wissenschaften zu Berlin e. V., in: *https://leibnizsozietaet.de/ueber-uns/,* Stand vom 24. März 2019

275 Die Bevölkerung in Ostdeutschland schrumpft drastisch, Berliner Morgenpost vom 11. August 2015, in: *https://www.morgenpost.de/politik/inland/article205557249/Die-Bevoelkerung-in-Ost deutschland-schrumpft-drastisch.html*, Stand vom 24. März 2019

276 Vgl. Marcel Fratzscher: Man nennt es Tod aus Verzweiflung. Ostdeutsche Männer mittleren Alters sterben häufiger durch Suizid, Alkohol und Drogen als andere Bevölkerungsgruppen. Ihre Not ist real. Die Politik muss reagieren, in: *Zeit Online,* 1. März 2019, in: *http://www.zeit.de/ wirtschaft/ 2019-02/suizid-ostdeutschland-verzweiflung-sterberate-maenner-integration*, Stand vom 13. August 2019

277 Horst van der Meer, Lothar Kruss (Hg.): Vom Industriestaat zum Entwicklungsland?, Streitschrift 4, Dieter Joester Vertriebsgemeinschaft GmbH, Frankfurt am Main 1991

278 Vgl. Klaus Steinitz: Die Entwicklung der öffentlichen Schulden in Deutschland – Faktoren und Wirkungen, Vortrag vor dem Plenum der Leibniz-Sozietät am 14. April 2005, Leibniz Online, Jahrgang 1/2005, Heft 1, S. 14, in: *https://leibnizsozietaet.de/wp-content/uploads/2012/11/03-steinitz.pdf*, Stand vom 24. März 2019.

279 León Grinberg, Rebecca Grinberg: Psychoanalyse der Migration und des Exils, Verlag Internationale Psychoanalyse, München und Wien 1990, S. 182 f.

280 Christoph Seidler: Psychoanalyse & Gesellschaft. Ein Lehr- und Erfahrungsbuch aus Deutschlands Osten, edition bodoni, Berlin 2015, S. 132

281 Christoph Seidler, Psychoanalyse & Gesellschaft. Ein Lehr- und Erfahrungsbuch aus Deutschlands Osten, … a. a. O., S. 143

282 Vgl. Raj Kollmorgen, Außenseiter der Macht. Ostdeutsche in den bundesdeutschen Eliten 1990–2013. In: Busch, Ulrich/Thomas, Michael (Hg.), Ein Vierteljahrhundert deutsche Einheit. Facetten einer unvollendeten Integration, trafo Verlag, Berlin, 2015, S. 91–222

283 Ronald Gebauer, Axel Salheiser, Lars Vogel, Bestandsaufnahme, in: Ostdeutsche Eliten. Träume, Wirklichkeiten und Perspektiven, Deutsche Gesellschaft e.V. (Hg.), in: www.deutsche-gesellschaft-ev.de/images/DeutscheGesellschafteVBroschuereOstdeutscheEliten.pdf, Stand vom 8. April 2018, S. 18.

284 Olaf Jacobs, Michael Bluhm, Wer beherrscht den Osten, … a. a. O., S. 4.

285 ebenda

286 David E. Pollock, Ruth van Reken: Adult Third Culture Kids: Aufwachsen in mehreren Kulturen, Francke-Buchhandlung, Marburg 2003

287 Lars Clausen (1935–2010) lehrte bis zu seiner Emeritierung an der Universität Kiel. Der Begriff der *Kulturkatastrophe* geht im Wesentlichen auf ihn zurück, er gilt als der Begründer der *Katastrophensoziologie* in Deutschland. Er gründete die Kieler Katastrophenforschungsstelle (KFS), die er zusammen mit Wolf R. Dombrowsky und Martin Voss leitete

288 Vgl. Lars Clausen, Elke M. Geenen, Elisio Macamo (Hg.): Entsetzliche soziale Prozesse: Theorie und Empirie der Katastrophen, LIT Verlag, Münster 2003

289 Lars Clausen, Entsetzliche soziale Prozesse. Eine neue soziologische Herausforderung? in: K.-S. Rehberg (Hrsg.), Die Natur der Gesellschaft: Verhandlungen des 33. Kongresses der Deutschen Gesellschaft für Soziologie in Kassel, Frankfurt am Main 2006, S. 835–843

290 Martin Voss, in: »Entsetzlich« und »unbegreiflich«. Was ist eine Katastrophe? *Neue Zürcher Zeitung* vom 20. März 2011, in: *https://www.nzz.ch/entsetzlichundunbegreiflich-1.9958940,* Stand vom 10. Januar 2020

291 Vgl. Wolfgang Zapf: Die Transformation in der ehemaligen DDR und die soziale Theorie der Modernisierung, Öffentlicher Vortrag im Rahmen der Fachbeiratssitzung des Max-Planck-Instituts für Gesellschaftsforschung in Köln, 23. April 1992, MPIFG Discussion Paper 92/4, Köln, 1992

292 Vgl. Death of Despair, DIW, Februar 2019, in: *https://www.diw.de/de/diw01.c.613183.de/deathsofdespair.html,* Stand vom 10. Januar 2020

293 https://www.bpb.de/nachschlagen/zahlen-und-fakten/soziale-situation-in-deutschland/61550/geburten

294 Interessanterweise erwähnt Christian Hirte mit diesem Satz beiläufig die Sterbeüberschüsse in den neuen Bundesländern in den 1990er und den Nuller Jahren. Nirgendwo wurde dies bis dato öffentlich thematisiert

295 Demografische Situation in den ostdeutschen Ländern, Der Beauftragte der Bundesregierung für die neuen Länder (Hg.), in: *https://www.beauftragter-neue-laender.de/BNL/Navigation/DE/Themen/GleichwertigeLebensverhaeltnisseschaffen/Demografie/DemografischeSituation/demografischesituation.html*, Stand vom 10. Januar 2020. Vgl. Fakten zu Geburtenziffern, Bundesinstitut für Bevölkerungsforschung (Hg.),

in: *https://www.bib.bund.de/DE/Fakten/Fertilitaet/Geburtenziffern.html*, Stand vom 10. Januar 2020

296 Zusammengefasste Geburtenziffern: Entwicklung der Fertilitätsrate in der BRD und in der ehemaligen DDR von 1950 bis 1990, Statista, in: *https://de.statista.com/statistik/daten/studie/554952/umfrage/fertilitaetsrate-in-der-brd-und-ddr/*, Stand vom 10. Januar 2020

297 Zusammengefasste Geburtenziffern: Entwicklung der Fertilitätsrate in der BRD und in der ehemaligen DDR von 1950 bis 1990, Statista, a. a. O.

298 Die soziale Situation in Deutschland: Geburten, Bundeszentrale für politische Bildung, in: *https://www.bpb.de/nachschlagen/zahlen-und-fakten/soziale-situation-in-deutschland/61550/geburten*, Stand vom 10. 1. 20

299 Schwangerschaftsabbrüche in West- und Ostdeutschland – ein statistischer Vergleich. In: *https://www.dasgleichstellungswissen.de/schwangerschaftsabbrüche-in-west-und-ostdeutschland%C2%A0-ein-statistischer-vergleich.html?src=1*, Stand vom 10. Januar 2020. Vgl. Insa Cassens, Marc Luy, Rembrandt Scholz: Die Bevölkerung in Ost- und Westdeutschland, VS Research, Wiesbaden 2009, S. 29

300 »Wer eine Schwangerschaft abbricht, wird mit Freiheitsstrafe bis zu drei Jahren oder mit Geldstrafe bestraft«, heißt es in § 218 des Strafgesetzbuches. Vgl. Debatte Abtreibung in Ost und West, Fahnen hoch und Hosen runter, taz.de, 15. 12. 2017, in: *https://taz.de/Debatte-Abtreibung-in-Ost-und-West/!5468046/*, Stand vom 10. Januar 2020

301 Debatte Abtreibung in Ost und West, Fahnen hoch und Hosen runter, ebenda

302 Lothar Baier: Volk ohne Zeit. Essay über das eilige Vaterland, Wagenbach, Berlin 1990, S. 107.

303 Wolfgang Dümcke, Fritz Vilmar (Hg.): Kolonialisierung der DDR. Kritische Analysen und Alternativen des Einigungsprozesses, Agenda Verlag, Münster 1995

304 Fritz Vilmar, Zum Begriff der »Strukturellen Kolonialisierung«, in: Fritz Vilmar (Hg.), Zehn Jahre Vereinigungspolitik. Kritische Bilanz und humane Alternativen, trafo Verlag, Berlin 2000, S. 21

305 Ebd. S. 22.

306 Peter Christ, Ralf Neubauer, Kolonie im eigenen Land. Die Treuhand, Bonn und die Wirtschaftskatastrophe der fünf Bundesländer, Rowohlt, Berlin 1991, S. 216.

307 Fritz Vilmar, Zum Begriff der »Strukturellen Kolonialisierung«, in: Fritz Vilmar (Hg.), Zehn Jahre Vereinigungspolitik, … a. a. O., S. 23.

308 Peter von Oertzen: Es hat Alternativen gegeben, *Zeit Online*, 8. Dezember 1995, in: *www.zeit.de/1995/50/EshatAlternativengegeben*, Stand vom 21. März 2018

309 ebenda

310 Konferenz Bürgerkriege: Gewalt. Trauma. Intervention. Öffentliche Auftaktveranstaltung des Exzellenzclusters »Kulturelle Grundlagen von Integration« der Universität Konstanz, 29. bis 30.11.2007, Programmflyer, in: *https://www.exc16.uni-konstanz.de/fileadmin/all/downloads/veranstaltungen/Buergerkriege-Programmflyer.pdf*, Stand vom 10. Februar 2020

311 Vgl. Programmflyer, a.a.O.

312 Vgl. Hörbeitrag Bernhard Giesen, in: Hörbeiträge, *https://www.exc16.uni-konstanz.de/buergerkriege-vortraege.html,* Stand vom 10. Februar 2020

313 Sabina Ferhadbegovic, Sevem Sappelt: Bürgerkrieg. Gewalt. Trauma, in: *H/SOZ/KULT,* 11. November 2007, in: *https://www.hsozkult.de/event/id/termine-8282*, Stand vom 10.02.2020

314 Prof. Dr. Christa Luft im Gespräch mit Rosemarie Will und Sven Lüders, in: *vorgänge* Nr.224 (4/2018), S.25–39, in: *http://www.humanistische-union.de/nc/aktuelles/aktuellesdetail/back/aktuelles/article/die-groesste-vernichtung-von-produktiveigentum-in-friedenszeiten/*, Stand vom 16. Februar 2020

315 Prognos Zukunftsatlas 2019, in: *https://www.prognos.com/publikationen/zukunftsatlas-r-regionen/zukunftsatlas-2019/* Stand vom 16. Ferbuar 2020

316 Vgl. Yana Milev: Demokratiedefekte. Ein Essay zum normativen Populismus, Agenda, Münster 2019